街からの伝言板

《街からの伝言板プロジェクトチーム編》

次の地震に遭う人に、どんな伝言を残しますか

ハーベスト社

次の地震に遭う人に、どんな伝言を残しますか。

はじめに

本書のタイトル『街からの伝言板』は、仙台市と二〇一四年度から二〇一五年度まで取り組んだプロジェクトの名前でもあります。街のあちこちで聞き書きを重ねていく取り組みでしたが、この成果が「伝言」となることを目指して名づけられました。

誰から誰への伝言かといえば、二〇一一年三月一一日の東日本大震災が発生して間もないとき、仙台市の中心街に居合わせた人たちから、次の災害のときに同じ場所に居合わせた人へ宛てられた伝言です。これは過去六度にわたって（一七九三〜二〇一一年）平均すると約三七年ごとに宮城県沖地震を経験してきた都市ならではの試みでもあります。地震が繰り返される街に生きる人びとへの伝言として、そして地震を繰り返し経てきた街だからこそ、他の街にも説得力をもって伝言できることがあるはずだと考えました。

東日本大震災の発生直後は、沿岸の津波被害があまりにも大きかったため、仙台市街中心部の被害はほとんど語られませんでした。しかしここでも確かに電気、水道、ガス、ガソリン、灯油などの供給が止まりました。ふだんから都市はこのような「管」につながれて、ようやく人の生活や命を成り立たせているのですが、二〇一一年三月一一日に市街地の何十万もの人たちが、それを身をもって知ることになりました。一方で県庁や市役所、病院、鉄道や地下鉄、バス、そして電力会社など東北地方の会社の本社などが集中する仙台市中心部は、甚大な被害に遭った沿岸部、内陸部の被災者生活復旧のために、地震発生直後から長期にわたってバックオフィスの役割を果たさなければなりませんでした。

仮に電気やガス、水、食料、燃料など、私たちが日々消費しているものを運ぶ管を「動脈」とすれば、都市には一方で「静脈」も存在しています。もう使われなくなったもの、たとえば家庭ゴミと呼ばれている一般廃棄物や産業廃棄物、汚水や廃水、そしてお別れしなければならない動物や人間の遺体を運ぶ「静脈」もまた、都市が機能するうえで欠くことのできないものです。この「管」が一切機能しなくなった都市で、人びとはどのような工夫をもって日々をやり過ごしたのでしょうか。そして毛細血管のように張り巡らされた「管」そのものの補修は、誰の手によってどのように行われていったのでしょうか。

このインタビューで集めていたのは、あの時、仙台市街地に居合わせた人びとの工夫や知恵であり、それらは時に壮大で、しかし多くの場合、小さな創意や配慮にみちた振る舞いによるものでした。語られたことばは、次の地震の際にこの街に居合わせてしまった人たちへの伝言です。これは地元の人だけに限らず、仕事や留学、旅行等で多くの人が訪れる仙台市の「客人」へも、そして他の街を日々行き交う人たちにも向けられています。そして「寒かった」「こわかった」「ものすごい行列だった」「絶対に店を閉めないぞと思った」など、語り手の気持ちや感情もまた記録することを心掛けてきました。この方が伝言は伝える力を一際増すからです。

お話を聞くときには、最後に「またここで次の災害に遭う人に、どんなことを伝えたいですか」と質問してきました。この本に収められたのはその答えと、そのような答えに行き着くまでの語り手のさまざまな経験です。聞き書きを重ねて驚いたことは、ほとんどの方が自分の仕事を投げ出して誰かを助けようとするよりも、むしろみずからの仕事や役割に、いつにも増して徹した、ということでした。たとえば商店を営む人は、行き交う人に無料で商品を提供するのではなく、むしろ一日も早く商売を平常通りに戻そうとしていました。あるパン屋さんでは、震災後しばらく希少な食品となった卵を仕入れるために、石巻市のヨット所有者からガソリンを調達し、問屋に仕入れに行きました。そしてご近所のケーキ屋さんにも、借りていた卵を提供してからパンやケーキを焼き始めます。同じように製あん所では、震災後もあるだけの材料であんこを作り、餅米をふかしておはぎを拵え、二個一〇〇円で売り出したそうです。ある美容院では、大水道と電気が復旧すると、洗髪だけの営業を再開させています。軽トラックで物を運ぶことが日常の宅配業者は、大手業者が悪路で運べずにいた荷物を、車の小ささを生かして最終目的地まで何度も往復していました。医療や市役所などの公的施設、公共交通などに携わる人たちだけではなく、自分のふだんの仕事を平常通りにもどそうとした人たちが、これほど多く奮闘していたことに素朴に驚かされました。

『スイミー』という有名な絵本があります。小さな魚の物語です。周りは赤い魚たちですが、自分だけ黒い色をしています。でも泳ぎが得意で、とても機敏に水中を移動することができました。ある日天敵の大きな魚がやってきて、みんなが危機に陥ったとき、赤い魚が集まって大きな魚に見えるように群れをつくって対抗しようとします。黒い身体の自分はその魚の「目」となります。そのときスイミーが魚たちに呼びかけたのはこんな言葉でした。「みんな　もちばを　まもる　こと」。ここに収められた伝言の群れが共通して伝えていたのは、このことだったのかもしれません。この本にはじつに多様な「もちば」が記されています。仙台市の方々だけでなく、都市で働く人、暮らす人、足を運ぶすべての人たちに、皆さんの伝言が届きますように。

『街からの伝言版』企画・監修　植田今日子

目次

目　次

目　次

目　次

第一部　街で生き延びる

水道が止まる

日常的に「断水」という言葉は耳にしても、何十万もの人間が、一斉に水を求めて奔走する状況は、なかなか想像ができません。蛇口をひねれば水が出る生活に、すっかり慣れきってしまっています。

東日本大震災では、仙台市の断水人口は約五〇万人（約二三万戸）と伝えられています。人生ではじめての水汲みをした人も、少なくなかったかもしれません。普段は気にも留めない古井戸の存在意義や、水の運び方、そのために必要な道具の調達など、水のない生活の仔細な状況は、いつの時代にも大切な伝言です。飲用や料理用のほかにも、普段わたしたちはさまざまな「使い水」を用いています。そしてそれと同じくらい多様な「備え」のあり方も、断水の際に浮き彫りになっています。

都心の井戸

私たちは普段は井戸、使っていません。近くの方は前は使っていたんですね。それで一時、使わなかったんだそうですが、たまたま震災のちょっと前っていうか、半年なるか分かりませんが、震災の前に使えるようにしていたらしいですね。飲み水としては使えませんね。何かを洗ったりですとか、そういう感じで。飲み水としては使いませんでした。トイレに流したり、何かを洗ったり、掃除したり。市民センターにもトイレがあるんですけどね、そこも困ったわけですよね。水をどこからか協力して運んでくるのも大変ですよね。そうしたらいろは横丁の井戸水があるってことで「どうぞ使ってください」って言われたらしくて。それであの、私たちにも教えて下さったんです。うん、市民センターさんで。私たちはあまりは井戸のこと知りませんでした。その辺の人たちだけだったんじゃないかな。私たちはあまり運ばなかった。市民センターさんが運んでいらっしゃいました。

（普段のいろは横丁さんとの交流は）ずーっとここに幼稚園があるからね。保護者の方も沢山いらっしゃるし、商店街もありますし。それから今も「まちがっこ」というものがあるんですが、これにはいろは横丁の方とか銀行とか、ビルの方とか入ってますね。そういうところでの交流なんかもありました。そしてやっぱり近くなので子供たちもあそこを通って帰るし、何かあれば私たちも声をかけるし。ということで昔からの繋がりもありますよね。
【東二番丁幼稚園】

水がダメってことはトイレが使えない

震災の時、ここは知っての通りインフラが全部だめになったでしょ。水道、ガス、電気。でも井戸水は全然枯れてなくて、水があったの。ただうちの井戸は飲めないことは無いんだけど、ちょっと危ない。病気とかね、そういった際に責任をとれないので。不特定多数の方が飲むので、飲み水としては使用していません。だけどね、幼稚園の話では出張中や旅行中の方が避難所として東二番丁の小学校（と幼稚園）に来たわけね。でも水がダメでしょ。水がダメってことはトイレが使えないでしょ。その水をこの井戸で汲んで、トイレ流す水に使った。だからなくてはならない水でした。当時すんごく困ってね、トイレしたいけど流せないとかね。じゃあ、ここの井戸水はどうなんだって、うん。一応有意義に使っていただきました。幼稚園だとか市民センターだとかが井戸に台車でバケツを持ってきて水を汲んで、それをトイレに流したり、顔を洗ったり。うちの方も水が止まってましたから、女房とこっちにきて顔洗って歯磨いたりとかね。それでペットボトルに水を入れて持っていったりさ。田舎の方にいけばない事も無いだろうけど、みなさんでも二〇歳ぐらい、だと井戸見たことないんじゃない。変な話、サザエさんのテレビに出てくるぐらいだと思うけどね。井戸は規制してるわけじゃないので、使いたいように上手く使っていただいて、地域に貢献していければいいけどね。【仙台睦商業協同組合・中央市場商業協同組合】

井戸水の流れるホテル

トイレは使えました、はい。井戸水がありますので。非常時には全て水道水から井戸水に切り替わるので。ここには通常の営業でも井戸水をバスルーム等で使っているので、量は豊富にあります。トイレも問題なく大丈夫でした。井戸水は本当に役に立ちました。水道が止まっている段階でも、こちらではずっと使えていましたので。

必ず月一回は火災と地震を含めて避難訓練をやっています。これは震災前後関わらずに一〇年二〇年続けていることですので、対応としてはかなりスムーズにできたんです。建物に関しては、施設自体は壊れない自信があったんですね、古いですが丈夫なので。部屋にある備品に関しては倒れないようには設置していますが、地震の規模が毎回違うので難しいですね。

（チェーン展開のホテルとして）本社には基本的にはここで判断したものを報告はしていました。ライフラインが復旧したときは本社から指示が出ることもありました。法華クラブとしてどういう姿勢でお客さまに臨むか、何日から営業をスタートするかについてです。でももちろんクリーニングもすべてできないわけでランドリーはすべて自分たちの洗濯機で洗っていました。すべてこちらから「営業するのであれば、たとえば宿泊人数は何人に抑えなきゃいけないか」というのを計算して、それを本社に報告して、じゃあ何日からスタート、料理はこのレベルにというかたちで決めていきました。こちらにある程度余裕を持たせて、自主性を持たせて進めていきました。【ホテル法華クラブ仙台】

雪を浴槽に貯めて

冬だったからうちなんかは雪が降ったんだよね、あの年は。だから庭に積もった雪をバケツで取って、どうせ火が焚けないから、お風呂の浴槽にドンドン入れてました。そうすると溶けるから、それをトイレに流すとかね。それなりの知恵はあってね、それを考えたのはね、女の人なのよ。男はね、どうしようもないときは汚いかもしれないけど、立ちしょんすればなんとかなる。でも女の人はそうはいかない。小さな子供たちもできない。風邪ひかしたら困ります。そういう風なね、生活の知恵っていうのはうちの娘たちも結構やってましたよ、子供三人抱えてね。旦那は公務員だったので、一ヶ月家に帰ってこなかったからね。もう公務員は全部現地に行ったりとか総動員ですから。で、その間留守ってたのは娘、女性ですよ。【クリスロード商店街振興組合】

製あん所の巨大タンク

タンクに水は一応四トン入るんだね。建物の上についているんですけれども。仕事上、あんこ作るときに水を結構使うので。だから、普通の生活をするうえで困らないくらいはあったね。二、三日分くらいはあったよ。あんこ作るときは作る量にもよるから一概には言えないけど、かなりの水は使うと思いますね。たとえば、小豆一に対して水三とかの割合です。ひたひたではなくて、ある程度豆を泳がせなくちゃならないのでね。じゃないとあんこおいしく煮上がんないんでね。

うちは「水、持ってって」という感じで開放してました。ポリタンクで持って行く人もいましたよ。たぶんこの周りは水の復旧が早かったので二、三日で電気も水道も来ましたし、行列ができることはなかったですね。ここからちょっと遠くから来た人には、水をわけていました。【目黒製あん所】

郊外に比べれば、比較的街中はインフラの復旧が早かったようです。いろは横丁で鰻屋を営み、自宅は郊外にあった「明ぼ乃」さんは、水をいろは横丁の店舗まで汲みにきていました。水を運ぶ容器のことが、方々で語られています。

旅行カバンをひとつ駄目にした

(夫) 水道が一番遅かった。三週間くらいかかったんじゃないかな、遅かったんだ。お風呂に水を溜めてたから「これでしばらく大丈夫だ」と思ってたら、水洗トイレって随分水を使うんだね。びっくりした。

(妻) 四人家族だったからね。車もないから、近所の給水車が来ているところまで歩いていって。(西ノ平) 郵便局でも水を汲ませてもらったね。道路一本隔てて水道の復旧が全然違っててさ。お風呂も入れなかったもんね。歩いて四〇分くらいの銭湯に入りに行ったもの。着いたらもうヘトヘトで、すぐに入れると思ったら券を渡されて、それは二時からの入浴券なんだけど、でも入るためには一時半まで並ばないといけなくて。入れるのも二〇分かな。もう疲れたね。こんなに長引くとは思ってなかったね、たかくってた。お店のほうが水は早かったから、リュック背負って水を汲みに来たこともありましたね。ペットボトルを入れてね。長町南までバスででて、そこから地下鉄。帰りは仙台駅からバスで動物園前まで行って、歩いて下って。二日にいっぺんとか、三日にいっぺんとか、お店の様子を見に行くついでに水を汲みに行ってましたね。それで旅行カバンを一つ駄目にしたり。うちにはショッピングカートがないもんですから、旅行カバンで代用していたんですよね。【うなぎ大蒲焼明ぼ乃】

力尽きてポリタンク一個壊した

トイレが困るよね、水洗だとね。お客さんに「貸して」っていわれるんだけど、水が流れないから。水が出ないからさ、店から学校 (市立幸町南小学校) のプールに行ってポリタンクに便所用の水汲んで、それが一ヶ月続いて。一ヶ月水出なかったからさ、途中で力尽きてポリタンク一個壊しましたよ。水入ってっと、ぽーんと落とすと割れるんだよね。

自宅は八木山 (郊外) なのね。あっちはダメ。水もガスも、全部一ヶ月停まってたから。電気だけは早かったんだけど、あとライフライン全部。だからよくみんなで買い出しに行って「戦後ってみんなこうやって買い出しに行ったんだろうね」って話してたよ。俺は普段バイク使ってるんだけど、ガソリンなくなって、歩き。朝は街中まで、歩いて一時間二〇分くらい。帰りは、向山の坂上っていくから、二〇時半頃出て、着いたの二三時頃だから。あそこの坂で眩暈してきてさ、坂道ってこんなきついのかなって。【尚古堂印房】

容器は必要だと感じましたね

私は結構備えてたんですよ。宮城県沖地震が九〇パーセントの確率で起こるって聞いてたから。三月の震災の少し前にあった大きな地震でも「何かやっておいたほうがいいよ」という話にはなりましたね。でも水を入れる容器ですかね。水をもらいに行く時も、何もなくて。ペットボトルとかも入手が難しくてね。だから水を入れて運べる容器は必要だと感じましたね。

泉（仙台市泉区）の方は止まってましたね。飲み水より、生活に使う水の確保が大変でしたね。

学校に給水車が来て、水を配ったんですけど、ポリ容器一個しか入れてくれないわけですよね。決まってるわけではないけど、それはね暗黙の了承のもとかな。二つも三つも持ってくると「えぇー」ってなるでしょ、並んでる人が。どうしても欲しい時はもう一回並び直しましたね。私はお風呂に水を溜めていたので生活用水にしてましたね。あと湯たんぽは便利でしたね。暖められて、そのあとのお湯も使えて。

うち（仙台市泉区）のマンションではカレンダーの裏紙なんかに「水を入れる容器募集しています」とか書いて掲示版に掲示していましたね。「～で〇時からガスボンベひとり一本配布します」とか。マンションに住んでる人同士で「おかげさまで水確保できました」とかって、掲示板でやり取りをしていましたね。すごくそれは便利でコミュニケーションとしては助かりましたね。【泉区住民】

そんくらい水ほしかったんだなぁ

備えあれば憂いなしって、言うの簡単だけれども、それを油断しちゃいけないんだよな。森林公園（仙台市郊外）に二時間三時間待ちが当たり前だったよ、水。で、うちのマンションも水撒き用の水が出るから、ほら知ってる人がいると「うちに来なよ」って。「水出るから」って。で、たくさんタンク持って自治会の人たちも人助けだと思って水配ると、中には「あの水道代誰が払うの」なんて人もいて。まぁ結局はこれは自治会としては人道的支援で、この状況ならやるしかないでしょって。自分の立場考えればいいんだべさ。自分たちが水なくて困っててさ、そのマンションから貰えたら感謝。お金じゃないんだって。

【関東大震災の水くみのようす：東京都慰霊協会提供】

一人で来てるお年寄りとか、結局重くてペットボトル二本くらいしか歩いて持って帰れないから。ポリタンクに水貰ってもさ、持って帰っていくのにすごいお金かかるわけだから。往復のタクシー代だもん。そんくらい水欲しかったんだなぁ。今もう半分以上の人はそれ忘れてっからねぇ。もう三年……。

だから、こういうあんたたちの仕事って大事なんだ。【青葉区台原住民】

食べものを確保する

大災害が起こると「明日から食べものが入手できなくなるかもしれない」という恐れと向き合う日々が始まります。テレビにはスーパーやコンビニのからっぽの食料棚が映されて、さらに買いだめを煽られるような気持ちにもなってしまいます。街には家族や困った人のため、必死に食料を確保しようと足を運ぶ人もいれば、そのような人たちの必要を充たすために、供給に奔走していた人たちもいました。飽食の時代の突然の食料確保は、意外さと多様さとに満ち溢れていました。

結婚式場の炊き出しとランチ

冷蔵庫も止まってしまったので、食材を腐らせて無駄にしないようグループ内に炊き出し等で使わせていただきました。火もないのでカセットコンロ総動員での調理なんですが、随分と喜ばれました。また、被害のひどかった人、一人暮らしのスタッフを対象に野菜類を中心に配ったりもしました。

震災翌日の土日に五組の結婚式が控えていたので、かなりの量の食材があったんです。まあ冬とはいえ、冷凍のものなどは廃棄せざるを得ませんでした。

プロパンガスの目途がついて、三月二八日から二階ラウンジの営業だけ再開して、ワンコイン五〇〇円で「復興支援ランチ」というのを始めました。出せる料理に限られましたが、お客様にはとにかく喜んでいただけました。あらためて仕事のできること、接客の喜びというのを感じた「ランチ営業」でした。

結婚式やご宴会などは、建物の補修や安全確認ができるまで取り止めることになりました。新郎新婦もゲストの皆さん、お客様も、しばらくはそれどころではなかったと思います。館内も七階の水道管が破裂して、下の階まで会場が水浸しになりました。壁面の補修も足場の確保ができず、時間を要しました。補修箇所が色々あって、確認、段取りだけでも相当大変でしたね。当時は無我夢中でしたが。

ワンコインランチは、その後もお取引の方々の協力をいただきながら今でも続けています。「復興支援ランチ」のネーミングもよかったのか、始めた当初に東北放送さんが取材に来られて、その後も色んなマスコミに取り上げていただき、大袈裟じゃなくお客様が殺到しました。それまでの近隣のお客様だけではなく、テレビを見た方、口コミというんでしょうか。本当にもう満席状態の日が続きましたねぇ。一一時半から二時までのランチでしたが、当時は昼食の確保が大変でしたので、ビジネス関連のお客様以外にも遠くからお越しいただきました。いわゆる老若男女というんでしょうか。皆さんに喜んでいただけて、今でもあの賑わいは忘れられませんね。【パレスへいあん】

天丼をつくってお出ししたんですね

結局食べものがなくて皆さんすごい困ってらっしゃいましたよね。それでもう次の日に、駅側のところで食品関係だけちょっと、オープンして、一部分だけで販売したんですよ。乾燥しているものとか、とにかく下に残っていて、お売りできるようなものとか。一番「良かった」って言われたのが、天丼を作ってお出ししたんですね。で、たまたまお茶屋さんが催事に入っていまして、その方がお水も売ってましたのでそれでお茶を淹れて、皆さんにお配りしたりとかして。だから次の日からはそこで一日間くらい営業して。近くに東洋ビルって、五番町通りのドコモが入っているビルの前で、こっち（本館）がオープンするまで、むこうで営業していたんです。食品関係とちょっとした肌着とか。中心部は結構電気ついたの早かったじゃないですか。ガスが止まってても使えるものとか、後は暖をとるものとか、あるものはそこで販売していたんです。ちょうど三月って高校入学で制服の販売をやっていますよね。制服なんかの受け渡しもそっちのビルでやっていたんですね。

天丼をつくったのは電気だったんです。中心部は確か電気が二日目ぐらいでもう点いたんです。確かね、市の中心部だけは早かったんです。ライフラインで電気が一番最初。ガスも漏れがないかどうか次の日ぐらいから確か調べ始めて。ただお水は出なかったのかな。水洗トイレが使えたのが一週間後でもお水が一番遅かったかもしれないですね。

地下の生鮮食品は当日限りですので、生もの関係とお惣菜関係、お野菜とかも、もういつお店を開けられるか分からない状況だったので、宮城県立こども病院って落合にあるんですけど、あそこに持って行って食べていただいたりしました。パンも電気で焼いていたので震災から三、四日後から焼けたんです。お酒なんかは大変でしたよ、全部倒れちゃいましたし、割れちゃったものはもう売れないですよね。その中から例えばレトルトカレーだったり、カップヌードルだったりとか、そういう、ほんとにすぐに使えるものは売り場に持って行って販売してっていう形でしたね。

次の日は職場にとりあえず来たんですが、まだ電気がその時はついていなかったので、本店（仙台市）での営業は無理ということでした。その次の日（震災から三日目）からいつも通り出てきてくださいと言われ、駅側で販売を二日ほどやりました。三日目からはとにかく来れる人だけ連絡してきていただいて、もう臨時のレジで全部手打ちです。今はピッピッって流しますが、それがもう使えない。電気が通っていないから全部手打ちでした。古いレジで値段を打ちました。

若いんだからどんどん伝えていくべき

宮城県沖地震って多分みなさんわからないと思いますが、昭和五三（一九七八）年にあったんです。その時もたまたま私仙台におりまして、それを経験しているんです。けどあれ以上の大きな地震が来るとは思わなかったんですね、正直いって。その次に、栗駒山の方の地震もありましたね。その経験と今度で三回目なんです、大きな地震って。まさかこんな大きな地震が来るとは思わなかった。街中を見て駅が使えない。バスがスムーズに動かなくなってしまったので、歩いて帰った方とか結構いらっしゃるんですよね、あの雪の中ね。でも海から離れていたのでまさかね、津波であんなにたくさんの方が亡くなったり、家を流されたりっていうのはその時は知らなかった。次の日の朝、ニュースとか新聞とかラジオで情報を聞いても信じられなかったんですね。ましてや私の妹が岩沼にいて、まさか亡くなるなんて思わないので。三日間ぐらいずっと妹に電話をかけていたんですが、家の電話も全然つながらなくて。もう二度とあの出来事はあってほしくない。海の近くに住んでいる人は高いところに逃げてほしいです。たまたま「商品を配達できないからお金でお返しするので取りに来て下さい」っていう電話を何百件とかけていて、連絡がつかない人も何人かいました。連絡がついて取りに来た方でも、「ここでお買い物をして、帰りにバスで帰って降りたらちょうど地震にあって、海のそばだったらしく『高いところに登って逃げてください』と言われて、上の人に手を引っ張ってもらって助かった」っていう話を聞きました。一緒に働いている人にも、塩釜や沿岸の方がいて、いろんな話を聞いたんですけど今だに実感がないんです。だからまだ妹が生きてるような気がするし、海のところにお墓参りに毎年行くんですが、見ると何にもなくて。あそこに家がたくさんあったという記憶はあるんですが、今は何にもないじゃないですか。緑も生えているし。最初その年に行ったときは、とても嫌な海の匂いがしたんですけど、今はきれいになって全然匂わないですものね。どんどんやっぱりこうやって忘れていくんだなぁと思いました。今回インタビューと言われて「私でよければ」ってお受けしたんですけど、ほんとに忘れてほしくないっていうのが一番ですよね。とにかく地震があったら、今この状態ならこの下に潜り込んで、もう待つしかないですよ。下手に動いたら大変なことになりますので。やっぱり待って、落ち着いたら海の近くにいる人は、高いところに逃げて。だから日頃からの訓練が必要なんでしょうけどね。大きな災害は忘れたころにやってくるといいますが、ほんとにそうなんですね。だからどういう形でもいいんで、あなたたち若いんだからどんどん伝えていくべきだと思います。【さくら野百貨店仙台店 食品】

お客さんが「ガソリンなんとかするから野菜を仕入れてきてくれ」って

品物、あの時足んなかったものねえ。ガソリンも無かったしねえ。ガソリンもほら、うちのお客さんで、ちゃんと持って来てくれる人がいて、それで毎日市場に行って、俺ガソリンなんとかするからあんたは野菜を仕入れて来てくれって。毎日本当にね、一〇リットルずつ持って来てくれた人がいてさあ。本当に助かったあの時もう、うん。何するにも行列だったじゃない。

みんな殺到したね、うちの店に。食糧求めてっていうか。だからその日で、あの、店の品物は全部なくなりました。とにかくお客さんが並ぶんだから。電気つかなくなったから、電卓で会計。とりあえず乾電池でつく照明で光とって、そろばんとこの電卓で全部売った。変な話ほら、賞味期限ってあるじゃない、期限切れたのまでみんな欲しいって。そのくらいなかったでしょ、食べ物。そうだったよ本当に。してね、みんなの目が血走ってるのね。もう何かないかと商品棚の隅の方まで身を乗り出して見る感じ。今まで経験したことなかった。そのくらいすごかったね。

あのとき、もうすごい雪降ってたのね。夕方になるしで、ほんとに真っ暗だった。普段いらしたことないような方がやっぱりね、来ましたよ。ほんとに見たことないような人。で、結局後になって思えば、こっちも制限して売ればよかったなと思ったのね。結局「一〇個ちょうだい」って言われればその人に一〇個売っちゃったって感じで。そのあとまさかそんなに物流が悪くなるとは思わなかったからね。えって感じで。ちょうど震災の日が金曜日だったのね。で、次の日土曜日で、ちょうどあの、現金問屋にいつも行くんだけど、やっぱりそのとき買えるだけパンを買ってきて、したら外国の方が多かったの、翌朝に。だからそういう人には制限できなくて、でもまあ五、六個ずつぐらいかな、売ったけどね。

全部小分けにしたわけね

普段はあたしは（中央卸売）市場に行かないのね。この人（夫）だけ行くわけ。だけども仕入れは手分けしないと物が集まらない状態。いくら市場っていっても物がなくて。だから朝三時に起きて二人で一ヶ月ぐらい通って。で、市場でも順番なのよ、行列並んで。あと整理券みたいなの渡されて「肉はここから」とかさ。例えばお豆腐は一人一〇丁とか、もう割り当て。だからそこに何回も並んで確保して。

そしていつも店だとほら、九時くらいには開けてるんだけど、やっぱり殺到されるとこっちも困るし、お客さんも大変っていうことで、全部結局小分けにしたわけね。例えばりんごだったら三個ずつ、オレンジだったら五個くらいずつ、あと白菜だと大きいから全部カットして、ラップで包んで。それでお客さんを五人くらいずつ入れて、一人買い物終わったらまた一人入れるっていう感じで。だからすごくスムーズだったの、そういう面では。

通常どおりに物が入るまでは二ヶ月くらいはかかりました。結局あの時コンビニが全部だめになったでしょ。だから、普段コンビニを利用してる世代も来たもんだからね。二ヶ月くらい経ったら元通りになりましたね。（お客さんたちが）コンビニに行くようになったね、戻ってったね、そうだったねえ。

野菜はもうスッカラカン。震災直後から一ヶ月後くらいはもう、ほとんど無かったね。だって一一時くらいに開けて一四時か一五時にはもう閉めるくらい。売るもの無くなったからね。こっちも売りたいんだけど品物無いし、あと、車に積める量って限られてるでしょ。やっぱり集めらんないのね。物が。二人でやってても集まんないんですよ。割当でしか売ってくれないからね。一人五点までとか全部割当で全部行列だったからねえ。学校休みだったでしょ。だから小学生の子供まで順番に並ばせたり、そんな感じなのね。本当にそうだったの。でも、あんまり制限なくお一人様一点、ていう感じで売って。ただほら病院とかどっかの施設っていうかね、そういうとこには関係なく箱で売ったりしたけどね、うん。普段は行ったことないけどやっぱりね、そういう病院とか。あと、子供たちの施設とか、そういう所にはやっぱりお菓子とか箱でまわしたり。出来る限りで融通は利かせたつもりだったんだけどね。だから毎年地震の日が近くなると、子供さん連れた奥さんいらして「あの時ここで買ったんですよ」なんて毎年ありますね。あの時のこと忘れないで毎年思い出してくれるんだなって思って。うん、うれしいよねこっちもね。

宮城県沖地震《一九七八》の教訓

このお店ができたのは昭和四八年。だから、今二〇一四年だから約四〇年くらいはやってます。ここビルの四店舗はみんなそうだね。途中でビルになったけどね。その前は二階建ての木造だったね、四〇年前はね。場所は同じで、この角ん所でずっと。ビルになったのは昭和の六〇年頃か。大体そのぐらいですよ。

宮城県沖地震《一九七八》の時の被害の方がひどかった。ええ、宮城県沖の場合はね、これ、ビルになる前で要するに、木造の二階だったのね。それで今は無いけど、ビンの一升瓶、酢とか醤油とか、それを棚に置いてたのね。それが全部壊れた。ペットボトルじゃないからね。あん時は瓶だったから。その時も物なくなったよ。とにかく、ああいう大きな地震が来ると、まず最初にコンビニとか、我々のような八百屋とか、あとスーパーとか、そういう所にみんな走ってまず食糧を確保するっていう風になるからね。その時も、本当に店の中は何も無くなった。だから大きい地震はここへ店を構えてから二回経験してる。

宮城県沖地震の後は、食料品の並べ方は、落ちてもいいようなものは上に上げるとか、そういう風にした。あと、自宅では水を用意するようにしたね。それから懐中電灯を枕元に置く。基本的なことだけどね。あとは乾電池を多く買っておくとか。棚はちゃんと紐で固定するようにしたりとかね。それだけだね、あとはガラスにフィルムみたいなのを貼るとか、割れないように。そういうことはね、まあ、やってたね。宮城県沖地震の教訓はそれだね。

【グリーンフーズ斎藤】

わざわざお金支払ってくれた人がいたの

店の品物は全部無事だったんですよ。唯一マーマレードが落ちていたくらいですね。そしてね、もうお客さんがその日にダーって出られなくなるぐらい入ってきて。電気が止まってるのでまず、会計がレジでできなかったのよ。だから、電卓でやったんだけど、明かりがなくて見えにくいのよ。

お客さんには買う人だけじゃなくてトイレを借りる人もいたんだけど、トイレが一つしかなくて困りました。あとね、電卓で会計やってたけど、明かりがなかったから、車の荷台のライトを使ったんだけど、ガソリンが切れちゃって。会計できない状態になってしまったの。だから、もういいやって、持てるだけもってもらって、お会計もいいやって言ってね、買う人がいたら「いいよ、いいよ」って。でもね「奥さん駄目だよ、五円でも一〇円でもきっちり売りなさい」って、わざわざお金を支払ってくれた人がいたの。あの時はほんとうに嬉しかった。

仕入れにもガソリンが必要じゃないですか。でも近くのガソリンスタンドは全部だめになっていたの。それで、泉区（仙台市北側の郊外）まで車を走らせてね、そして石油を入れて帰るんだけども、今度、そこから帰るのにも時間がかかるから、帰るのにまたガソリンを半分以上も使ってしまう。こう何回も、ちびちびとガソリンを入れて、仕入れはギリギリでしたよ。本当に大変だった。

市場へ行って調達して来るんだけども、もう震災の時は、一般の人もたくさんいたから何千もの人がいてね、本当にびっくりした。そして、そこからは戦争でしたね。もう、誰が最初に取るか、多く取るかで本当にすごい状況だった。順番なんてもう、あってないようなもの。誰かが必ず「順番はちゃんと守りましょうよ」って言ってたけど、五分もしない内にだめになる。けど、早く多く野菜が取りたい人も、家に病気になっている人がいたり、子供がいたりしているから、しょうがないことだったと思ってます。

あとね、震災の時は津波がこっち（仙台市沿岸部）にまで来たの。だから中にはお客さんが、大変な格好で来てね。もう服なんてなくて、小銭をもって店に来て買っていくの。もう見ていられなくって「お金はいいよ」て言ったら「私はもらいにきたんじゃない」って受け取らないの。それで「いいから、もらっていってください」っていうと「ありがとう」ってもらってくれたの。【青葉区八百屋】

二種類のお客さん

びっくりした!うちでお客さん並ぶってことないから。うちはほら、業務用の八百屋だから普通のお客さんは来ないのよ。それが、市場から帰ってきたときずーっと並んでたわけ。「何してんだろー」って思ってたのさ。

売り切れるんだけど、ほら市場がやってないから。（三月）一三日、日曜日だったけど自転車で市場行ったのよ。やっぱりやってないのよ。でもね、物ないからうちの兄ちゃんとまたあくる日車で行って。ジャガイモ、玉ねぎ、長芋なんかはあったから、それで俺持ってきたのよ。したらやっぱり店に並んでるのよね、びっくりしたのよ。どっかに行った時も「あらアンタ八百屋さんだったっけ。あん時はありがとねー」って、そんなに多くはなかったけど、言ってもらったね。

その後、ポツンポツンと商売なさる方もいるっちゃねー、それが困るのよ。普通のお客さんは並ばしてさ、商売なさる人は脇から来てさ、「これとこれ持ってきてぇ」とかって言われるじゃないですか。それでねえ、まあうちはお得意さんのほうが大事だから「分かりました」ってね。並んでる人には申し訳ないけど。店先のものからちょちょっと取ってお店に届けたこともあるね。ちょっと申し訳なかったかなーって思うね。

ただお客さんを並ばせてもさ、俺たち用量がわかんないからさ。うちはみんな目方売りしてたのよ。ジャガイモでも玉ねぎでも人参でも。目方すると面倒くさいのね。お客さんがね、空段ボール持って色んなもの買って、そうするとそこでひとつひとつ量るじゃない。すと、遅れんだよね、レジね。だからこれはダメだと思って、みんな個数売りにして。最初一〇〇グラムいくらって。すると並んだお客さんが中に入ってきて、「あのジャガイモ一個何グラムくらい」って聞くのさ。なるほどなるほど、こっちでも量らなくちゃいけない、だったらもう、まあちょっと大きさは不揃いだけども、個数売りでいいやーと思って。それから今度袋に入れて、前の日から準備してね。あんまり待たせたくないということで、そういう風にした品物もあった。

あと結局並んでるお客さんにね、「この辺で終わりだよー」って、言ったんじゃないかな。「申し訳ないです」って。まあなるだけ並んでたお客さんには売ったけど、あとはもうシャッター閉めちゃって。でもやっぱり、シャッター閉めてからも、「明日何時に来れば開けてくれるの」とかっていう人もいんのよ。「あー市場からくんの九時くらいなんだけどもー」って。俺たちは朝早く仕入れに行ってるからね。だけどもやっぱり七時くらいから並んでる人もいる。やっぱり友達なんかもくんのよ。だけど「ごめんねー並んでもらわないといけない。みんな並んでっから」って。ただ、お得意さんはそうはいかないんだよね。あの人たちも商売で仕込みかなんかしなきゃならないから。一時間も一時間半も並ばすの、申し訳ないっちゃ。【八百重】

戦後の焼け野原に始まったのが仙台朝市

(震災の日は)金曜日だったんで大勢のお客さまで賑わってました。土曜日だと一般の若い人たちが多いんだけど、金曜日の一四時くらいだとお年寄りが多いんだよね、おばあさんたちが一杯いてね。静かな揺れがちょっと続いて、その後に悲鳴のような声が聞こえ始めて「地震だ！　地震だ！」って。でも見て分かるように市場には余計な物が無いんだよね。雑然とすごく汚くある様だけれども、何も壊れるものがなかったね。でも、この朝市は常日頃から避難訓練ってしてんのさ。ここの始まりが仙台空襲、昭和二〇年七月かな、第二次世界大戦の終わりだけども、米軍が焼夷弾を落としてここは焼け野原になっちゃったのさ。その焼け野原の何もないところに始まったのがこの市場。だから酷い環境って慣れてるのね。何も無いところで生きてくために必要なものって、食い物しかないんだ要は。寒ければ自分の身を暖めるような衣類、腹が減れば食い物、夜露をしのぐ屋根。衣食住の一番簡単なものを扱ってる場所だから、休むわけにはいかなかった。

宮城県沖地震も経験してたから思い出したんだけど、一六時一七時になると帰れないんだよね、暗くなっちゃって。だからちょっと早めに明るいうちに帰ってもらおうと。「そのかわり大変だろうけど明日店開けるよ」と伝えて。翌日はみんな（従業員）来てくれましたので、うちは震災の翌日から営業していました。仙台朝市商店街振興組合も、翌日の土曜日に四軒の店が開きました。日曜日に六軒、（一六日）水曜日には八割の店が開いてました。残りの二割が魚屋さんで、海から通ってる人たちなんだ。この市場って魚屋さんが一〇軒あって共存してんだよ、揚がる浜がそれぞれ違うの。だから共存できる仕組みなんだよね。一人一人が仕事を持ってるって事が一番のベースになってるんで、そのためには向かい合った相手のことを知らなきゃならないし、いつも来て下さる人を見なきゃいけない。食い物はここでしか買ってない人だっちゃ、お客さんって。よそで浮気しないんだよ。今日はあっちが安いからあっちとかでなく、ここでしか買わないんだよ。そんな人がいなくなったら困る。ご飯の材料買いに来たのに、開いてないとひどいだろって。で皆で店開けようと。

焦土に蹶起する市民

戰力增強のお役に立つ

この腕が殘つた

焦土から職場に通ふ生産戰士

【昭和 20 年 7 月 12 日河北新報】

やる気のある人のところに商品が集まる

今庄青果は、卸町の（仙台市）中央卸売市場に支店を持ってます。だから否応無しに行ったところ、いろんなトラックが戻って来てたんだ。面白いねえ世の中ってのは、やる気のある人のとこ

終戦（2）

玉音の前にひれ伏す

【昭和20年8月16日河北新報】

ろに商品が集まるようになってんの。後から考えれば当たり前のことなんだけど、(地震発生が）一四時四六分だからスーパーや量販店に週末の荷物持ってトラック市場から出発してるわけだっちゃ。ところが地震で（スーパー・量販店が）シャッター閉めて荷物受け取ってくれないわけ。トラックの運ちゃん困るよね、トラック一杯の荷物、誰も受け取ってくれないのよ。調味料とか加工品、賞味期限が長いものだけは受け取ってくれたらしいんだよ。だから困って市場戻って来たんだね。学校給食、弁当屋さん、お惣菜屋さん、コンビニの弁当作ってるところ、全部停電で電気止まってるからダメ。その場で受け取らないから運ちゃん達戻ってきたの。戻ってきたところで俺たちが店開けてて、市場がそれで動き出して。仙台中央卸売市場って東北六県の拠点市場になってんの。とりあえず東北のあちこちに分散される前に仙台に入ってくるんです。そういう意味ではぞくぞくと品物が入ってきて、で小売店がその時すごくがんばったんだね。ここの朝市も頑張ったけど、八百屋さん業界がみんながんばってた。

「御代はいただかなくてはいけないよ」と

肝心なのはレジとか機械化が進んでないのね、それがダメなんじゃなくて幸いしたの、最初スーパーとかコンビニが店を開けられなかったのは機械で管理してたから、要は自分で何売ってたか分かんないの。でも僕らは効率悪いけれども、商品と値段をその場で見て話しをしてるからすぐ対応できたの。

店開けたら「こんなときに売るんですか」っていう人もいたんですよ。「こんなときはボランティアで配給じゃないんですか」って。馬鹿いうなって、僕らはあなたたちに売った商品を元手に次の日また買いに行かなきゃならない、ここにあるものタダで配って市場行ったって、タダでもの貰えないんだから。でも震災の翌日に売ってたらすごい文句言われた。その部分だけ見ればそうかもしれないよな。でも普通に考えたら、店にあるもの売り切りました、次の日に問屋へ行って物ください、みんなにタダで配るからって言ってもくれる人いないよね。だからより一層この商品を使って一杯買って来てあげないといけないわけだから、御代は頂かなくてはいけないよと、でもこういう商人の理屈をなかなか皆さんきいてくんねえんだな。

「好きなだけ買っていいよ」っていうんだ

でもとりあえずその売る姿勢を見せたところ、中心部のアーケードの方もぞくぞくとここに来たわけです。「朝市が開いてる」と。ダイエーにすごい人が並んだってあれだけ騒いだけれども、ここもホントとんでもないくらい並んだ。でも全然数量制限もなかった。本人に任せるんだよ。「数量制限ありますか」って聞かれたら「好きなだけ買っていいよ」っていうんだ。「え、いいんですか」って驚かれるよね。だって一〇人の代表なら一〇個買わなきゃ間に合わないだろ、だから決めるのは買う人。「このバナナは一〇袋買っていいんですか」って言われたら「いいよいいよ。任せっから。でも後ろも見てください。ずーっと並んでますから」って。この行列見たらこの人は本当に必要な分しか買わない。「三個ちょうだい」とかって言うわけ。でもそれがね、実は僕らはすごく嬉しかったの。そういう風に相手が思ってくれたのがすごく嬉しかった。それが次の日に店開ける僕らのエネルギーになったよね。ただね「買い占めなくていいよ」って言いました。安心してもらう。「明日も営業すっから」って、小さな約束。でも何の根拠もない。かといって言い逃れでもない。自分の意思。さっきも言ったように目の前のことを真剣にやって明日も営業するっていうね。買い占めるっていうのは、不安がそうさせるんだよね。その日暮らしってすごく悪い言い方だけど、その日暮らしで十分なんだな。先のことを考える必要ないんだ。もちろん安心安全っていうけど、明日どうなるかなんてわかんないんだよ。

当たり前のことが当たり前にできなかった

毎年ここで炊き出しをやってるんですよ。一月と一一月に鍋を作ってみんなに振舞ってんの。そこにこんな大きなプロパンガス二本持ってんの。だから東二番丁商店街で作った味噌汁いっぱい持ってった、ここでも配った。当たり前のことが当たり前にできなかったんだよね。だから僕らはずば抜けてかっこいいことしようとかじゃなくて、普段やっていることをどんなときでも出来るようにしよう、っていうのが基本になってます。普通に地べたに両足つけてやっていきたいなと。それがどんな時でも出来るだけで、実は八百屋さんは人の命助けてんだと、ほんとそういうふうに理解させられた震災だったね。とっても八百屋やってて良かったな、みたいな。

(クリスロード商店街理事長の)鈴木さんに「いやー、やっぱ朝市は強えな」っていってもらった。ここの始まりって仙台空襲の焼け跡がはじまりだから、来年七〇周年なんだよ。「負けてらんねえ、うちもやっから。洋服屋だけどなんか売っから」って言ってくれたよ。【今庄青果】

逆境に強い仙台の台所

大変だった最初のうちはね、せりが始まったのが確か六日後か七日後なんですよ、震災から。それまではね、鮭の切り身とか、まあうち魚屋さんなんですけど、納豆とかね卵焼きとか、普通は魚屋さん販売しないような商品も販売したかな。震災のときだけは。ちょっと海産物、鮮魚店とは違うものなんだけどなーと思いながら売ってたんですけど、そのぐらいかな。それこそホットケーキとかパンなんかも売り出してたし、まあありえないんですよ普通は。でも物が無いのでみんなありがたく買ってたよね。

仙台朝市はね、今年で七〇年になんのかなだいたい。ここ仙台空襲ってあって焼け野原だったんですよ。その時から始まった市場なんですよ、だから逆境にすごく強いんですよ。そこがいまだに言われている仙台の台所ってところで、やっぱり市民の味方なんですよ、この市場自体が。

ここの市場の良いところって言うのが、若者を育てる市場ってそういうところがあるんですね。上の者が、まあ他の店でも、例えば魚屋さん同士でもね、ライバルなんだけれども、若い人が魚をぎこちなく下ろしていると「こうやって下ろすんだよ」って親切に教える市場なの、ほんとの話なの。みんながみんなで育てる雰囲気の市場なのね、八百屋にしても魚屋にしても。上が下を面倒みるっていう、昔からあって、そういう縦の繋がりがあるし。あとやっぱり横の繋がりもあるし、コミュニケーションを大事に

する市場かな。【こがね海産物】

もち米弁当

ここは（地震の）次の次の日に電気通ったから。うちはほら、古いからバーナーってやつがあんだ、鉄釜でさ。それで団子とか蒸かしてるんだけど、それは灯油があればできるんですよ。だから灯油屋さんに行って灯油入手して、それでもち米はあったから蒸かして、それをパックにいれて売りましたよ。地震の二日後（三月一三日）に。あと、卵あったから、ゆでたまごにして。パックに入れて一〇〇円で売ってたの。普通には営業できなかったけどね、そういったものだけ。その日（一三日）はね、朝六時前から人が動き始めていたね。会社に行ったたって何も食べ物もないから、そうするとほら、みんな買い求めておられました。やっぱり食べ物ないから食糧求めてねえ。要するに戦時中っていうか戦後みたいな感じじゃないですか。俺は戦後知らないけどね（笑）。とにかくすごかったですよ。【藤や】

ど素人がね、おはぎ作った

あんこはあって、よその人とかにあげたりしてたんだよね。その時寒かったし雪もあったぐらいだからね、物は悪くならなかった。なので、プロパンなんかで仕事していた団子屋さんとかは、お店を開けていた人もいて、そういうところにも持っていったりしていたね。

うちも、ど素人がね、おはぎ作ったぐらいでね。作るのは半日かかるけど、売るとさーっとみんな並んじゃって一〇分くらいでなくなる感じだったね。何百個とは作ったと思うんですけど、やっぱり食べ物ないので皆さんね、並べるとすぐ売れちゃうっていう状況だったね。最初はやっぱり主食的なのがみんな欲しかったんだろうけど、だんだん余裕が出てくると甘いものとか欲しくなって。ああいうのが毎日続いたらどんなのにいいだろうと思うくらい、すごい勢いで売れたんだよね。ボランティアだと思って二個百円とかそういうレベルで売ってたね。こういうときはお互い様だものね。

うちらで四代目で、明治ぐらいからやっているからね。百年以上かな。明治のときは、雑穀ってゆうか小豆とか大豆のような豆を売ってたんだね。それで会社を興してあんこ屋をやりはじめたのが昭和三二年。結局もともとうちの会社は小豆なんかをあんこ屋とかに卸すわけだ。それでそういうのをやってたら、あんこ屋が辞めるから機械どうですかって話になったみたい。それで雑穀商とあんこ屋を並行してやり始めたみたいだね。私の祖母とかの年代のときにね。だんだん主流が雑穀商よりもあんこ屋の方にウエイトがおかれるようになってきた感じかな。昭和三〇年代頃ももちろん豆は売ってたんだけど、基本あんこ屋のほうがメインになってたみたいだね。豆の仕入れは東京です。昔は流通なんてなかったから、電車で今の宮城野原、国鉄（現ＪＲ）の貨物駅があるんだけど、そこから戦前なんかは馬車でここまでもってきて。昭和期に入ってからトラックに積んで持ってきてたみたいだね。昔は貨物駅までだったから取りに行ってたんだね。【目黒製あん所】

元の味をみなさんに提供できるように

電車で利府、多賀城から来る従業員もいたので、そういう人はしばらくお休みにして、出勤できる人は連絡を取りあって来る、ということで、みんな制服も着ずに働くような状況でしたね。お客さんはやっぱり、お買い物に来るというよりは「食糧が何かあるか」という感じでたくさん来ていただけたので、そういう意味では提供できてよかったなと思いますね。うちの店舗は市内にエスパル（仙台駅隣接商業施設）含めて六店舗あるのですが、そっちのほうは翌日、翌々日くらいから再開していたので、被害が少ないほうの企業だったと思います。とりあえず売れるものを提供しようということで再開しました。エスパル店の方は駅舎の点検に一週間ほど時間がかかりましたけど、割とすぐだったと思います。

上杉の工場も物が崩れたりはありましたけど、建物が壊れたりということはなかったので再開できました。でも電気とガスがなかったので、機械を動かすというのがなかなかできなかったのですけど、冷凍保管されている商品なんかを出したりすることはできたので。

商品は逆に、黒砂糖饅頭という、うちで一番人気の商品があるのですけど、それをもう一度食べたいということで最初皆さんにお声をかけていただいたりして。でもガスが来ないとお饅頭って蒸しますので、ボイラーが動かなくて作れなくて、しばらく、一ヶ月くらいはつくれなかったのかな。なので逆に元に戻そうというような気持ちのほうが強かったと思います。震災だったから新しいもの、というよりは元の味をみなさんにちゃんと安定して供給できるようにということで考えてみんながんばっていました。仙台駅が再開してから、ボランティアだとか遠くから来ていた方がおられました。でも饅頭がまだなくて「残念だ」という声を聞いたので、それを「がんばらなきゃ」という励みにしていましたね。電気のオーブンで製造できるものはあったんですが、やっぱり要のボイラーが動かないと饅頭が蒸せないので、それはライフラインが復旧する最後の最後までつくれませんでした。

震災後は三月一一日にクリスロード（商店街）だと毎年その時間になるとアナウンスがかかって、お店の前にみなさん並んで黙とうする、ということがありますね。あとは一応本社のほうでお昼の昼礼というのがあるのですけど、毎月一一日には必ず最初黙とうしてから昼礼を始めるというようなことを続けています。

【玉澤総本店】

おにぎりばーっと作って

家庭用のカセットコンロあるじゃないですか、あれで水餃子つくって。ちょうど（地震発生は）金曜日で週末だから月曜とか火曜とか普通の平日より多く仕込みもあって。「お客さんも多いかな」って、普段より多く仕込んでたので。でも営業できないなってわかって、餃子とかも捨てるだけじゃもったいないからセットコンロで水餃子つくって、幼稚園に持って行った感じかな。量はお店にしたら多いんだけど、避難してる人には微々たるもんなの。それでうちの息子とかお世話になってた（東二番丁）幼稚園の先生知ってて、鍋ごと餃子持って行って。幼稚園の方にも帰宅難民者がいたって言うんで。

震災の時は金曜日のね、一四時……一五時手前でしょ、ご飯があったの。とりあえずおにぎりだね。ご飯を午前中に炊いていて、三升近くあったのでおにぎりにして、おにぎりばーっと作ってここ（商店街）の皆に配って、近所の人にもあげた。ガスがすぐ止まったから、火を使わなくていいもの。それから一回自宅（仙台市郊外の旭ヶ丘）まで歩いて帰って、次の日の昼すぎに車で店に来たの。そしたら「一番町、電気点くじゃん」ってわかって。エアコンも使えるなって店舗の二階に住んだんです。だから全部車で必要なもの運んできました。旭ヶ丘（自宅）はガスも電気も水も全部ダメだったから食糧も豊富だったし店に来たの。

はじめてのお昼営業

電気は流れてたから、食材を持ち込んで作れるものは全部作って。あとはね、朝市とかいつもの八百屋さんが優先的にまわしてくれました。営業時間は一二時から一三時過ぎまで。会社員の方は一二時四五分には食べ物屋を出なきゃいけないんだね。一三時には戻るんだろうね。ちょくちょく人はいるんだけど「あ、こういうもんなんだ」って、普段（お昼の営業は）やらないから分からなかったんだけど、一二時から一四時までのれん出してたけど、お客さんがくるのはだいたい一三時過ぎくらいまで。それをね、ガスが復旧するまで続けたの。ガスが来てからは全く普通に夜からでです。

水餃子はね、まかないなんです。火を通せばいいわけでしょ。うちの水餃子は塩味のスープに入ってるんだけど、本当に茹でただけの餃子を出したんです。その後お客さんも「あの時の餃子くれ」って言ってくれるから出していますよ。値段は普通の値段でね。当時はもう少し安いけどね。それでも五〇〇円。個数制限はしませんでした。でも元々ここの水餃子は塩味のスープに入れて、スープも楽しみながら餃子も楽しむんです。

あとはね面白い話でね、裏に〇〇さんって飲み屋さんがあってね、（東北）学院大出て楽器がすごく上手で有名な方がやっているんだけどね。結局ガスがないときはお客さんは「しょうがない」って飲めれば満足するのね。でガス通って『うわーまじめに仕事しなきゃいけない。作らなきゃいけない」ってね。当時はまかないでもいいわけだ、味がついてれば。カセットコンロでつくってね。そっちのほうが楽しかったのかも知れないね。

【関東大震災時の炊き出しの様子：東京都慰霊協会提供】

その後の「ありがとう」

限られたお客さんにね、冷凍餃子を差しあげて、家で茹でて食べてって。そういう人は後でお礼に来てくれたり。いろんな貸し借りやらも「あんとき貸してくれてありがとうね」っていうのがありました。小学校の校長先生が、異動か定年かで今年お酒もって来てくれたの。「震災のときはありがとう」って。小学校の職員室にね、おにぎり持っていったのこっそり。それ覚えてたんだっちゃ。突然来たからびっくりしたね。大したおにぎりじゃないし、先生たちにだけ「食べて」って物だったのにねぇ。人ってこうゆうものなんだなって。（東二番丁）小学校にしても、（震災後）先生たちは基本的に帰宅してないって聞いたから。結局帰ってなくて帰宅難民の方たちのお世話してたって感じだったから、大変だったはずですよね。

ついこないだ校長先生が言ってたんだけど、愛知県からたまま仙台に来てて、小学校に避難してた人がいたらしいんです。年配のご夫婦だったらしくて、全然見ず知らずの人らしいんだけどね。「子供が小さかった時にベルマークを集めてたから『お礼に小学校でどうぞ』ってごっそりベルマークを送ってきたんですよ」って『ありがとうございました』って綺麗な包みで送られてきました」ってつい最近聞きました。ほかにも学校始まってしばらくしてから愛媛だとかそっちの方からみかんジュースが送られてきたりね。一五〇個ぐらい送ってきてくれて、みんなで給食の時に飲んだんだって言ってた。

街と海とで、大変な思いした人とのギャップ

大変だったことは気持ちの整理かな。日常の生活を取り戻すのは簡単だったけど、津波の映像って後から知ったでしょ。ラジオだけで、最初は遺体が上がったって「何言ってるのかな」って思ってて。私もね、友達が亡くなってるの。まだ（ご遺体が）見つかってないんだけど。そういう気持ちの整理は難しかった。どういう言葉をかければいいのか分からないし。街と海とで、大変な思いした人とのギャップですよね。沖縄の人からも「大丈夫ですか」って電話が来たんだけど「私は大丈夫だよ」って。海沿いの人たちは大変だったけど、仙台市の中でも凄い差があったでしょ。まず生きることに感謝して、でも本当に普段の生活して商売していいのかなっていう葛藤がありました。そこを振り切るのはなんか辛かった。同じ仙台市でも全然違いましたから。【青葉区中華料理店】

日頃のお客さんて尊いなって

おでんがあったからおでんをこの辺の人に差し上げたり。そして、次の日東北高校の野球部の父兄から電話が来て、寮にいる子は食べるもの何もないんだと。おでんとか焼き鳥、もう使えねぇから。機械も冷蔵庫も動かなくて全部悪くなるからな。んでなんでもいいからっていうからさ、野球部におでんとか焼き鳥とか持って行って。復旧まで一ヶ月くらいかかったんだけど、電話とかで常連さんから「必ずまた行くから」とか「大丈夫？」「いつから再開？」なんて。もう、ありがたいなっていう……。最終的には人の繋がり、人との出会いを大事にしないとって。

正直、はじめ何をしたらいいのか途方に暮れて。で、向かいのお寿司屋さんで、もちろんネタはないんだけど、のり巻きといなりとかをパックで売ってる姿を見て、うちもあるもので何かできないかなって。一応プロパンとかも予備であったし、あと市場に

は結構早くから行って、とにかくできるものないかなって。それで売り出したのが油麩丼。朝から夕方まで二人で声出して、でも全然売れなくて。なんかさ、まだ市民の人たち来てなくて、要は人通りがなかった。本当、泣きたくなるような売り上げしかなくて。結局完売できなかったんじゃないかな。日頃のお客さんって尊いなって、お金って尊いなって。とにかく感謝の気持ちって持ってるんだけど、忙しかったらちょっと雑になったりしていて。いいものを売ることの大変さ、いかに環境的に恵まれていたかっていうことを痛感したね。

一ヶ月たった頃にはこの辺はね、普通に営業してました。ガスが復旧していないところもあったから炭火使ってるところもあったけど。再開後、はじめはやっぱりみんな暗かったよ。沿岸部の人たちには話聞けなかったな。お客さんがさ、自分から「うちの親父がさあ」とか話してくれる分にはいいんだけど、こっちから「どうでしたか」とかは聞けなかったもん。普通に飲みに来るって感じじゃなかったからね、当初は。作業着来た人たちとかだね、(復旧作業で)疲れ切って。ずいぶん全国からお手伝いさん来てたから。まだ日本は大丈夫だ。ああいう災害の時にね、助け合える。一番最初に来たのは、全部兵庫県の消防車。神戸、明石って。一〇台くらいバァーって。仙台市内っていうのは戦場なんだべな。あんなところから来るくらい、大変な事態なんだなって。

でも防災っていうのはさ、俺らの経験では自分の歩くところ、手の届くところ、そこを最初にやらないといけない。他の人を手伝うのもいいよ。だけど、最初は自分のホームグラウンドをちゃんとすること。それが一番大事だと思う。火事で家から火出たとなったら大変だぞ。自分の家だけならいいけど、他の家にも迷惑かけるわけだから。とにかく自分の目の届く範囲、そういうところ先にやってからだね。家族間でね、何かあったらこうしましょうっていうことを考えないとね。

この辺は昔、零番町っていってたんだ。一番町あって国分町あってここ何もなかったから。そこにお稲荷さんがあるんで、稲荷小路。虎屋横丁っていうのはトラの人形があった薬屋さんだっけ、たしか虎屋っていう薬屋さんあったんだよなぁ。虎屋横丁の方が古いですよ、稲荷小路より。そこで屋台二年引いて、お店構えて。六七年目かな。この辺の方と代々ほら長く親から子、子から孫へってな感じで三代。うちも三代だけど、お客さんも三代で来てくれる人いるねぇ。【おでん三吉】

ウナギの生きてるうちに

電気とガスが止まったというだけ。水道は大丈夫だった。でも、うちは裏にいけすがあって、ウナギを飼っているんだけれど、それは電気で地下水を取るから、それが（電気の供給がなくなって）ぱたっと止まったから、俺はウナギを諦めたんだ、あの時。あの時はシラス（ウナギの稚魚）が高くなり始めたから、ウナギも注文取りが入んなくて、余分に、かなり大量にストックしてたから。「あ、これで終わりだな」と思ったの。でも、電気は次の日についたの。だから、ウナギは死ななかった。ただ、ガスはそれから二ヶ月かかった。ここ（いろは横丁）はトイレ工事をするために、地下水の排水を新しくすることになってたから、それを契機に二ヶ月くらいインフラは駄目だったの。

お店の中で使えるのは七輪と、カセットコンロ。お店は二ヶ月くらい休んだ、うなぎが入ってこなかったから。流通が止まったでしょ。いけすで無事だったウナギは、次の日にみんな割いて、炊き出しして。お弁当つくって配ったの。米は電気釜で炊いて。それは二日間やったな。相当安く売って。知り合いには、ただで分けて。だって、まさかこんなにも困るとは思わなかったもの。ウナギは死んだら食べられないからね。近くの工事現場の人にも安く売ったりして。ウナギの仕入れが再開できたのは、随分経ったな。問屋もないわけだから。高速道路も駄目だし、飛行場も駄目だったでしょ。復興が優先で、高速は緊急車両しか駄目だったでしょ。俺も、まさかこんなにウナギが来ないとは思わなかった。

【うなぎ大蒲焼明ぼ乃】

うちはパンを焼いて提供しよう

何にもしてないのもなんかほら、こういうお店をやっていてね。正義感じゃないですけども、できることはなんかやるべきじゃないかって。何かしらやんなきゃって、じゃあパンしか焼けないからうちはパンを焼いて提供しようって。でもタダっていうわけにもいかないから、料金はね、店売りの料金は頂いたけども。で、最初ね、そんな売れるとは思わなかったのよ。こんなときにパン焼いて「なんだよ売ってんのかや」って思われるんじゃないかなとかさ。自分でそういう風に思ったとこもあってさ。こんなみんな大騒ぎしてってときにね、店開けてって。

うちはね、二華高（仙台二華高等学校）に三晩くらい避難させてもらったのよ。体育館に泊まらせてもらってたの。（自宅である店舗の）二階は倉庫状態なんだけどさ、箱とか包材関係そういうのもね、スチールラックとか崩れて、寝れる状態じゃなかったの。夜になると二華高へ行って泊めてもらって、日中になると店に来てまずは片付け。その後連坊小学校のほうに行ってくれないですかって言われて。でうちは、裏の米屋さんが下宿屋さんやってて、それをじゃあ一部屋開いてっから、そこ使っていいよって言われて、一週間くらいお世話になって。みんなからお世話になってたの。食べ物なんかも共有してっていうか、下宿でもおかずとかが手に入らないのさ。で、うちで卵いっぱいあるから卵持ってくとかさ。家賃代わりに(笑)。そうやって面倒みてもらってた。

卵はあっちのケーキ屋さんから一ケース譲ってもらったの。ガトーオバラさんっていって商店街の仲間なんだけど、卵を借りて、後で入ったら返すからって言って、それでプリン焼いたりとかできたね。で、材料は「ガソリンがないから届けられない」って問屋さんから言われて、「取りに来るのは大丈夫」って言われたの。でも、うちもガソリンがないから。そしたら俺のいとこがね、そいつがたまたまヨット持ってんの。友達と何人かでヨットを持ってて。で、それのために石巻（市）にガソリンをタンクに買って持ってたの。津波きたけど、湾のなかで大丈夫だったんだって。それを取りに行ってくれて、で「ガソリンいらないか」ってうちまで来て、車に満タンにいれてくれて。ガソリン入ったから、材料屋さんに電話して卸町まで取りに行ったんです。そん時に向こうのケーキ屋さんに卵貸してもらって助けてもらったから、「注文あるなら（問屋に）電話入れといて、もってくっから」って言って、うちの材料とあっちの材料両方持って帰ってきて。ケーキを作れるようになったのはガス入ってからだから、正式な開店は震災一ヶ月後ぐらいだな。お菓子の材料も届かなかったのね、流通してないから。材料も買えないから、まず今持ってる材料でパンを焼き始めて、その次に卵が手に入るようになってからプリンやマドレーヌを焼いたり、徐々にね。

んで、うちは保育所にもパン納めさせてもらってんのよ。向山保育所（仙台市太白区）に納めてて、あそこは基幹になる保育所なんだって。なんかあったときには中心になって、他の保育所なんかの面倒見なきゃなんないんだって。んで、保育所でも子供に食べさせるのがないから（パンを）持ってきてっていわれて。向山なら自転車でも行けるから自転車で行ったのね。そしたら何日か経って、支援物資がどんどん入ってきて。「もうパンは必要ないわ」ってなったんだけど、他の保育所がやっぱりなくて、青山保育所まで自転車で行ったの。八木山（仙台市太白区）の方へ自転車で二、三時間かけて。まだちゃんと店開けてなかったから時間はあったんだよね。（妻が）自転車でパンを届けに行って。その間俺はパン焼き、仕込みやって。そういうことを何日も繰り返したんだね、普通に開店するまでの間。変な話だけど、楽しかった面もあったね。何にもないとこにこんだけできるんだって。なるべくこう、見つけてやってたよね。いまやれることはなんだろうって。

開店以来、初めての行列

シャッターを開けると行列ができてるなんて、開店（一九八〇年）以来なかった。震災のときは三月一四日のホワイトデーのために クッキー焼き溜めしてたのよ、それが震災の影響で全部売れたの。自分たちが落ち着いた頃にシャッターを少し開けてると、お客さんが「ちょっといいですか」って入ってきたと思ったら、どんどん来て、それで、並んでもらってもいいですかっていう風になったの。やっぱり、みんな甘い物を結構求めるのかなって思った。甘い物って言うのは癒しの効果、まあ、なんていうかほっとさせてくれるのかな。普段カロリーとかを気にしている人でも、こういう時は求めるでしょ、だからそういうものが売れました。

日曜日（一三日）電気ついた、水道もその後すぐぐらいだったのかな。電気の次ぐらいに水道もオッケーになって、ガスは一ヶ月ちょっとかな、一番遅かったよね。大阪ガスの方がきて、検査して開栓してくれたんだよね。

ガスはうん、結構かかった。俺らも結局、ケーキ、まあパンやるのには全部必要なんですよ。電気は当然、窯が、オーブンが電気だからね。であとは、水なければできないし。でも電気がついたから、オーブンは使えるようになったんだね。パンだけでも焼けるっていうんで、電気流れて水が流れたから仕事できるようになって。でも肝心のガスがないから、カセットコンロでお湯沸かして、それでパン仕込んだりなんだりしたんだ。でもガスこないうちは（多量の）洗い物できないから、ケーキ屋稼業は、一ヶ月くらい無理だったのか。そのかわりパンだけ作って、で、焼いて売ってたのか。外で売って、ちゃんと自然に人が集まってくる。で、びっくりしたのは、ちょっと行列になってる、ちっちゃいけどね。うちにしては「あっ行列だ！」って。みんな並んで、買ってってくれた。

パンを焼いて売り始めたのは……、電気で三日目だとして水道で四日目だとすると、五日目か六日目、だから一週間後ぐらいにはパン売ってたのかな。うん、パンとマドレーヌ焼いてたかな。そういうのは店が（完全に）再開できるまでの間だから、二週間くらい続いたのかや。朝六時くらいから仕込んで、で、焼いて、焼きあがったのが一四時、一五時ぐらいで、店に並べるともうお客さん並んでっから。初めての日はそんな並ぶと思わなかったのよ。

最初はまあ欲しいっていう人が来たら、いくらでも売った。でも一〇個欲しいっていったらいいですよ一〇個買ってくださいって、五個欲しいっていったらいいですよってやってたら、すぐなくなっちゃったのよ。だから次の日になったら、一〇人、二〇人って並ぶ日もあって。一人の人が一〇個とか買うと、あん時で六〇……一二〇個か？一回で三〇個で……一二〇個焼いて並べたんだけど、一人一〇個買うと、一〇人ちょっとでなくなっちゃうんですよ。でも、もっと並んでんのさ、二〇人とか。で、それからは、せっかく並んでんだから一人五個までとかね。制限して一人五個にしてくださいとかね。で、五個じゃ足んないんだってひとは、みんなに買ってもらいたいからっていうんで納得してもらって。んで、「もう一回並んでいいんですか」って言うんで、「もう一回並ぶのは構わないですよ」って。とりあえず並んだ人みんなに回ればね、いいんじゃないかっていう考えだったから。んで、二回並んだっていう人もいるし。それを見て隣近所の人が「ああ、売ってんだ」ってわかって買いに来てくれたりとか。パンは一個一三〇円。今も一三〇円。うちとしては通常の状態で通常のものを売っただけ。でもお客さんからはすごく喜んでもらえてね。こんなときによく焼いてくれたって。

アレルギー対応のパンが焼けなかった

結局あの、ガスがないから洗い物できないじゃない。うちはアレルギーの子のために、ケーキとかパンとか作っていたのね。卵とか乳製品が入らないパンなんだけど。うちはを細々とそういうのやってたんだけど、洗い物できないからそれが不可能になっちゃったの。乳製品とか卵使った道具、それを洗い流すだけのお湯が確保できない。だからそれを買いに来てたお客さんも断るようになっちゃったの。結局乳製品や卵、入ってる可能性があるから。ちょっと作れないって、そういうことはあったたね。ただ今思っても残念なのは、アレルギー対応のお菓子とかパンをつくっていながら、お湯がないためにそれに対応できなかったっていうことだね。それはちょっと悔い残るね。いつもそういうパン買いに来てた常連さんにも、何回も断ったもんね。パンは売ってるけど卵や乳製品が入ってる可能性があるから自信もって売れないって。あのころはそういう話がしょっちゅうでたよね。アレルギーあるから買えないって。食べるものないって。それに対応できなかったのはやっぱりお湯がなかったからなんだよね。ガスがないからお湯沸かせないのよ。水では洗いきれないじゃない、油にしても、卵にしても。ガスがなかったのが問題だったな、カセットコンロでお湯沸かしてさ、水使いまわして洗い物してたから。

パンの情報格差

過去の話だけど、オイルショックの時にトイレットペーパーをたくさん買ったのと同じで、不安だから買いだめするの。今日食べるものがあっても、どっかでなんか売ってるってなると、みんな「買いだめしとかなきゃ」みたいな、「今買っとかないとなくなる」って思っちゃう感じ。殺気立ってる程ではないけど、、朝からパン焼いてね、焼きあがって店に並べるのは一五時ぐらいだったときに、後でわかったんだけどさ、その時間が、携帯でTwitterだのなんだのでほら、みんな連絡取り合い出来んの。あの頃ね、そういうの俺わかんなかったの。で、そろそろ店開けるよって時間になると、なんか人が集まってくんだよね。「なんで？」って不思議だったね。なんでわかってんのかなあってさ。したら、後で聞いたら、連絡しあってるっていうか携帯でみんなあちこちで○○売ってるよ、ここで○○あるよとかね、そういうの教えてるんだっていう話を聞いて、ああそうか、そういう時代なんだってね、改めて気づかされたんだけどね。で、店開けるころになるとずっと並んでんだよ一〇〜二〇人外に。「あれ〜不思議だなあ」って。だから余計その、なんていうかな、そうやって情報を得て買える人は、どっちかっていったら若い人たちが多いのよ。うちでも買ってあっちでも買って、お互い連絡とりあうからみんな手に入るのよ。でも、俺をはじめね、そういうのがわかんないとかさ、お年寄りなんかは、そういう情報が入手できないんだよ。それで食べたいんだけど、食べるものもないのよ。「ろくえもん（このお店）でパン売ってるって話聞いたんだけど」ってさ、売り終わってなんもなくなった後に来るのよ。「ここに来ればパン売ってもらえるって聞いたんだけど」って来ても、そん時はみんな買っていってなくなった後なんです。若い人たちはどこまで行ってでも買えるけど、うちの隣にいるお年寄りだって、すぐ隣なのに買えないの。気づかなくて。で、まさかうちからさ「パン買いにこない？」って言えないじゃない。あげるんだったらさ、持ってってあげるよって言えるけども、売るやつはさ、タダで貰うわけにはいかないって、お年寄りの人は尚更ね。そういうのがあるから、そういうギャップっていうかな、そういうのはなんとなく感じたね。

世の中すごい便利だけど、なんていうんだろう。そういう、情報面での弱者っつうのかや、お年寄りとか、携帯とかに載ってる情報はさ、わかんないじゃない。そういう人たちはそういう時になんか、なんていうのかな、うまく言えないけど、乗り遅れるっていうのかな。実際、私なんかも今の情報社会にさ、乗り遅れてますけどね。そういうとこで食べ物にもありつけなくなるのかな、悪く言うとね。【ぷちまるきろくえもん】

「恩返し」としての牛タン炊き出し

店も三月の歓送迎会のピークの金曜日で、もう全店舗セッティングしてて、料理はもう全部仕込んでて、鍋はひっくり返るは、寸胴はひっくり返ってぐちゃぐちゃになって、皿・グラスは全部割れてね。うん。この客席の宴会セッティングもぐちゃぐちゃになって。うん。ただ、唯一本当に津波で亡くなった方が一万五千人もいるなか、こんなこと言ったら不謹慎な話になるんだけども、街中で唯一のラッキーだったとこは、まぁ居酒屋っていうか外食産業ってアイドルタイムだったんだよね。ちょうどだいたい一四時から一七時の間はクローズになってる店が多いんだけれども。これが金曜日の一八時、一九時だったら、この辺は火の海になってたんだろうなって。全部の店が火を使ってね、火災が起こってしまったら飛び火もあるしね、それが唯一街中のラッキーだったのかなって思う。

うちはやっぱり外食産業で中小企業だから、お客さまから営業してお金を頂かないと原資がないんですよ。原資がないと家賃も払えないし、水道光熱費ももちろん払えないし、仕入れも払えないし、一番ネックなのは従業員の給料が払えないんですよ。社員が三〇人近くもいて、バイトも合わせたら一〇〇人近くもいるんだけど、その給料保証しなくちゃいけないいんですよ。太陽が西から昇っても、私は従業員の給料を保証しなくちゃいけない。だけど、これから先数か月先どうなるかわからないっていう不安が正直あったのね。それが帰ってからずっと考えてたことの一つ。して、明日からどうすべきか考えて、先ず電気は使えてないし、ガスも止まってるし。電気がいつ復旧するかっていうこともわからないし、もちろんガスも分からないし、水道は止まんなかったんだけどね。止まったところもあるけど、うちは止まんなかった。じゃあ、私は次の日からどういう行動するべきかって考えた時に、その日の夜のうちに全従業員にメールを送ったんですよ、一斉送信して。大丈夫かと。自分の家もぐちゃぐちゃになって大変だろうけども。私はもう二〇数年仙台でやらせてもらってる。それで食材は残ってるんですよ、実際。電気が止まったって、冷凍庫の中がすぐ溶けるわけじゃないから、二日間くらいもつんですよ、業務用ってのは。そして、野菜もあるし、卵もあるしさ、いろんな食材があるんですよ、ドリンクもあるし。じゃあ、やはり何か私は恩返しがしたいと。うん、そこに本当に打算的な考えはなくて。心無い人からはこういうことも言われたんだ、あとから。「それって再開してから宣伝効果を狙ってやったのか」って。だけど、三月一一日にそんなこと考えてる余裕なんてないから。本能としての行動でしかなかったなぁと思う。

全従業員に本店の一番町店の前に朝の九時頃集合しろってメールを送って。ただ、自分の家も被災してるだろうから、無理はするなと。子供がまだ小っちゃい人は来なくていいし、とにかく自分の家庭を優先しなさいと。来れる人間だけで構わないから、炊き出ししようと思って。そしたら、次の日の朝、私が来る前に全従業員集まったんだよ。素晴らしいなって思ったね。自分の家が被災してるのに、人のためにこうやって集まってくれる。まぁ、私が集まって来いって言ったから無理やり集まったのかもしれないけどね。そこにも打算的な考え方はなかったと思う。そしてやっぱりガスも通じてないから、ガスコンロあるよね、家庭用の。鍋よくやるやつ。あれで一五〇〇人前の牛タンを焼きました。全店舗から自転車で持ってこさせてね。最初どんくらい食べに集まるかなって思って始めたんだけど、三越の方までがーって列作ってね。卵もあるから卵焼きやったりさ。ドリンクはジュースやったりさ。いろんなことをやったんだけどね。まぁとにかく私らもしょげてぇんだけど、しょげてもしょうがないし、そこで本当に思ったことは嘘のように聞こえるかもしんないんだけども、とにかく二〇数年皆さんによくしていただいてね、私が二三でここ初めたんだけど、最初本当に大変だった、慣れるまで。二三だから、あなたたちとそんなに変わらない歳から始めたんですよ。今年四七なんだけども。最初は本当に大変だった。だから、何か恩返ししたいなっていう気持ちで、喜んでほしいなって、やっぱ食うものがねぇからとかさ、いろんなことを思ってやったのが、逆に千人の人に励まされてね、「専務頑張ってね、再開したら来るよ」って、「やっぱり集合朗の牛タン美味しいね」ってみんなに声かけて頂いて、非常にパワーをもらったのを覚えてる。

炊き出しへの恩返し

そしてまぁ数日やってるうちにね、一回二回じゃないんだけど、四人組の大学生が来てくれたのね。ちょうど君たちと同じくらいの年だよ。その当時って仙台って、分かると思うんだけど、スーパーに並んで一人何点までとかさ、かご一個までとかさ、一人一点二点という売り方だったのね。やっぱり全員均等にねぇ、あげたいっていう店の考え方があって。一人並んで二点までとかね、最初の三日間くらいはあったんだよほんとに。それがだんだん物資がくるようになって、かご一箱までとかさ、ちょっとずつ増えてったんだけど。そんな頃に炊き出しに大学生四人来てくれたんだ、男女で。カップルできてくれてさ「牛タン食べておいしかったー」って、「パワー出たよー」って、言って帰ってくれてさ。その子たちがまた来たんだよね、一時間半後くらいに。いっぱい並んでる中、わきから入ってきて「お前ら並べよまた」っていって「何ぼでも食わせてやるから並べ」って。そしたら、「違うんです、食べに来たんじゃないです」って。缶コーヒー八本持ってきたんだ。「俺ら並んでこれ買ってきました」って。一人二本ずつ。そういう若者もいたんだよ。だから、私も負けらんねぇなって思って。

「恩返し」から再開へ

そろそろ販売しようかって話になってね。弁当から始めたんだよ。二〇〇円でね、もう原価。して、夜の営業も始めて。ちょうど二週間経ってから、もうちょっと前かな、全従業員また集めたのね。やっぱりこれから先どうなるか分からないから。経営者として一番やっちゃいけないことは給料の未払いなんですよ。もちろん今月までの給料は保証するんだけども、来月以降収入がゼロの可能性が非常に高かったんで、うん、正直に言った。「全従業員の給料は保証できないから、辞めたい人間は今日で辞めてくれ」と。申し訳ないけど。「そして再開したら呼び戻すから」と。みんなが泣いてね、「金じゃねえから残る」っていうんだね。みんなの「集合郎（店名）」再開しようって言ってくれんだよね。そうすると、私もやっぱり商売人として、経営者として心に火がついてね。やるしかねえなって思ってね。じゃ、一店舗ずつ再開しようってなってね。ここ本店だから、ここからやろうって言ってね。みんなで、全従業員で綺麗にしたの覚えてるね。それまでは、再開よりも恩返しっていうテーマだったの。二週間くらいはね、再開なんていつでもいいわと。とりあえず外で無料で提供しようっていう。でも「集合朗再開しよう」ってなってから、みんなで掃除を二日間かけてきっちりやって。その当時もガス使えないから、電気グリラーとか、家庭用のプレートしか集めたり。

ご飯もガス炊きなんだけどね、こういうとこっていうのはすごいでかいやつなんだ。家庭用ってたかだか五升……あ、五合くらいのものだよね。四合五合くらいの小っせえやつなんだけど、それを全家庭から集めてさ、もう人海戦術のように炊いて。まぁそういうことやってね、メニューもこういうやつじゃなくて毎日日替わりだよね。毎日業者に取りに行ってね、毎日同じことの繰り返しなんだけど、その日の食材でとにかく飲食アルコールも含めて二〇〇〇円以内でお腹いっぱいになってもらいたいと。元気を持って帰ってもらいたいと。どんなに食っても一〇〇〇円はとらないと。そのかわりずーとね、五時間六時間いてもらうんじゃなくて、いろんな人に来てほしいなぁって思ってね。そんな思いでやってたんだけど、お客さんすごい来てくれてね。びっくりしたんだ、正直言って。やっぱりこう、自粛モードっていうのも怖かったから。でも店の明かりを点けたらみんながわんさかわんさか来てくれて。ここは来てもらうとわかるんだけど、二階だからね。して、全店舗の店長が集結してるわけですよ。そうすると、各店の常連さんもみんな来てくれてね。下まで送ってくと、下で抱き合って、元気で良かったなって……。やっぱり人の力ってすごいなってことが非常にわかってね。して、やっぱりみんなが来

《Column.1》 商店街という屋根

仙台市街地の特徴として、長いアーケード街をあげることができるでしょう。長い屋根が連なっているので、雨の日でも路面店や百貨店を傘をささずに行き来することができます。日本でも稀な賑わいを見せる商店街といえます。アーケードの屋根の下は、七夕祭りや三社祭の舞台でもあります。観光客や地元の人にとっても、おなじみの場所といえるでしょう。

実はこのアーケード街には、七つもの組合があります。クリスロード商店街や名掛丁商店街など、それぞれの通りに名前が付いているように、複数の商店街が集まってアーケード街が構成されているのです。かつては多くの店が店舗と住宅を兼ねており、組合は町内会でもありました。職住分離が進んで、アーケード街は店舗のみが連なるようになっていきました。傘代わりとなってくれる屋根は、この組合の方々によって設けられたものです。震災は、普段どれほどこの屋根の下でお世話になっていたのか、気づかせてくれる機会でもありました。

仙台の中心市街地は、それぞれの商店街組合の置かれた環境や手法によって、街づくりが異なっています。当然、震災時の復興の取り組みも、組合ごとの価値観によって活動されていました。なかには隣接商店街とリンクした事業もありました。一番町は、明治初頭ころに伊達家の重臣だった山家豊三郎が、自邸に店舗数十戸を建てて貸与したのがはじまりといわれています。職を失って窮地に立たされた士族たちに、如何なる生活を与えようかと苦心していたのです。戦後の復興期、中心部の商店街は職住一体で、三世代が一緒に住んでいるところが多く、東二番町小学校は一時、約一二〇〇名もの生徒を抱えました。教室も足りず、二部授業をするほどでしたが、街の発展とともに、住居の郊外への移転が進んでいきました。商店街のおまつりやイベントを支える人たちが空洞化していきました。街の伝統の継承も難しくなってきています。

　中央通り、一番町には多くの大型店があり、その業態もデパート、スーパー、ディスカウントショップと様々です。道幅も一番町は一五メートル、中央通りは一一メートルと異なっていて、町の役割や機能、成長のスピードも違っています。ぶらんどーむ一番町は、街の未来を熱く語る、多くの人たちの祭りやイベント、清掃などに見られる行動力に支えられています。代々街づくりの方針は、比較的短期間で、同じ価値観の合意を得られる状況にあります。昭和二九年には初代のアーケードを建設しました。街の発展と共に、昭和四五年には歩行者天国のスタート、昭和四七年二代目アーケード完成、昭和五四年買物公園完成、昭和五八年明日への街づくり報告書を作成、昭和六三年一番町街づくり基本構想を作成し、平成四年に民地の高度利用を目指し、地上四階まで賃貸可能な全天候型の高層アーケードを完成することができました。同時に街は飛躍的な発展と共に、路線価が高騰しました。一時は坪二〇〇〇万になった時もあり、固定資産税や相続に対応できず、業種の転換や賃貸するところがあり、同じ場所で同一の業態を堅持することが難しくなっています。

　更に街の安全、安心、維持管理にも莫大な費用が掛かっています。商環境の激変もあって、更なる資産の有効活用が求められ、今では私たちの長年にわたるアーケードの高層化による空間活用が、まさに活性化に繋がり、本業が厳しくても各階の有効活用が今日の街の活力の原動力となっています。

【フラッグショップナカガワ　中川英毅】

てくれたから入りきれないわけだよ。二四〇席くらいあんだけども、全然入りきんなくてね。でも、来てくれた人もいっぱいで嬉しいなって言ってくれてね。

やっぱりここにずっと物資があるわけじゃないし、物資が来るわけじゃないから。今は電話一本、FAX一本でものは来るんだけども、当時は自分で取りに行くしかないんですよ。業者もガソリンないしさ。毎日行ったね。ガソリンも並べるときは並んで、あと従業員の車をガソリンが無くなるまで使って、いろんな知り合いのとこ、米屋さんもそうだし、肉屋さんもそうだしさ、そういうところにとにかく車で行って、とにかく取りに行ったんだよ。当時ははっきり言って金ねえから、とにかくサインだけでって。サインだけで車に載せられるだけのものを全部持ってって。やっぱり外食産業の従業員の家族に、ひもじい思いはさせたくないということもあったんで。あと一部の常連さんには、本当に申し訳なかったけど、電話して食材取りに行ってくれと。そして全部無償で食べ物とお酒差し上げてね。別に酒飲まなくても死なねぇんだけど、酒飲んで楽しさを味わうことができるの、人間っていうのは。【にぎわい居酒屋集合郎】

ノート五冊分のツケ買い

一五時あたりに地震がきたよね、それで、店の中は酒瓶が壊れるとか大変だったんだけども、そこで残っていた商品がカップラーメン、食べ物、水。そしたら、この辺のマンションから通行人から、近くの人たちがみんな来てね。でも電気が無いから。今のレジはスキャンするだけで値段が分かるでしょ、できないのよ、レジが動かないんだもの。

蝋燭しか明かりがなかったから、でそれでどうするかと、三時間から四時間はレジが持つはずだと、非常用の電池で。このごろバッテリーが入ってんのよね、非常用の。でも三時間しか持たないんですよ。それでレジが打てなくなるとお金貰えないでしょ。もうそろそろレジがダウンするころだなぁと思って、でもお客さんがズラリーってかごを二つ持って。たぶん家の中もめちゃくちゃで、電気だって水だって出ない、夕食どうしようって（状況）、だから来てくれたわけですよ。でもレジが動かなくなった。

（五冊のノートを取りだして）これは当時、震災の時に来たお客さんの数と住所、電話番号と名前です。五冊分、その時のお金を貰わないで商品をお渡しして「後払いで結構です」っていうことを思いついたのよ。今考えたらよくそんなこと思いついたなあと。約一〇〇〇人、この辺の住居から色々な人が来てましたよ。仙台駅から追い出されたんだよね、一五時くらいから。あの時、南にじゃなくて北に向かった人が多かったんじゃないかって考えてるのね。氷もね、持たせて「溶ければ飲めますから」って渡してね。

個数制限もできないですよ。お客さんに必要なもの分からないですから。必要なものだけ。ただ商品の後ろの方にバーコードがついているから、出来ればね、清算しに来てくださいって、それしかなかったですよ。

その時ちょうど棚卸の時期だったのよ、ね、商品なんぼあるか調べるのでね。それで約四〇〇万円分の商品があったんですよ。あとからね、たくさんの方々からお礼状をもらったりしてね。大阪に住んでいたお客さんからもね、あの時仙台駅から追い出されて、北仙台駅の方に向かったってね。そしたら店が開いていてね、びっくりしたって。その後、清算しにきてくれたお客さんは、お客さんの言った金額で払ってくれましたね、まあ、大体三人に一人ぐらいかな。

コンビニと「論語」と「雨ニモ負ケズ」

なかには窓ガラス叩き割られて金庫持って行かれた店もあったんですよ、集団でね、レジを持っていかれたとかね。要するにそういうどさくさまぎれに悪いことをする人間もいるってことよ。でもしょうがないよね、人間だもの。でも私は、お客さんを信じました。『論語』聞いたことある？妹が翻訳してくれたものがあったんですよ。それでね、第何章だかにね「忠恕」の道っていうのがあるんだけども、あなたの心、思いやりっていう意味。それからもう一つね、「信が無ければ立たず」っていう言葉があるんですよ、しん、信用の信、信用がなければ友達になれないんだって。だから、私はお客さんを信じました、お客さんも私のことを信じてくれました。

私が元々セブンを始めた時は、二四時間営業は最初っから挑戦しようと思っていたのね。それでこの辺の住宅はね、四時ごろから明かりがつき始めるの。仕事の都合とか、早番とか子供の世話とかでね。そうすると店が開いていないと朝飯とか大変なわけよ。それで二四時間に挑戦したんだけどね。

まあ、その当時は「大友さん早死にするんじゃないか」って噂もたってたけど。とにかくね、朝早くから子供送り出したりなんだり、忘れ物だって誰でもあるし、夜中にお腹が痛くなる人もいますし、そういう人の為のコンビニでありたいって。だから私の三つのモットーは、トイレ、両替、道案内だったんですよ。

まずトイレがね、二四時間使えますからね。車いすとかでもちゃんとね。そしてトイレの中にね、宮沢賢治の「雨ニモ負ケズ」がね、私学生の頃好きだったから貼ってあるのね。私のモットーはそこにもあるのよ。震災のときもトイレ解放してましたよ。

道が分からなかったら教えてあげたりね、その後に「お気をつけて」って言ったりね。何で困ってるのか、道が分からなくて困っているのか、バス代の両替したくて困っているのか、そういう事情を聞いてくれたら素晴らしいんじゃないかなと。便利さって人助けにはなるんだけども、その便利さの影にマイナス面もある。ありがとうと言うし、お客さまからもありがとうと言われる店っていうのがコンビニだと思うのね。

三三年になるかな。セブンイレブンを始めて、私が四〇代からやっているわけですよ。親父がここで銭湯やってたんです。親父が病気になったから、それの引き継ぎとなってね。「セブンイレブンて何屋さんだ」って私が大学行っている時にね、始まったわけですよ。「セブンイレブンいい気分」っていうのはラジオで流れていたんですけどね、セブンイレブンって言うもんだから七時からって思うでしょ、ところがここは当時から二四時間だったの。

【セブンイレブン青葉区昭和町店】

サランラップはすごい役に立ったね

この辺の人たちも市民センターに流れたんだけど、市民センターは避難所じゃないの。荒町小学校の体育館が避難所なの。だけど、体育館がいっぱいになっちゃったのと、あとお年寄りは体育館に畳がないので市民センターに避難したの。市民センターには和室が二つあるから。そこ（和室）にお年寄りを入れて。水が出なかったんでポットとかに入ってたお湯を使って、電気釜を普通の家では電気がつかなかったけれども、市民センターは電気がついたのでそこでご飯を炊いて、おにぎりにして。その次の日は、冷たくなったおにぎりを雑炊にしたの。そして、普通の家は電気がつかないから、近くの家の人に冷蔵庫にあるもので出せるものは出してくださいってお願いしたら、玉ねぎ半分とか大根半分とか出してくれて、そういうものを全部集めて、雑炊にしたの。

一番役に立ったのは、サランラップ。学校ではおにぎりを握るのにビニール手袋して握ったけど、渡すときはおにぎりそのままでしょ。市民センターでは、湯飲み茶わんにサランラップをひいて、それにご飯入れてラップついたまま握るから、渡すときもサランラップついたまま。それはすごい良かったの。でも、サランラップもみんな無くなっちゃって。そしたら、そこんとこのパーマ屋さん？カット屋さんのご主人さんがラップをいっぱい持ってきてくれたの。

冷蔵庫に入っているお肉やら野菜やらは、全部小さく切ってラップに包んで渡した。ポケットに入れられるように。サランラップはすごい役に立ったね。サランラップなんてね、普段はあんなものって思うでしょ（笑）震災のときはお風呂に入ったりし

てないでしょ、だから素手っていうのはあれでしょ。サランラップはすごい役に立ったね。【若林区荒町住民】

終戦当時みたいな

震災があったその日は夕方から電気止まりましたよね。で、この辺りは電気が出たのが四、五日後なんですよ。近くに公済病院があったんで。この辺は早かったのかな。一週間かからなかったかな。その間、四日間くらいは電気もないし何もないしということでね、結構早く商売が始まってたんですよね。うちじゃないんだけどやっぱりね…終戦当時みたいな自分でおにぎり作ってね、その辺で売っているんですよ。どこかのおばちゃんが許可なしで。もうぐちゃぐちゃですから世の中。だから自分で商売はじめちゃって。普通はできないでしょ、保健所とかの許可取んないと。そういう話ではなくて自分でもうおにぎり作って、その辺で商売やってて。何日間かやってましたね。今はもうできませんけど。当時は結構みなさんお腹減ってってというのもあったし買ってました。個人でやってたんじゃないですかね。いくらか無料かそこまでは覚えてませんけど。あと炊き出しみたいな形でねぇ。震災の次の日、二、三日日から一週間くらいはそんな感じで続いたかな。【江陽写真室】

心意気ある商店街

震災のときは避難所にこう、おられるよりは、もしかしたら街の中でいろんな食べ物とか、飲食店のある所に、食べ物を探しに

機能マヒ　仙台大暗黒
"戦火"の惨状再び
不安におののく市民
ドキュメント 宮城県沖地震

【昭和 53 年 6 月 13 日河北新報】

来ていただいた方が、そういう物にありつける可能性が高いんじゃないかな。経験上ね、食べる知恵というか。サービスするという気概がある人が多いわけですよね、商店街っていう所は。「何かしてあげなくちゃ」っていう思いがある人が多いところにあるわけですよね、住んでいる住宅街と違って。「店開けて物を売ってあげなくちゃ！」とかさ。そういう気概がある地域ですので、そういうところで店が開いている可能性があるし、炊き出しをやっている可能性があるし。ひとり寂しく避難しているよりはそういう心意気ある商店街に足を運んでいただいた方が良いかもしれませんね。【スマイルホテル】

燃料をもとめて

ここまでの水や食べ物にまつわる語りでも、ガソリンや軽油、灯油など、燃料の欠乏の話が何度も顔を出しています。売り物や原料を仕入れるため、働き手が駆けつける車を走らせるためには、どうしてもガソリンや軽油などの燃料が必要でした。雪の降った三月一一日以降は、避難所などで暖をとるための灯油も貴重な燃料となりました。非常用に発電機を備えていても、それを動かすには燃料が必要でした。そして膨大な数の人が、同時に燃料を求めていたのです。道路にはガソリンスタンドに並ぶ車の渋滞が広がり、スタンド前には携行缶を手にした人の行列が続きました。そしてなんとか燃料を供給しようとする多くの人たちも力を尽くしていました。

給油狂想曲

暴動はないんですけど、タンクローリーがガソリンを運んでくるので、そこにはガソリンが来るってわかってしまう。それでゾンビじゃないですけど付きまとってくるっていう、そういう話は聞きましたね。それと緊急車両っていうシールかなんかをそれぞれが持っているんですけど、それを偽造したり、あとは自分で手書きで緊急車両って貼って持ってこられたり。そういう時は「こういうのを持ってないといけないですよ」って対応するんですけど、確認しようと問い合わせてみると「こういうのも出してました」とか「こっちには連絡がきてない」とか、緊急車両の証書が、いったい何パターンあるかこっち側としても把握しきれなかったですし、難しかったです。給油できないよっていう話をしたうえでやってるんですけど。やっぱり連携がとれてなかったので難しいところですよね。国がこういう証明書を出してますとか、県でこういうのを出しましたとか、スタンドまで情報を届けてくれないと。

あとは携行缶に給油するところもあるじゃないですか。だけど並ばなくて済むっていう頭で来る人にも並んでもらわないといけないですし、そうすると車の間に並んでいるので危なくて大変ですし。だからここでは携行缶の給油はやらないようにするっていう対応を、よそに手伝いに行ったときに決めました。

時々あったのが携行缶を買い占めて、その缶にルールをおろそかにしているスタンドでガソリンを満タンに入れて。それをちょっと離れたところで一万円ぐらいで売るっていう。でもガソリン並ばなくて買えますから、買う人がいました。携行缶なんて二〇〇〇円ぐらいで買えます。ガソリンで満タンにするので二〇〇〇円ぐらい。だから五〇〇〇円ぐらいの元手で、それをまあ一万二万で売りますよっていう。お客さんから「何キロ先でそういう販売してましたよ」っていうのも聞いたりしました。

従業員は朝九時ぐらいに来て、まあほぼ全員ですね。実家が大変だとかそういうのがない限りはみんないました。家には帰れましたけど、車は大渋滞で、電車も止まってるので、みんな徒歩で来てました。まあ私の家もここから車で一五分くらいのところですかね。でもそのときは帰るまで三時間ですかね。信号も止まってますし、街中が一番麻痺したんじゃないですかね。緊急車両に入れるのは約二〇リッター。タンク全体の貯蓄量は、八〇〇〇リッターは入りましたね。四〇〇〇から三〇〇〇になったら一回ストップさせるっていう状態でした。

地下タンクにヒビが入ってるスタンドもありました。どういう外傷があるかわからないので、漏電の検査をしないと動かしちゃいけないんです。それで止まっているところもありましたね。実際それで営業できなくなったスタンドもありましたね。

ここのガソリンは塩釜（市）からです。それがある程度復旧するまでは、関東方面からも来ましたね。緊急用で。

上からの指示で動いて、売り切るまで売るとなったら、今度は機械がおかしくなってしまいます。指示を仰いだことには多少沿うでいいんじゃないかなと思います。自分たちは自分たちなりに、その仕事をやっている人はそれぞれの事情があるでしょうから。どうやったら元に戻るのかなっていうのを考えたらいいんじゃないかなと思いますね。【青葉区ガソリンスタンド】

パンクの音で気づいた地震

ガソリンスタンドは地盤が強いんですね。地下にガソリンを詰めてるんで、消防法とか法律でどうしても強くしなきゃいけない。だから台風とか自然災害にはかなり強く造られてるものなんですね。地震きても、そんなにわからないんですよ実は。当時のあのすごい大震災でも、ちょっと揺れてるなあくらいだったんですよ。でも近隣の建物とかみると、こう、すごい揺れてるんですね、電線とか。で、それを見てようやくただごとじゃないなと。信号も近くにあって、その時ちょうど見えてたんですけど、そこも消えましたし。でも危険だなーくらいだったんですよ。建物とか目に見えるものが揺れて初めて気づいたってくらいなんです。あまり体感はしなかったんです。地震がきたとき停まってる車がパンクしたんですよね。で、パンクするときってすごい音がするんですよ。「なんかすごい音聞こえたな」って思って周り見て「なんでパンクしてんだろ」って思って。電線見て「あ、揺れてる、地震か」って気づいた感じですね。パンクはいっぱいありましたね。パンクしたままべこべこべこべこって走ってる車、結構いました。ホイールのまま走っていたり。

どこからがうちのお客さんかわからない行列

地震から一時間しないくらいじゃないですかね、徐々にお客さんが来だして。みんな「震度結構大きかった」くらいの認識だったんじゃないですか。電気が消えてテレビ映らなくて、状況があまりわからなくて。うちはガソリンを入れるのはセルフ（サービス）なんですね。で、すっごい数の車があまりにも来るんで、もうわれわれ従業員が給油してまわすしかないんですね。ただ電気が消えてしまったから、限られた量のガソリンしか入らなくて。その辺走っているとタンクローリーありますよね、エネオスって書いてある。あれがうちに来てガソリンを貯蔵してくれるんですけど、動かなくなっちゃって。海外から港まで原油がきて、でそれをガソリンにする工程を経て、そこからタンクローリーがきて、ガソリンをお客さんに売っていいものとして積んで、われわれのところにはじめてくるんですよ、流れとしては。でもその各々の工程がストップしちゃって、何もできない状況。でも私がいたところ（中山店）は一週間以内には営業再開できました。岩手と福島の店舗はもう一ヶ月以上ダメでしたね。

もの凄い数の車が来ました。「この渋滞はうちのお店のお客さんだろうか」ってわからなくなるくらい、（近くの）ジャスコのお客さんなのか区別がつかないくらい並んでて。どこからがうちのお客さんなのかわからないから、とりあえず停まってる車にお声がけして「うちのお客さんですか」って聞いたりして。でもアルバイトさんが「帰っていいよ」っていいたくなるくらいがんばって残ってくれていて、みんなで働いてましたね。アルバイトさんの子たちのなかに気仙沼が実家の人がいたんです。仙台駅近くの専門学校に通ってた人で。それで「気仙沼で実家心配だから、帰ったほうがいいんじゃないの」っていったら「いや、家流されたので」っていう人もいて。もうみんなのチームワークで捌ききったって感じですかね。

一リッターだけの給油

震災が起きて一日でちょうどガソリンがなくなるくらいお客さん来ちゃって、途中から「一〇リッターだけでもいいですか」って伝えて。でもやっぱりお客さんは欲しいじゃないですか。どんどん捌いてるうちに、すぐなくなって。もう店閉めて、鎖繋いで入れないようにして、電気だけはつけておいて。歩いてくるお客さんも結構いたんですよ。お客さんが歩いてきて、ガス欠だからとか、ちょっとでもいいから頂戴とか、そういう人には一リッターだけ入れて「うちの貯蔵が貯まったら電話しますんで」っていって一リッターしか入れられなくて。その人がどこの人かもわからないから、一リッターでこっちに来れる距離なのかもわからなかったんですけど。「とりあえずこれ入れて近くのガソリンスタンドに行った方がいいですよ」って言ったりして。結構そういうお客さんの対応に追われました。ほんとうにゴタゴタしていて。でもそんな中でも「洗車お願い」とかってお客さんがいたんです。正直いってそれどころじゃなかったですね。だから「いや、ちょっと今回はこういう状態ですので」ってお断りして営業していたんですけど。

空っぽにはできない

（スタンドの）ガソリンタンクは絶対に空っぽにはしないですね。本当にちょっとですけどね。多分ほとんどのお店でそうだと思います。実はって言い方は失礼ですけど。どうしもスタッフがお店に来なければ対応できないので、スタッフ分のガソリンなんかは、数十リッターですけどね、ギリギリ残していました。でもそれをお客さんに提供するということはしてなかったですね。噂で流れてしまうので。でも緊急車両とか、店舗によっては例えばメインは救急車だったんですけど、パトカーとか消防車から電話が来て「余ってないですか」っていう問い合わせがあって、そういう車両に供給するためのストックはほんの少しありました。後日、平和っていうか、落ち着いたときに警察から感謝状をもらいましたね。お店に飾っています。当たり前のことをしただけなんですけどね。普段はこの近くにあるんですけど、そういう緊急車両のためには緊急車両専用スタンドっていうのがあります。緊急車両は、常時ガソリン満タンにしているようですね。

うちのお店のお客さんにするんだ

こう、なんでしょう。震災をきっかけにお店のお客さんになった人はかなり多いです。震災の時に良くしてくれたからってことで。中山（郊外店舗）で働いていた時は、少なくとも半分ぐらいはそういうお客さんですね。そう言い方悪いですけど必要なものはここで買ってくれるようになったんですよ。レンタカーのお客さんが非常に多いような店舗では、そういう意味で一定のお客さんとか「震災で良くしてもらいました」とかそういう話は正直あまりないですね。震災の時は大変でしたけど「うちのお店のお客さんにするんだ」っていう気持ちで接していました。そういう意識はありました。そのほうが後々、おつき合いの続くお客さんになってくれるので。気合でまわしていました。【ENEOSネット東北事業部】

使ったらなくなってしまう

地震から時間が経って安心すると、だんだん卑しくなるんだな。だから店（八百屋）にタオルは欠かさない、重ね着は欠かさない。一枚二枚でもね。石油の備蓄とかそんなんはあんまり意味がなくて、使ったらなくなってしまう。一週間も続かないんだな。つけたら終わりなんだよ。これ（衣類）はなくならないんだ。私の机のいすの下に引いてあるのは、座布団の代わりにタオル。自分の周りにも常に置いておく。特別高いものじゃなくて、普通に使えるもの。【今庄青果】

冷静な人とそうじゃない人がはっきり分かれていた

スタンドの天井が落ちてきて、お客さんの車に当たってしまいました。けが人はなかったですが。それから震災直後はお客さんからの電話がすごかった（鳴り止まなかった）です。お客さんは停電でも手動でガソリンが出ると思っていたみたいです。子供のころは手動で出ましたけど、今は電気がないとダメなんです。手回しでの給油は、ほとんど（のガソリンスタンドで）やってないと思います。そういう設備があるのは郊外の方じゃないですかね。

お客さんは殺気立ってました。朝来るともう並んでいて。行列の長さは半端なかったです。交通整理もスタッフがいないからできずにいました。入口が二つあるので一つにしていました。車がスタンドを一周してる状態でした。

営業再開は電気が通ってからで、三日後ぐらい。天井はそのままでした。二〇キロリットルってキャパがあるから、台数考えてガソリン数量を計算すると、一日一〇〇〇台だと一台二〇リットルになります。一〇〇〇台なんて単純に考えてられないんですけどね。ガソリンは福島とか新潟からタンクローリーで運ばれてきました。よくて一日一回でした。来ない日もありました。いつ来るのかギリギリまで分かりませんでした。客同士、従業員と客の殴り合いとかトラブルなんかもありました。警察に来てもらったこともあって。当時は冷静な人とそうじゃない人がはっきり分かれていましたね。

透析とガソリン

透析ってガソリンがないと機械が動かないから、必死になって探しておられた方がいました。おばあさんのために必死におじいさんがガソリンを探していました。その方の対応もこちらでさせてもらったんですけど、受け取るときはもう涙ながらでね。当時は、いやなこともたくさんありましたけど、人の温かさも感じました。当時従業員は四、五人です。三日間帰れませんでした。ここで寝泊まりしていました。携帯電話も使えなくて、渋滞もひどかったので帰れませんでした。水は出ていましたよ。

灯油は時間を別にして販売していました。灯油ってつきっきりで売らなければならないので手が離せないんです。だから大変なんです。灯油を売る時間を三時から一時間とかにして。消防法ではペットボトルに灯油を入れるのはだめなんですけど、震災のときはやむなくそういう方もおられましたね。

震災直後の一年間だけは、車のガソリンが空っぽになる前に、余裕をもって入れに来るお客さんがいました。お客さんのほとんどは常連さんばっかりですね。震災当時は常連さんじゃない人もいました。(常連さんかそうじゃないかは)見れば大体わかります。ここの開業は昭和四一(一九六六)年ですね。【青葉区片平ガソリンスタンド】

大手と中小のスタンド

大きなガソリンスタンド、エネオスさんとか出光さんとか石油元売会社が直接経営しているスタンドが全国にあるんですね。大手の会社なので、会社の就業規則で「震度五強を超える地震があったら自宅待機せよ」っていう決まりがあります。でもガソリンスタンドはどうなるか。小さな地元の業者が自分の家族、身内、きょうだいと被災して連絡も取れないのに、ガソリンが大変な状況ですよね。津波かぶったところにガソリンの供給がなくて、でも家族を探しに行くためのガソリンがほしい、避難所に入れない人が、車の中で暖を取るのにガソリンがほしい。そんな人が目の前にいるときに、何とか供給したいと思いますよね。

今、全国で一日四軒ずつガソリンスタンドが潰れています。経営が厳しいってことですね、業界自体が大変です。宮城県でも年に廃業が五〇件くらいですから、一週間にいっぺんくらい起きています。まあ、震災後に収まるっていうことはないんですけど、国から補助をもらったりして、やっぱり自腹で直す力はないっていうことなんですね。そういう厳しい営業をしながら、非常用の設備、発電機だったり、あとは、想定した訓練をやったりしないといけないんですね。

ガソリンっていうのは特別で、灯油っていうのは売りに来てくれます。場合によってはお家にポリタンクを用意しておけば、手に入るんです。ガソリンはダメなんです。なぜかっていうと、揮発性が高い、発火しやすい。非常に危険だということで、防火塀のあるガソリンスタンドでしか入れられない。なおかつポリタンク持ってても、入れてはいけないんですね、危ないから。蒸発しやすいからね。ところがですね、震災後っていうのは、切羽詰まってるんですね。そうすると結局何もかも津波で流されて、その辺から拾ってきたようなペットボトルなんかに「入れてほしい」と。そういう容器に本当は入れちゃいけないんです。消防法で決まっています。でもどうしますかっていうことですよね。持って帰って車に入れて、暖とらないと死んじゃうわけですから ね。七二時間に対応できるかって。従業員の安全を考えると店は開けられないんですよ。でも誰かが開けないと、供給出来ないわけですよね。ですから大手よりは中小の心意気ある社長さんなんかが「いい、やれ」って対応されていました。震災直後の話になります。

よくあった苦情は「震災対応SSって表示があるスタンドが、なんで開いてないんだ」っていうものです。そこは大手さん直営という事情でコンプライアンス、法令順守が優先でした。震度五強以上でしたから。あとは点検をしないと営業できません、という方針もなかにはあったので、震災対応とあっても、発電機も置いてあるのに営業できない震災対応SSがあったんです。結局中小の小っちゃいスタンドに何キロと車が並んでました。心ない人の罵声を浴びながら行列の整理していたわけなんですね。

震災の時は七割が普段は中小で（ガソリン）入れていないお客さんが来たんですよ。いつも来てくれてる三割のお得意さんには喜んで入れてあげるんだけど（笑）。まあ、でもやっぱり多くのお客さんは一円でも安いスタンドを選んでガソリン入れますよね。

行列とデマと

地元の方だと、いざというとき頼りになる人がいるんですね。みずから交通整理を買って出てくれる人。中には、ヤクザっぽい人が優先して行列の前の方に入れろと言う方もいて。そしたらですね、そのガソリンスタンドの社長さんが「だったら俺を殺せ」と。「その代わり並んでる人にお前が殺されるぞ」と。引き下がらせたって、気合と迫力で。それぐらい切羽詰まった状況だったんですね。そんな逸話が山ほどあります。割り込んだ割り込まない、殴られた殴られない。その時は一生懸命でも、後でトラウマになったりね。結局、命がけです。たとえば日本海側っていうのは、意外と平和だったんですね。電気もついていたし。そちらからですね、タンクローリーに来てもらって。そうするといつもよりガソリンの値段は高いわけですよね。それでもそうやって徐々に混乱は収まっていったわけですね。

組合の方でも並んだ人の間で殴り合いがあったとか、係員に対して、暴行があったとかっていうのもありました。組合から県警の方にパトロールをお願いすることもありました。それからツイッターとかＳＮＳですね、ガソリンスタンドに向かっているタンクローリーを見て「どこどこにあるからー」ってツイッターでつぶやく。それで色んなトラブルがありました。並んだのにまた並びなおして、横入りするとかって。そういったデマ情報が流れたっていうのをよく聞きましたけど。この辺りは今後の課題だと思いますね。

ガソリンは備蓄できない

ガソリンは備蓄がしにくいんですね。なぜかというと三ヶ月経つと劣化してしまって使い物にならない。備蓄するとしたら、売りながら新しいものを入れて回転させないと備蓄にならないんです。そのまま置いとければいいんですが回転させなきゃいけない。そこはどうしても悩ましいですね。丈夫な容れ物をつくって入れておいて、一生使えるのならそれで済むんですけどね。劣化しちゃうんですね。

エネオスさんとかモービルさんとか、そういった企業が原油を輸入して精製しているんです。精製していろいろな石油製品にして売っている。ところがですね、例えば冬は灯油が売れますよね。でも灯油だけ製造するってことはできないんですよ。灯油を製造すると、ガソリンもできる。だから寒い時期に灯油を多くつくろうとすると、ガソリンも多くなって余っちゃう。非常に難しいんです。でも経済産業省の試算によると、毎年石油類の使用量は二パーセントくらい減っていくそうです。

津波に弱かった石油

ご存じの通り、地震が発生したら電気が止まりました。間もなく津波がやってきて、いろんなものが破壊されてしまいました。仙台にはＪＸエネルギー仙台製油所があります。要するに石油タンカーが仙台港について、そのまま製油所に石油が入っていく。

コンビナートですね。当時の東北地方の石油は、ほとんどがここから来ていました。ここが沿岸部であり、なおかつ火もついてだめになりました。関東でいうと、千葉県にあるコスモ石油（千葉製油所）がやっぱり火を噴きました。こちらも機能しなかった。ガソリンの供給網の脆弱さが露呈しました。結局民間企業に任せていたところがあったんですね。たとえばエネオスの油を、じゃあ出光が使うかっていったら、そういう横の協力体制も当時はできていなかったんです。

津波で仙台製油所が機能停止に陥りました。千葉のほうもコスモ石油の製油所が火災を起こしました。もともと少ない製油所が駄目になったんですね。そしてタンクローリー、これも（宮城県石油商業協同組合の）組合員さんが持っていた約一〇〇台近くが津波に流出しました。なぜかといいますと、タンクローリーの置き場所が仙台港の近くだったんです。タンクローリーを使って各ガソリンスタンドに配送を行う業者さんの駐車場ですね。そこが流されてしまった。そこだけでも一二〇台くらい。結局、流通がダメになりました。ですから各線路の新潟方面、山形方面の全てのルートを使って、ガソリンを入れてもらったんです。

今（二〇一四年）ガソリンスタンドの数は五一〇くらいですかね。非組合員のスタンドを含めると県内で今六五〇くらいのスタンドがあります。一〇六のスタンドが直接被災して、そのほとんどが津波（によるもの）です。そのうち五二個所で廃業しました。

とにかく沿岸部の方にタンクローリーの基地や製油所が集中していたために、津波の影響を大きく受けました。結局タンクにモノがあっても、運ぶための人、タンクローリーがなくなりました。タンクローリーを運転するのは、危険物取扱者の免状と、大型免許を持っている方でなければなりません。でもそういう方が何人も犠牲になられました。他県から呼ぼうにも、大型免許を持っていても、危険物取扱者の免状がなかったりして、タンクローリーのドライバーさんは簡単には集まってもらえなかったんですね。

はじめて列車で運んだガソリン

それで震災時、実は新潟とか山形経由で列車で入ってきた油もあります。線路でガソリンを運んだことがなかったんですよ。でも電車でガソリンを運ばなきゃならんってことで。途中電車じゃない区間があって、そこはディーゼルエンジンで運ぶんです。坂だと上りきれるか、とか、カーブを曲がりきれるか、とかいろいろ大変だったみたいです。でもそれをやり遂げて、あとで運んでもらいました。

「悪者」だった石油エネルギー

石油はいち早く自由化されまして、自由競争になっているんですね。ですから、震災後に起きたいろいろの混乱も検討していかなければならないんです。今現在も大きなテーマなんですが、県や各市町村と災害協定を結んで、災害時には、役所、救急車、警察などに優先的に燃料を提供します。ところが普段使う油って一般入札で安いところ、遠くからきた安売り業者が入札して、地元の人が商売にならない、生かされないっていう。だけど「いざとなったら助けてくださいね」って。そう言っている間にどんどん、どんどん経営環境が厳しくなって過疎地とかですね、高齢者が多いところは経営が難しくなっている。そういった問題をはらんでいる中で、二〇一一年の三月一一日がきました。

エネルギーも今ご存じのとおり水素エネルギーであったり、車も電気で動くようになったり、ハイブリッド車も増えましたからね。脱石油、脱ガソリンという流れのなかで、我々ガソリンの組合としてはなかなか辛いところにあります。でも、経済産業省が三年に一度エネルギー基本計画を三年に一度見直すんですね。その中で石油は、非常時には人命を守る最後の砦、という風にきちんと明記されています。なくてはならない、安定的に供給できるようにしなきゃいけない、といいながら、自由競争なので、どんどんガソリンスタンドは潰れてるという現状があります。それをどうやって守っていくのかが、我々が今国に働きかけてる問題でもあるんです。

やっぱり、灯油ストーブ、上に薬缶載っけるやつ、買っても使わないんだよね。電気の（エアコン）ヒーターでいいから。でも停電になったら使えない。でも停電になるような災害が日常生活でありますかっていっても、なかなかないから。そうすると必要ないんじゃないかって。でも忘れた頃にまた災害があって、あれば良かったたって認識される。

最近は国から補助も出るので、一部公共施設に大っきな灯油暖房装置を入れるように推奨するって活動もやっていますね。いざとなったら灯油燃やせば暖とれますよって。場合によっては料理もできますよって。これまで石油っていうのは国の経済科学産省、資源エネルギー庁の中で悪者でした。二酸化炭素を排出する最大の原因だから、長年脱石油ってことで政策が進められてきた部分がどうしてもあったんです。でも東日本大震災があって、なければならない重要なエネルギーの一つであると。するとね、何らかの形で守らなきゃいけない。安定供給する仕組みを残さなきゃいけないって、いわれてはいるんですが、施策としてはまだ充分にはできていません。【宮城県石油商業協同組合・宮城県石油商業組合】

ガスが止まる

今日では、ガスの使用で発電、蓄電を兼ねる装置が販売されていたり、ガスで動くエアコンがあったり、ガスの用途はもはやかつてのように調理や風呂焚きだけにとどまっていません。しかしやはり多くの人にとってガスが止まることは、調理ができないこと、お風呂に入れないことを意味していました。それは暖かいものを食べること、日々の疲れを癒すことと直結していたのです。

一番欲しかったのは石油ストーブ

一番あの時にほしかったのは石油ストーブだね。暖も取れるし、お湯も沸かせるし、料理もできる。電気とガスが止まっても、石油ストーブとガスコンロは夏でも必要だと思いますね。こちらから助けもしたかもしれないけど、ずいぶんご近所の皆さんには助けられたね。一番助かったのはやっぱり、うちには石油ストーブがなかったんだけど、それを貸していただいてね。暖も取れるし、料理もできるし。あれは一つ必要だと思ったね。その後すぐに買いましたね。危ないからって捨てちゃってたんだよね。【うなぎ大蒲焼明ぼ乃】

震災のときは三月で、雪が降ってガソリンほしいし、灯油ほしい人もいっぱいいて。でも都市ガスは供給が全部停まっちゃったんで、反射式ストーブの上に鍋とか置いて、お湯沸かしたりとか、レトルト食品あっためたりとかしました。灯油のお客さんとガソリンのお客さんの数がすごかったっていうのは、季節的な事情もありますね。うちの四階にも反射式ストーブがあったので、そこでお湯沸かしたりとかして、カチカチになったご飯を温めて食べたりなんかしましたね。【宮城県石油商業協同組合・宮城県石油商業組合】

万が一のアナログの生活の時に

やっぱり万が一のアナログの生活の時に困らないように、一台くらいは石油ストーブあった方がいいね。だって煮炊きできたのよ！うちもね、息子が嫁さんもらったばっかりで、近くのマンションに住んでいたんだけど、マンションは水が止まっちゃった。だから冷凍庫のストックを自転車でとりに行って、そして息子も嫁さんも家に来て、家族増えちゃったけどみんなで生活したの。それでその冷凍食品とか、とにかく食べられるものは無駄にしたくないから、全部持ってきて。あとはお湯だけでいいもの。カップ麺とか売ってたらすぐ買ったり、野菜を買ったり、貰ったりもありましたね。出来合いのものを買ったり。そのときは高くても買わざるを得ないでしょ。あとはどんどん買うから早く悪くなるものから先に食べるでしょ。すると結構いつもより豪華な食事になったりとか。笑い話でしょ。食べられるものがあったから幸せだったけど。ご飯もね、小っちゃいプロパンガスがたまたまあって、それでその日（三月一一日）の夜、ご飯炊いたんですよ。そのおいしかったことね。あったかいご飯、しかも炊きたてのね。おでんもね、そのストーブで大根とかまぁ色々あったからそれでコトコト煮て。それはストーブがあったからできたことで。ガスがなかったら電気くるまでご飯も炊けなかったからね。【菅原園】

冷水シャワーの浴び方

うちは夫婦ふたりだったんですけど、子どもの家族や親戚が集まってきて一二人家族になったんです。朝市で妹とお嫁さんが買い出しにいったら、結構お豆腐とか買えたみたいなんですね。物持ってたら「どこで買ったの」って聞かれたっていってました。私なんかダイエーでラーメンひとり一個って言われましたけど「家族が一二人になっちゃったんです」っていったら、二個買わせてくれました。あとパンも一個って。ホットプレートありますよね。それ二つ、お友だちが持ってきてくれた卵焼いたり、焼きそばとかお好み焼き焼いたりね、一二人分。ご飯は炊けるし。どうにか生き延びましたね。缶詰とかもたまたまどうにかあったのかな。

（仙台市青葉区）米ヶ袋は岩盤が強いんですかね。棚の上に瀬戸物のマグカップを六つ置いてたんですけどもね、それも落ちませんでした。揺れ方とかもあるんでしょうかね。水は止まらなかったんです。電気も次の日の夜一〇時過ぎについたんです。だから水と電気は大丈夫でした。トイレも洗濯も大丈夫でした。ガスだけは一ヶ月以上かかりましたけどもね。お風呂が大変でしたね。お風呂は電気で沸かすところがありますよね。うちの娘のところとか、あと灯油で沸かしてるところ、息子のところ（泉区）がそうですけれども。そういうところにタクシーで入りにいったんです。ガソリンがなかったから。自宅のお風呂には一ヶ月以上入れませんでしたね。

その間は水、シャワーでこう浴びるでしょう。こうやって離して浴びるよりも、近くで頭にあててバッって浴びる方が冷たさ感じないの。だって水でしょう、本当にね、それを私覚えました。あとはお湯をすこし混ぜてかけたり。だってお湯ないんですもの。だからどうしてもシャンプーしたいときはぴっと（頭にシャワーヘッドを）つけてから水を出すと、そんなに冷たさ感じません。やってみてください（笑）ああ、もちろん身体にはかけられません、冷たすぎて。身体は電気ポットでお湯沸かして、お水と混ぜたので身体を拭いて。

灯油は偶然にも地震の二日前に、お米やさんが家の前の大きなタンクと、その他にも（ポリ）タンクが五つあるんですが、それを一杯にしたところだったんです。「もう暖かい頃だから半分でいいかな」って、でもお米屋さんにそれを言うのを忘れてて。「あぁ来年に余るなあ」って思っていたんです。だからおかげさまで寒さは越せました。偶然なんですけれども。お米屋さんも、米ヶ袋のお米屋がやさしいお米屋さんで。お得意さん優先で売ってくれたんです。いつも車で配達してくださるんだけど、ガソリンがなくて車で配達できなかったんですね。もう結構お歳を召した方なんですけれども、お米を五キロ担いで歩いて配達しにきてくれたんですね。あのうれしさだけは忘れません。それで思い出したけど新聞！一一日の夕刊ね。みんな「届いたのよ」って言ってもお米も買っていますよ。それで思い出したけど新聞！今もそこで灯油も方に届いたんですよね、河北新報。一一日の夕刊ね。わたしうれしくて今もとってあります。みんな「届いたのよ」って言っても「うそだあ」っていうんです。でもわたしちゃんととってあるの。

震災後に心がけてるのはまず灯油、すこし余裕があってもお願いするようになりました。あとお米とか缶詰とかインスタントラーメンも、ちょっとなくなったら買い足して。【しらはぎ料理学校】

キーンってくるようなあの痛み

家の方はね、目立って落ちたものとか割れたものとか、あるんだけど大したことない。大したことないけど、電気がないでしょ。でガスもないでしょ。水はね、かろうじてちょろちょろって出てたんですね。だから今のうちに、水を汲んどこうって水汲んだんですよね。それで毎朝わたし、お風呂入ってたんですけど何ていうか……。水で頭洗うのって初めてだったんですよね。あれ頭痛くなるのね。本当に。でも「瞬間だからいいや」って、ジャーって水で頭洗ったら、キーンってくるようなあの痛みね。あれは忘れられないよね。【ミドリ薬局】

牛タンってのは炭火で焼くんです

あの時ね、（商店街のボランティアに）献身して来てくれた人のお昼だけは出したの。仙台の中心部っていうのはね、弁当が売ってたのよ。今思っても何でかなって思ったの。火がねえじゃんって。したらね、仙台は牛タンあります。牛タンってのは炭火で焼くんです。炭火っていうのは薪さえあれば炭が起こせる、火が起こせる。だからね、意外と牛タン弁当とかね、街の中うろうろしてるとあったかいもの食べられたの。カレーライスとか。んで自分の家に帰るとね「お父さん今ごろ帰って来て何にもないよ」って冷や飯だったよって、笑い話になったことあるけどね。私は街の中うろうろしてたから三食あったかいもの食べれた。そういう、今思うと炭っていうものがあったんだなって。あと野外炊飯じゃないけど、今ほら、バーベキューセットみたいなのみんな持ってるでしょ。ああいうものを利用した方がいる。あとバーベキューじゃないけど、飯盒炊飯ができる方が結構いた。だって今の若い方っていったら、電気釜でないとご飯炊けないって思っちゃうんだけど、キャンプでもなんでもやったことのある人いるんだね。鍋でご飯炊くってことできる？お年寄りがいる街ってのは、実体験として知識持ってらっしゃる方がいるわけ。それはねお互いの助け合いだったね。【クリスロード商店街振興組合】

芋煮用の一斗缶コンロ

薪でお湯沸かしてね、一斗缶潰して。油入ってる缶、業務用の四角い缶。あの油の缶なんだけど、あれを缶切りで蓋開けて、下に空気穴つくって。薪はね、自宅にもあったし、あと町内で芋煮なんかやる時の薪もあって、八幡町の木材店で買ってました。そこにチャリを飛ばして買いにいきました。厨房で薪を焚いて。もう薪は割ってあるやつを買って、でかいやつは全部機械でカットして。外でも割ってましたよ。薪を割るのは外だけど、火を使うのは調理場で。もう健康的な生活でしたよ。朝六時に火を起こすことから始めて薪割りから始まって、ご飯炊いて。米はどうしたんだっけ……あ、電気釜を何個も使ってその電気釜も家から持ってきて、でっかいジャーに入れて保温してました。ラーメンも出したからスープを作って。前日にカツオと昆布をお湯に戻しておいて、沸かしてスープを作りました。水餃子は肉屋さんもあったし、なんとかあったので普段通りです。ただガスが通らなかっ

たので鉄板で焼けなかったたってことです。当然ガスが無いからチャーハンも出せなかったんです。【青葉区飲食店】

えらい高いガスボンベ

（地震発生から）一週間以上過ぎると電気も通って、そうすると今度は少しずつ贅沢したいんじゃないけど「タバコ売ってるぞー」とか「あそこでガスボンベ売ってるぞー」とかね。ガスボンベ買えば暖をとれるわけですよね。で、お湯沸かせるようになりますよね。ガスの復旧がこの辺は一番遅かったから。一ヶ月かかりましたから。街中のガスが一番（復旧）遅かったんだね。だからガスがないとストーブもねぇ。石油がなくなってくるとアウトなんで、少しずつ使ったりしました。石油なんて今度いつ入ってくるかわからなかったし、ガソリンと一緒で灯油が手に入らなかったので、そうすると寒いんですよね。そうしたらね、ガスコンロがね、そこの裏あたり、虎屋横丁（仙台市青葉区国分町）らへんで売ってたのかな……。えらい高い金額だったけど、買ってきました。「あそこで売ってるの」って感じでしたね。もうみんな高いのわかってたけど、買っちゃうみたいな感じでした。【江陽写真室】

女衆はまだ入ってない

炊飯ジャーあるでしょ、ご飯保温しておくでっかいジャー。うちは業務用の保温だけのだけどね。そこにお湯入れて保温しておくのね。そのお湯で女の人の髪なんかは流しで洗って、上から俺がお湯かけてあげたよ。思わぬスキンシップだよね（注：ご家族です）。

そのうちかしわ湯さんっていう銭湯が街中にあるんですけど、そこのお湯に行きました。夕方一四時か一五時に営業が始まるんですけど、家族一緒に行くと、男性はどんどんどんどん進むんだけど、女の人は髪長いからね、出てきたら「まだ入ってないの？」ってね。一緒にいって女風呂、男風呂それぞれ並ぶんだけど、男の方はたんたかたんたか進んでね。女の人は本当に長い間待ってて。男の人は出てきてんのに女衆はまだ誰も入ってないって感じで。

そこは昔からの銭湯でね。早くしてくれ、出てくれとかは言わないで「こうゆう時だから協力お願いします」って、「皆さんお待ちですのでご協力お願いします」って、上手に長風呂させないようにしてた、うん。銭湯には助けられましたね。震災後すぐじゃなくて、ちょっと経ってからだね。【青葉区飲食店】

【昭和 53 年 6 月 13 日河北新報】

もらい湯

街中はガスがなかったから、お風呂に困りました。都市ガスのお風呂だとなかなか入れなくて。ポットでお湯沸かしてね、それで体を拭いたりしましたね。そんなに汗はかかないけど、髪の毛も洗いたいし、ねぇ。三人がかりでこう、お湯かけたりして髪洗って。おもしろいよね。家族がいたからそれもできたけど、一人暮らしだとできないよね。やっぱりもらい湯にいったりとか、いろいろあったよ。「うちはお風呂沸くからおいで」とか言われて入りに行ったり。プロパンガスのお家とかね。友だち同士でほら、「うちお風呂入れるから」ってお湯もらいに行ったりだとか。そういうのは本当によく聞きましたよ。【菅原園】

灯油で焚くお風呂

たまたま私あの、灯油を購入していたんですよ。その日（三月一一日）の朝に購入してて、持ってきていただいたの。うちはあの、灯油でお風呂を焚くんですね、ガスでなくて。だからあの時もお風呂に入れた。なぜかその日にね、何十缶と買っちゃって、届けてもらってたんです。だからガスがつかなくてお風呂入る人を結構集めて。町内というよりは親戚ね。そして来てくれる人たちの食べものも何かお出ししたかったし、石油ストーブを使いました。暖の方はとれてましたね。ただガスが使えないので不自由だったですけども。だからおかずを買ってきてお出ししましたけどね。でもごはんはガス（釜）と電気（釜）両方あったから炊けました。そういう意味ではあの、よかったかなって思います。【近江屋綿店】

電気が停まった

停電と聞いて想像するのは、自分の身の周りにある電化製品が動かなくなることではないでしょうか。沢山の電化製品に囲まれているということは、それだけ停電の時に使えなくなるものが多いということです。けれども電気の供給が止まることで使えなくなったものは、「電化製品」という枠をはるかにはみ出ていました。夢にも思っていなかったような物が突如使えなくなっています。その代表が繰り返し語りに登場した石油ストーブです。石油ストーブの着火に電気が必要な製品は、たとえ灯油があっても使えなくなりました。マンションなどの高層住宅に住む人にとっては、汲み上げるための電気が停まってしまえば、それは断水もまた意味しました。前節にあった燃料も同様です。ガソリンスタンドで燃料を汲み上げるには、電気が必要でした。そして明かりを供給していたのも電気でした。停電の間、太陽が昇ると同時に起きて、日が沈む前に水汲みや買い物、夕飯の支度を済ませたという語りは、あちこちで聞かれました。

生きていくための三大要素

街中で昼間から電気がないですからね、夕方のアーケードはもう真っ暗。暗いですよ。暗闇がこんなにも怖いものかと思いましたよ、本当に。真っ暗でね、初めて体験しましたから。こんなに恐ろしいものかと。だからロウソクを使ったりしましたけども。ろうそくはそう、光と暖がとれますよね。二番丁の交番の方も時々こう、懐中電灯もってきて、そういうの見ると「あぁ」って思いました。

宮城県沖地震と今回の地震全く違いますね。その時もあんまり被害はなかったから、翌日も営業続けましたね。やっぱり災害で一番困るのがライフラインで、水と食べ物ですよね、あとおトイレの確保。絶対に必要な条件ですね。生きていくための三大要素ですからね。あとは我慢できても、食べる、それから排便するっていうのは、もう共通ですからね。そういうのは確保していないとダメなんですね。

（災害が）あったときを手本にして徐々に備えていくしかないんじゃないですか、家庭でも。「衣・食・住」の「衣・食」ですよね。住ってゆうのは後からで大丈夫ですよね。やっぱり必要な物を揃えるということ。そして着るものに関してはさほど影響ないだろうけど、口に入れるものの場合、一年に一回は買い替えないといけない。でもそういうのは分かっててもね、時が過ぎちゃうと忘れるんですね。だからそれを忘れないようにしとくってことかしら。例えばお財布なくしても通帳なくしても、銀行行けばお金はあるんですから。だからそんなのはいいんですよ。身を守るのが必要ですよね、暑くても、寒くても。災害というものは突然起きるものですからね。「待ってました」っていうふうにはこない。【近江屋綿店】

暗い避難所

やっぱり電気がつかないと何もできない。幸いにも（地震から）三日目に回復したんですが、これが実際の支援活動をするうえで、非常に安心感がありました。東六番丁（以下東六）小学校（指定避難所）では、今のように非常災害用の電源がなかったですから。全体で二〇〇〇名くらいの避難者の中から地域の避難者三五〇人くらいを東六コミュニティセンターに移したんですけども、電気が消えて、真っ暗んなったっていうことで、発電機と、ここに保管していた投光器、二台の内一台を東六小学校に持ってって。ライトを一箇所でも照らしたら、それでもっていくらか中が明るくなって、みんなホッとした状況でした。暗いと非常に不安な状態になってくるんですね。自分の家から個人的に懐中電灯を持ってきた方はおりますけどね。全体としては、天井灯がつくまでに三日間かかりました。

去年かな、東六小学校でも仙台市の方で作業して、屋上に太陽光のパネルを設置しましたよね。それでもって、災害時の非常用電源を確保するということで、蓄電池も設置されて、そこに電気が蓄えられてると。普段の余剰電気は、他のところに放出されていても、一定量は確保されてます。すべての電源が落ちた時には、それが作動して、体育館の中でも、天井灯が二つだけ明るくなるようになりました。非常用電源として、二つだけは差し込みができる。今年もちょっと訓練やりましたけども、一般の電源消して、非常灯だけ点ける。結構明るいことは明るいんですね。【東六地区連合町内会】

毎日営業したドラッグストア

私たちで何かできることはないかなということで、営業を続けました。停電でレジも止まっていたので、もう電卓とか、携帯の電卓で商品を全部こう、計算して会計をやってましたね。お客さんのまとめ買いもすごかったですね。

（地震のあと）お客さんにはみんな外にでてもらって、はい。店の中じゃちょっと危なかったですし、照明なんかも落ちたりしていたので……。やっぱり上に置いてあった商品が下にボトボト落ちたりですとか、ペットボトルとか栄養ドリンクなんかももう全部落っこちてましたので。

一四時四六分に地震が起きたじゃないですか。営業を始めたのは一時間くらいしてからですかね。一回シャッターを半分閉めて、で売れるもの、今必要なものとか、水とか、あとホッカイロとか、そういったものを販売していました。ですから当初はシャッター閉めた状態で、外で店頭に置いてあるものを中心に販売していました。もう売れるものは売ってしまおうと。

その日は（三月一一日）一八時ぐらいでもう閉めました。まだ日も長くない時期だったので、もう一八時くらいになると真っ暗になっちゃって、電気もないから全然もうどこ歩いてるのかもわからないくらい暗かったんで。

翌日からも毎日営業していました。うちは休まなかったです。みんなで震災の特別シフトを組んで、営業時間は通常よりは短かったんですけど一〇時から一八時くらいまでは開けようと。私も自宅が仙台市内だったので、問題なく出て来れました。お店の混雑ぶりはすごかったですね。お客さんもめちゃくちゃ沢山いらしてましたもん。

売り上げは普段のもう倍以上です。物流も結構長い間止まってましたから、ティッシュとかトイレットペーパーはバラで売ったんですよ。一芯五〇円とかで。それでもほしい人は買っていかれて、そこまでして要るのかってそんな思いもしていたんですけど、それでも買うって人が結構いらっしゃいました。箱ティッシュも一〇〇円くらいだったかな。安くないですよね。普段だとまあ五箱で二〇〇円から三〇〇円ぐらいなんで。でも問屋さんとか物流センターが仙台港の方にあるので、商品の復旧は遅かったですね。

完全に物流が（震災前の状態に）戻るまでには二、三ヶ月はかかったと思います。水、食料類はわりと早かったですかね。でもやっぱり発注しても入ってこないものもあって、やっぱり避難所への供給が優先になりますので。当然ですが避難所の次に仙台市内の商店街の店舗の方たちどうぞ、みたいな感じでしたね。

水道が復旧していなかった方なんかは「水ください」って、空のペットボトルを持ってきて「これに汲んでください」っていってこられました。トイレを貸してほしいという方も多かったです。うちってもともとお客さまトイレないんですよ。だから従業員トイレをお貸ししてました。

売れたのはやはりとにかく食べ物ですね。あとは意外と薬が売れましたよ、風邪薬とか。あと春に差し掛かっていたから花粉症がつらい方が多くて、鼻炎薬なんかが結構売れていましたよ。あとはマスクですね。マスクは飛ぶように売れましたね。紙類はとにかくもう消耗が早かったです。あとは固形石鹸とか、ホッカイ

ロですね。【旧ダルマ薬局クリスロード店】

是非伝えておきたいこと

是非伝えておきたいことが一つあります。電気を使わないストーブが必要ってことです。ファンヒーターって絶対に電気使うじゃないですか。だけどそれは停電したらなんの役にも立たないので、灯油と電池だけでつく普通ストーブ、あれはあったほうがいい。うちにはそれがあったから寒くなかった。宮城県沖地震（一九七八年）って昔あったんだけど、その時に感じたのがそのストーブのことで、それからずーっとそれを忘れずに「必ず家に一台は置いておこう」と思って、ストーブ置いていたんです。それがかなり役に立ちました。【青葉区駐車場】

信号の消えた交差点で

あのとき帰る途中なんかは、私は（仙台駅）東口の方に行ったんですけど、もちろん信号も何もかもぜんぶ止まっていたじゃないですか。そうしたら、ちゃんとね、あの、車が交差点とか危ないですよね、そうしたら東口の方にガソリンスタンドがあったんですよ。そこの従業員の方が道路に出て、誰に頼まれたわけでもないでしょうけど、ちゃんと率先してね、交通整理されてましたよ。あれはすごいなあと思って。【仙台駅東口付近】

（仙台駅）東口近くのレンタカー屋（ニッポンレンタカー）さんの職員が、スタッフジャンパーを着て、止まった信号のかわりに車の交通整理をしておられました。赤い目立つジャンパーということもあって、整然と通行がなされていました。【仙台駅東口代々木ゼミナール付近】

中心部の信号は二日か三日くらいで回復しましたよね。それで、それまではお互いに様子を見ながら（自動車の運転を）やっていたのが、結構荒っぽくなって。中心部の、たとえば大学病院前は早かったんじゃないかな。でも、同じ中心に近い所でもまだ回復していないところがあったり。結構、怖かったですね。信号のない譲り合いが必要なところに、普通のスピードで入ってくるんですね。だから全体的に運転は荒っぽくなったなぁと思いましたね。【木町通付近】

一〇〇回まわして二リットル

電気のポンプでガソリンあげる（汲み出す）んですけど電気が

きてない。どうやって入れましょう。実は（タンクに）手動でガソリンを組み上げるハンドルを付けられるんですよ。でも一〇〇回まわして二リットルしか入らない。ガソリンスタンドってそんなに人（従業員）いないじゃないですか。ここに二キロも三キロもお客さんに並ばれると、制御とれないんですよ。みんな手に血豆ができてました。そういう中で、一人でも多く交代して、延々と回し続けました。

ガソリンスタンドっていうのは、仙台市内だとほぼ毎日、下手すれば朝晩タンクローリーでガソリンを補給しないと営業できないんですよ。だから一日タンクローリーが来ないだけでタンクが空っぽになっちゃうんですね。だから待てど暮らせど店は開かないわけですね。【宮城県石油商業協同組合・宮城県石油商業組合】

車がだせない駐車場

一七時……正確には分かりませんが、とにかく薄暗くなってから帰ろうとして、大渋滞だったのね。駐車場のバーも上がらなくて大変だったの。だめなら突破するしかないと思ったんですけど、別の出口から出ることができたのでよかったんです。でも、こうした駐車場から車を出すということは一苦労であることが分かりました。「こういう時はどうする」ということを考えておかないと。特に今回みたいな仕事の時間ではなく、休日だったり夜だったりする時に、（現場に）車で行くしかない人たちもいるわけで、マンションの駐車場なんかは出せなくなるわけですよね。だから「いざとなったら車ですっ飛んでくる」というのは、もしかしたらダメかも、ということも考えないと。たまたま普通の営業時間中だったから、そういうことで困ったというような話を聞かないけれどもね。今後の備えということで言えば、緊急時に駆けつける人たちの駐車場対策って大事だと思う。電気で動かすものはすべて止まるから。【青葉山駐車場】

駐車場も停電だったので、車ロックされちゃって。車が動かせなくなっちゃった。それでどうやって（車の持ち主を）助けようかと。車のストッパーが上がったままなんだ。だからみんなで一緒に車を持ち上げて、とにかく出られるようにしていました。【今庄青果】

駐車場はタワー式でも自走式でも操作不能になりました。停電になりましたから。車がだせない。これからはやっぱり反省をもちよって連携しないといけません。【フラッグショップナカガワ】

停電したら立体駐車場は車を動かせなかったので。途中でバー

がひっかかったりして、動かなくなってしまって。そういうマンションは本当に多かったみたいですよ。【若林区荒町住民】

車も、タワー駐車場に入ったまま使えなくて一ヶ月。ガソリンを手に入れるために並んだってみんな言ってるけど、そういう経験はないの。とにかく車が使えなかったんだから。【うなぎ大蒲焼明ぼ乃】

ちょうど僕は車で通勤してたんですよ。で、車はすぐそこの立体駐車場に停めてたんです。でも停電になりましたので車が出せなくて使えなくなりまして。それでどうやって帰ればいいのかなって思っていたら、ちょうどうち（実家）の裏にタクシー屋さんがありまして、でそこの人がね、無料で送ってくれたのね。本当に「ありがたいなあ」って思いました。それから後はバスだったかな。【ミドリ薬局】

暖房としての自動車

この給油所（亘理）でも、従業員の方が携行缶でミニ（自家）発電機を使って避難所の方のところに行ってガソリン補給していたんですね。寒かったので、避難所に入れない方が車の中で寝泊りしてましたので。要は寒いから、夜エンジンをかけて暖を取るんですね。そのためにこの組合員（宮城県石油商業協同組合）さんが一生懸命避難所回って、燃料持っていって少しずつ供給しています。組合員さんによっては緊急車両、消防、警察、救急車なんかを優先にして、皆さんで整理して給油していたみたいです。これももう延々と住宅街の方に二キロ以上並んでしまった。西の方からタンクローリーが三〇〇台とかやってきたのは、その二週間後になります。【宮城県石油商業協同組合・宮城県石油商業組合】

電気のおすそわけ

避難した小学校で隣に小学生がいたんです。ご両親が東京に出張かなんかでいなくて。父兄が迎えにきたら家に返してたんだろうけど、その子だけはまだ残ってて。だけどその子はさ、よく学校のこと知ってるから「ここにあれがあるんだよ」なんて教えてくれたんです。またそれも痛々しくて。夜になって寒くなったので、車のエンジンをかけました。一応車で小学生の携帯を充電してあげたんだけど、やっぱり親との接点が携帯電話一つしかないと思ったら、できる範囲のことはやってあげなきゃとは思いましたね。【東二番丁小学校】

お客さんの知恵の方が先にいってますね。商店街にはお祭りするにも看板出すにしても電源が必要ですから、コンセントがあるんです。そこに電気炊飯器もってきてお米炊いたり、携帯電話の充電したり、延長コードもってきてね。電源は解放していました。なんでも復旧するのは中心部からでしたから。【フラッグショップワタナベ】

仙台の街中は電気が復活するのが非常に早かったので、いろんなビルから承諾を得て、あるだけの延長コードでひたすら伸ばして、好きに充電してもらうスペースを作ったり。そういう仕事を青年会で二日目に話して、三日目ぐらいからやり始めましたね。【隠空】

「○○様、充電できました」

やっぱりみなさん、携帯電話の充電が必要っていうことで、かなり充電の需要がありました。携帯さえなんとか使えれば、電話でもなんでもできますので。手で回す充電器とか、うちでも何個か用意はしていたんですけども。非常用（発電機）の電気はついていましたので、携帯の充電も全てこちらで一括してさせていただきました。タコ足配線のようなかたちだったと思います。いらしたお客さま、皆さんの分でしたので。充電が終わったら「何々様」ってお呼びして渡していったんです。お預かりしたらペンでお名前を書いて、引換券みたいな感じでメモを渡していくという状態でしたね。フロントは一階なので充電しているかどうかはたぶん外の通りから見えなかったと思います。でも通行人の方で充電できると気づかれて入って来られたら充電していただきました。

懐中電灯は平時にチェック

それから必要だったのは懐中電灯ですよね。懐中電灯は各部屋に当然備え付けておりますので、一旦全部客室から下げてきて、夜の間にお客さまが使われる際にはお渡しして。ほぼ全部お渡しすることになったんです。

ホテルとして、必ず非常灯というのがあって、なにかあった時に使える電灯が入口の一箇所と、各部屋に懐中電灯一本は全部に付いているはずなんです。ですが乾電池なのでそれが使用可能か確認できているか、平時にちゃんとチェックしているかどうかは重要です。実際手に持っているけど点かないとか、そういうことがあるかもしれませんので。【ホテル法華クラブ仙台】

河北新報

M7.5 強震、仙台圏を直撃

被害 東北全域に及ぶ

死者・不明22、けが続出

ビルも倒壊、交通網寸断

震源 宮城沖100キロ

余震26回も続く

ビル沈む

【昭和53年6月13日河北新報】

避難所百景

突然震災に遭ってしまい、どうやって自宅に帰ろうかと途方に暮れたのは地元の人だけではなかったはずです。地理勘のない出張中だった人、旅行中だった人、留学して間もなかった人、そんな人たちがたくさんいるのも街の特徴といえるでしょう。また地元を離れて仙台で暮らし、被災した故郷が心配でたまらなかった人も、数え切れないほどいたでしょう。いろんな事情を抱えた人たちが溢れかえった街では、ひとまず一夜を過ごす居場所が必要でした。そして帰るべき場所へと至る移動手段も切望されていたのです。

とにかく落ち着いてもらおう

市民センターは指定避難所にはなっていなかったんです。館長は色んな人がやって来るなかで「うちは避難所じゃないので片平丁小学校に行ってください」っていうふうに案内していたんですね。そこが避難所になっていてセンターからも近いんです。なので、玄関の前に立って「小学校はあちらだから、あちらに行ってくださーい」ってみんなに案内してたんです。

なんとなく一段落してきた時に「じゃあ、帰りましょうか」ってなって。帰ろうとしたときに消防局の人が来て「小学校が満杯なので、避難所に開放してください」と言われたんです。「ああやっぱりね」と思いました。「じゃあどうしますか」ということで、玄関を入ってすぐ右側は体育館なんです。ちょっと知られていて、広くて天井も高くて。そういうところだったのでスペースは十分にありました。どれだけ来るか分からなかったんですけど、防災資機材倉庫もあったので「そこも開放します」って開けた途端、本当に怒涛の如く人が流れて来て、あっという間にいっぱいになりました。どんどん暗くなるし、どんどん寒くなるし、もう、どうしようかって思いました。五〇〇ミリリットルが五〇〇本だったかな、ペットボトル入りの水があったんです。とにかく落ち着いてもらおうと思って、資機材倉庫の中にあった大きな釜で沸かしてお茶をちょっと出してあげました。全部は使えないと思って半分ずつ沸かしながら。とにかくお茶とコーヒーでちょっと落ち着いてもらうのが大事かなと思って。

外国籍の避難者

このあたりは東北大学の片平キャンパスが近くにあって、結構外国籍の方が多くいらっしゃいます。学生さんたちとかそのご家族の方たちがとっても多いので、そういう人たちにも分かる形で運営しないといけませんでした。少し前に公園で避難訓練をやっていたんですね。その時は「片平市民センターに避難しましょう」ってことを伝えていたらしいんです。それが外国籍の人の頭の中に残ってたようです。そういう方がどーんと来て、色んな言葉がいっぱい聞こえてきて。でも何言ってるか分からないし、何かすごい言われるんだけど分からないから「ちょっと待ってください、ちょっと待ってください」って言葉を返して。本当は何人の方が来て、どういった家族構成で来てるのかってことを把握すればよかったんですけども、その時は全然できなかったです。なぜって、私と館長しかいなかったので。みなさんが場所を取り合ったりしたら困るので「じゃあ館長ここにいて見ててください」って言って、「私はこっちでお湯を沸かして、とにかく皆さんにお茶を出しますので」って言っても一人しかいないから。本当に二人で全部やらなくちゃいけなくて。それで「貼り紙だ！」と思って「ここは皆さん協力してやってください」とか「トイレはあちらです」とか「トイレの使い方はこうしてください」とか、コピーなんて使えないから、全部一枚一枚書いて貼って、拡声器はあったので「貼り紙見てください！」、「消防局から連絡があるまで、揺れがおさまるまではここにいてください」って何度も言いながらその晩は終わりました。

避難所になった後に、国際交流センターの職員さんが来て「困っていることはないですか」って聞きに来てくれました。国際交流センターでは「窓口に言葉の通じない人が来たら電話越しにその人に説明しますよ」っていう活動をやっていて、そういう情報をくれたんです。

ボランティアの方も、まずは仙台に降りたって方々へパーッと広がっていきます。近くの避難所へ入って手助けしてくれるということがありました。

リアカーで運んだ仮設トイレ

時が経つにつれて心配になってくるのはトイレなんです。最初の時はね、水も出てました。ここは一旦屋上に水を上げて、そこから三階、二階、一階に下ろすっていう仕組みだったんですね。だから（停電で）水を上げることが出来ない。溜まってる分しか使えない。それが尽きちゃえばここは使えない。夜中にそれが発覚しました。「使えません！」って伝えてもトイレ使うんです。その頃は、消防局の方とか、あとは小学校が避難所になっているので先生も何度か来てくれていたので「仮設トイレないですか？」って聞いてみました。そしたら「小学校に三体ありますよ」って言われて。それを「取りに行こう！」と思ったんだけど、仮設トイレってどのくらいの重さで大きさで、って全然分からなくて。でも行かなくっちゃって思って。資機材倉庫の中にリアカーがあったのね、それで運ぼうっていうことになって。私が一人でバタバタやってる時に、男性だったんだけども女神のように見えた人がいました。図書ボランティアで定期的に児童館に来られていた方が荒町に住んでいて、心配になって見に来てくれたんですね。「手伝いましょうか」って言ってくれて。「わー！お願いします」って、その人が素晴らしい方で！本当にありがたかったです。その人もトイレ運ぶのに「一緒に行きますよ」って言ってくれました。二人でリアカーを引いて小学校に行って「仮設トイレ貸して下さい！」って。小学校はトイレ大丈夫だったみたいでした。欲を出して「じゃあ三つ貸して下さい」って言ったんです。でも三つ積もうとしたら二つしか積めなくて。すごい重いんです。「しょうがないか」と思って二つリアカーに積んだんですけど、あまりの重さでリアカーのタイヤもぺっちゃんこになっちゃって。でもしょうがないから「行くか！」ってことで二人で引っ張って。その時は真っ暗で雪も降ってきて、この世の果てかと思いました。街灯も点いていないじゃない、車のライトだけ。車からすると私たちも見えないわけ。だから懐中電灯を一応持って行ったので「じゃあこっちの外側（道路に面してる方）を照らして下さい」って言われて。「そうすれば車の人も分かるから私たちにぶつかってこないよ」って言われて。「なるほどね！」と思いながら二人で雪の中をエッチラオッチラ市民センターまで押しました。

トイレを組み立てるための灯り

運んできたのはいいけれど「じゃあトイレ組み立てるのって、どうやって？」ってなって「二人で組み立てるのか！やったことないけど」って思って。そしたら体育館の中にいた人がちょっと落ち着いたんでしょうね。外に出てきてた人が何人か「やりますよ」って来てくれました。でも組み立て方分からないから、取扱説明書を見るんですけど、まだ投光器しかなかったから灯りの下に行って「まずは一」から始まって、でもどうにか二つ組み立てて。分かると思うんですけどティッシュとかを一緒に流しちゃうとすぐ溜まっちゃうんですね。なので「ティッシュは流さないでこちらに置いてください」っていうことも全部貼り紙をしなくちゃいけなくて、やっぱりそこに誰かつかないと危ないのでお願いをしたら「いいですよ」って言ってくれた人がいたのですごく助かりました。

で、投光器っていうのは電気からじゃなくて軽油が必要なんですよ。軽油を入れてエンジンを起こして点灯するんだけど、一つ玄関の所に投光器の灯りが点くと、外国籍の方がワラワラと来て。何言ってるかは最初は分からなかったですが「チャージ！チャージ！」って言うんです。携帯を充電したかったようで。チャージしてくれって言うの。地震が起きてからずっと使ってるわけじゃないですか、するともうバッテリー残量なくなっちゃったから、チャージしてくれって言うんですよ。「いや、それに使ったら灯りなくなるんですよ」って言っても分からない。「今必要としているのはあなただけじゃないから、今はだめです。もうちょっと落ち着いてから。明るくなってからでもいいでしょ」って「今はできないんですよ」って何度もみんなに言ってたんですよ。

なんでそんなことができるんだろう

段々と夜も更けてきて、ストーブが二台しかないんですけど、それを出してきて。でも人がわんさかいるので、どこに置こうかと思ったんですけど「まずは体育館の真ん中に置いて。そしてもう一台はお茶を提供していた所に置いて。それでお湯も沸かせるじゃないですか。ところが私がバタバタやってるうちにそこの周りを占領していた人たちがいて、もう悲しかったです、本当に情けないっていうか。そこで沸かしていたお湯を自分たちのためだけのカップラーメンに使っちゃって。あろうことか、その上で餅も焼き始めちゃって。とっても悲しくなっちゃって。「なんでそんなことができるんだろう」と思いました。話しかけたら地元の人じゃないんですよ。結局ここに来た人って、この辺りは地盤の固いところなので、当初は揺れが大きくて来たかもしれないけど、ちょっとおさまるとお家に戻っていってるんですね。家の中がゴチャゴチャになってた方は、毛布を持ってきて戻ってきたりしたんですけど、そういう人は多くはなかった。

で、どういう人が多いかというと帰宅困難者なの。あとで分かったんだけど、どうやらここに来た人は片平丁小学校から流れてきた人と、東二番丁小学校から溢れた人でした。なぜかっていうと、仙台駅の新幹線のコンコースが落ちたんですね。それでしばらく仙台駅が閉鎖状態になりました。その時にＪＲの職員が「ここはこういう状態です。すぐ近くの東二番丁小学校が避難所になっています」ってアナウンスしちゃったの。だからみんな、どっと行きました。でも東二番丁小学校がいっぱいになっちゃったので、そこから五橋中学校、そして片平丁小学校も避難所になっていますので、そっちへ行ってくださいって言われた人がいました。それで市民センターの体育館も全部いっぱいになりました。電車でこれから移動しようとしていた人たち、帰ろうとしてたけど帰れなかった人たちが戻ってきて、こちらに来たという。そういう人たちでごった返しになったんです。だから隣にいる人は全然知らない人たちだから、助け合おうとか、声をかけようとかは、まずありえませんでした。もう都市型ですね。

とにかく情報が欲しくて仕方がないので、ラジオから流れて来たことを「今はこういう状態です」ってホワイトボードに書いて見てもらっていました。それしかできないんですよね。

三〇〇人の暖をとる

体育館には三〇〇人くらい来ていて。で、本当は家にあるものを持ってきてくれたら良かったんですけど、本当にそういう人は少なくて。もう貰えるものは貰うって感じでした。最初は防災資機材倉庫の中に入っていた日赤の布を配っていたんですけど、全然数が足りなくて。それに毛布だけ貰ったって床が冷たいじゃないですか。だから毛布が入っていた段ボールを敷いてもらったりとか。あと、毛布を包んであった銀色のシートで寒いところを覆ったりして凌いでもらったんですけど。ちょっと落ち着いてきたころに、ペットボトル二〇〇本くらいはお湯を沸かして使ったので、今度は空になったボトルにお湯を入れてタオルに包んで「これで暖をとってください」って言いながら高齢者の人とか小さいお子さんのところを探して配って回りました。

指定避難所じゃない避難所の把握

市民センターにもその日の夜遅くに連合町内会長が見廻りに来てくれました。地域内を全部把握しておられました。それで次の日の朝に災害対策委員会が立ち上がったんです。早かったんです。次の日の朝には召集をかけて全部の町内会長が集まって、小学校の主だった先生も集まり、市民センターの館長とかそういう方たちが集まって「じゃあこれからどうしていかなくちゃいけないか」という話し合いを持ったんです。次の日（三月一二日）の朝にはこの動きがありました。小学校は指定避難所なので支援物資もいっぱいくるんですよ。でも市民センターは避難所に指定されていないので、物資がまわってこないんです。でも「これだけの避難者がいるんだから」って区役所に掛けあってくれて、市民センターにも小学校にきた支援物資を回してくれていました。ですから比較的潤った避難所生活ではあったんですね。

牛タン弁当三〇〇個

街の中で恵まれていたなと思ったのが、色んな所から支援物資が届きます。それはまず街の中心に来るんですよ、情報も。で、「五〇食行きます」ってなると五〇食でまかなえる避難所に行くんですよ。それは街場から「じゃあこっちだね、じゃああっちだね」って分けられて行く。だいたいは五〇食じゃまかなえないから、小規模の東二番丁にいっぱい来るんです。次の日に牛タン弁当がきたんです。「いくら必要ですか?」って聞かれて「今いらっしゃるのは三〇〇人くらいです」って伝えたら「じゃあ三〇〇ですね」ってドンっといただきました。それも後で分かったんですけど、震災は金曜日だったので土日で結構いろんなイベントが計画されていたらしいんです。そこに運ぼうとしていたものが届けられなくなったので「街の中で必要としているところはないですか」って。そういう事があって結構食べ物には困らなかったです。毎日一日三食を小学校の方たちが分けてくれて。「市民センターでは何食必要ですか」っていうことも毎回連絡してくれて。落ち着いてくるとどんどん避難者が帰っていって、戻ってくることはなかったです。だから最終的には果物とかもいっぱいきていたのに、分けられなくてどんどん腐っちゃった。かといってそれをどこか他の所にやるっていうのはできなかった。一個の物を三人で分けたっていいじゃないって思いましたけど、どうしても行政の方は「平等性に欠くことはできない」っていって。当時はとても混乱していましたから。

町内会長さんくらいは知っておいた方が

（大切なのは）自分がいかに自分の住んでいる地域を知っているかどうか。普段からお話をしなさいとかじゃなくて、周りに何があるかを知っておく。やっぱり町内会長さんは誰かってことくらいは押さえておいた方がいいと思う。北目町もワンルームマンションが多いんですよ。会長さんは一生懸命ワンルームに住んでいる人たちの安否を確認したくて回るんだけれども、全く出てくれないとか、話をしてくれないとかで、情報を集めるのに時間がかかったって言ってました。「なんか変な人が来た」って思うんでしょうね。だから町内会長さんくらいはね、知っておいたほうが良いと思います。町内会長さんは一生懸命まちのことを考えてくれているから。困ったことがあれば、そこに行けばいいっていうところを作っておいたほうがいいと思います。【仙台市片平市民

センター】

畳三分の一くらいのスペース

靴を脱ぐ場所がないくらいの。とにかく靴を袋に入れて体育館の中に入ったら、もう人がびっしり。何の空き地もない。六時過ぎごろだと思いますけど。自家発電で電気が一つだけ点いてましたけど、私の頭の中では「石名坂町内会はここ」という(町内会ごとの)貼り紙があるのではと思っていたんだけど、暗くて見えなかったんですね。そもそも歩けないの。それで、近いところを「ちょっとすみません」ということで進んで。貼り紙のあるところに行きたかったんだけど「もう、これは無理だ」と思って。そしたら、四、五人の若い、高校生か大学生くらいの若い人たちのグループが、自分たちのスペースをちょっと空けてくれたんです。そのスペースというのが、私がしゃがんでうずくまれるくらいのスペース。畳三分の一くらい。足を伸ばすと前の人にぶつかってしまうような。そのまま次の日の朝まで過ごしました。しゃがんだまま。そのうちに、荒町小学校はアルファ米と避難用の水が六〇〇人分くらいしかないとか言われたような気がする。「全員分ありませんから、小さいお子さんとか、高齢者の方が取りに来てください」ということで、それを聞いて、もらいにくいでしょ。だから、もらうのはやめようと思って。まだ一晩は大丈夫だとも思って。

それで夜中、トイレに行く人が立ち上がって、向かうわけですね。そういう人がいると、私もそういう人にくっついて体育館を脱出してトイレに行っていました。帰りも同じような具合で。人ごみをかき分けなくて済むし。とにかく底冷えして、三回ぐらい行きました。あと、足もしびれてきて。エコノミー症候群のような感じもあって、「これは足を伸ばしたほうがいい」ということで外へ出たんです。外に出て、東二番丁のほうをみ(て)明かりがついているのはどこだろうと見ていたら、市立病院は点いてたんですよね。あと、どこか、トラストタワーかどこかも点いていた。あとは真っ暗。

あんないびきは人生で三人目くらい

二日目の夜ははじめて体育館で横になって。でも、よくよく見ると、みんな布団とか毛布とか持ってきているんですよね。それは配られたもののほかに自分たちで持ち込んでいるようで。だから妻と「我々って本当にぼうっとしているよね」と話したんです。「二日目に来るんだったら、毛布とか持ってこないと」と。「避難民としては初心者だね」と話してました。で、そのまま寒かったけど体育館にいました。私の隣に中年男性で寝袋を持った人がいて、横になってたんだけど、その人のいびきがすごかった（笑）。もう、あんないびきを聞いたのは私の人生で三人目くらい。床が地響きするくらい。床板が振動しているんです。結局、横にはなれたんだけど、二日目も眠れなかった（笑）。だけどね、その人に「いびき、やめなさいよ」と声を掛けようか二、三回思ったんだけど、その人の向こう隣の女性も起き上って見ているわけ。目が合って、アイコンタクトと手で「この人、起こそうか？」「でも、起こすのもかわいそうだね」というやり取りをして（笑）、結局朝までそのままにしたんです。

観光客も当然避難所に

仙台駅は他の地域から来ている人も多いから、駅周辺の東二番丁小学校とか榴ヶ岡小学校とか五橋中学校とかになだれましたよね。そういう一連の人たちが荒町小学校にも来たんですよね。だから、これから考えるべきことはと聞かれたら、仙台市はあれだけ観光キャンペーンをやっているのだから年中よそから人が来るわけで、そういったお客さんの身の安全を守りますよ、と宣言することが一番お客さんが来ることになるんじゃないかと思ったんですよ。だから、避難所の運営で町内会できちんとマニュアルができているのに、関係ない人がたくさん来て困ったね、と言う人もいるんだけど、私は仙台市の特に中心部においては、それは当たり前のことであって、指定された人じゃなくても無条件で受け入れる、そういうことを言わなきゃいけないといけない。今だと駅周辺の帰宅困難者は一万一千人というような数字も出ていますけれど、受け入れも今度決まりましたよね。でも、震災の時は、旅行者の立場で考えると「受け入れてくれた」というだけで仙台市の印象は悪くないと思うのね。その上で食べ物にありつければいうことなしだけど。でも、非常用食糧がなくてもね。「非常食がないから駄目です」というのではなく、雨風をしのげる建物の中に受け入れるということが、開かれた仙台市のイメージにすごくプラスになるんじゃないかと思いますね。【荒町小学校体育館】

仮設トイレよりも

仮設トイレって結構組み立てるのが大変なんですよ、力もいりますし。地震が起きた時に、ここには仮設トイレが備蓄倉庫にあったんです。でも実際に使うっていう心理を考えた時、カーテンがビラビラいったり、衛生的にもあんまりいいものではないと思いまして。当時いた先生方も、管理の面からいって「仮設トイレは大変だからやめよう」って、結局さっきのバケツリレーじゃないですけれども、校舎のトイレの方がしっかりしているので、むしろ、水さえあればそっちでやった方がよっぽど良いと。そういう面では、仮設トイレはもうちょっと改善と工夫が必要だと個人的には思っています。

当然組み立ても学校によっては一時間くらいかかったりします。それで組み立てるのをやめようって判断しました。去年防災訓練をやった時には、事前に一時間位、生徒を集めて講習会をやって作り方を教えたんです。そうしたら本番の時（防災訓練の時）には、一つ二〇分位で組み立てられました。でも実際は、あんまり使えないなと思ってるんですけどね。【五橋中学校】

避難所になった幼稚園

普段は子供たちを不審者から守るために入り口を閉鎖しているのですが、近くのビルなどから「助けてください」と沢山の人が集まってきたので入り口を開放しました。この付近の避難所は隣接している小学校が避難場所として指定されていて、ここの幼稚園は避難所ではないのですが避難してきた方々を受け入れました。人がもう道路に溢れていて、フェンスのところで、こう「開けてー」と。それで、園長先生が「開けます」って答えて。ここは指定避難所ではないんですが、園庭は（東二番丁小学校の）校庭と一緒になっているので避難所になってまして。そこで開放しなきゃなって判断しましたね。

その際に園舎内には靴を脱いで上がるようにお願いしたのですが、どうしても部屋の中が砂まみれになってしまって大変でした。最初は近隣のビルの人たちだけでしたが、そのうち仙台駅の方からもどんどん人が流れてきて大変でした。幼稚園内に四五〇人はいたと思います。駅からアーケードまでごった返していたようです。避難してきた方は県外から出張で来られている方が多かったです。県外の方は宮城県の土地勘がないので、ここまで津波が来るのではないかと恐れていました。

職員室と園室以外、すべて開放しました。私たち職員はこの幼稚園にしばらく住み込みでした。当時は一〇人ほど職員がいて、交代しながら寝泊まりしていました。幼稚園の床は床暖房なので、電気が復旧してからは寒さに困ることはありませんでした。電気が戻るまでは園児たちが昼寝するときに使う毛布を配って寒さをしのぎました。小さな布でも何でもかけていましたね。「この幼稚園に避難してきてよかったと」いってくれた方がいました。そんなに辛い環境ではなかったので。

食糧は避難所ではなかったので四五〇人分の食糧はありませんでした。すぐに出せたのは市民センターから分けていただいた乾パンぐらいでした。それでも一人一人に配ったら二、三枚にしかなりませんでした。すぐ近くに横丁（いろは横丁・文化横丁）があるのですが、そこの飲食店の方たちが食べ物を配ってくれたので助かりました。「八仙」さんですね、はい水餃子の鍋を作ってくださって。でもお年寄りの方に毎日飲んでいる薬が欲しいと言われた時は少し困りました。

水はすぐに止まってしまいましたね。でも近く（いろは横丁）に井戸があったので、そこから洗い場やトイレに水を運んできました。人が沢山いて水も止まってしまっていたので、トイレを少しでも快適に使えるように努めました。女性の方には幼稚園内のトイレを使ってもらって、男性の方には小学校の仮設トイレを使ってもらいました。飲み水は職員の家から運んできたりして。

懐中電灯はやっぱり多い方がいいと思いました。お手洗い一つ一つにもできれば欲しいくらいですよね。四〇〇人以上の方がいて、全部真っ暗ですし。部屋もあるわけですし、外にも行かなきゃいけないし。到底あの数では足りないと思いました。

電気は市内から復旧していったので、電気がまだ通っていない方たちから携帯電話を充電させてほしいと頼まれました。携帯電話が床にずらーっと並んでいましたね。復旧は次の日（三月一二日）の一一時、お昼頃でした。その時に一人の人が「携帯で連絡したい人がいるんだけど、電池がなくなって」ということだったので「あ、どうぞ」っていったら、「私も、私も」という感じで、もう電話で埋め尽くされてしまいました。誰のかわかんなくなっちゃうから、持主の方の名前を書いた付箋を電話に貼って。もうすごい数でしたよ。【東二番丁幼稚園】

信号の消えた二番丁通り、どうやって渡るの

お年寄りたちをまず安全に避難させようってことで駐車場へ逃げました。ここの指定避難所が東二番丁小学校なんだよ。でもこれは行政が線で引いて決めた避難所です。どう考えたって一万人は入れないんだよ。仙台駅に二二万人出入りするんだよね。この界隈（仙台朝市）にも平日は一万人くらいの人がいるわけ。働く僕らを入れてこの界隈を考えたら五、六万人いるわけだ。どうやってあそこ（東二番丁小学校）に入れんの。（停電で）信号機が消えた中で、あの車バンバン走ってる中、東二番丁通りどうやって渡るの。無理だよね。僕ら勝手にだ、地震や火事があったときは平面駐車場に逃げましょうと、で車より頭下げてことが収まるまで待ちましょうと（決めていた）。これ書けないんだ、マニュアルとかに。なぜかというと人様の土地に行って人様の車の陰に隠れるわけだから、法律的には無理だよね。でも緊急時にはそれが必要だと思う。紙に書く大義名分のマニュアルも必要だけど、本来自分の身を守るために自分の周りの環境を見ておくって

ことはとても大切で。平面駐車場って周りのビルが崩れてきても、最悪、車の下に潜り込めば車に守られるから直接当たるって事はまず無いんですよね。そういう目に見えないマニュアルがあって、全員その駐車場に避難しました。駐車場で近くの鉄塔とか水道タンクが傾いたりして、まじまじみんな見てんのね。でもそういう環境の中で怪我人一人出すことなく駐車場に誘導して、ああだこうだしながらみんなで安全を確認して、ガス漏れは無いか、電気は消えてるなと。一六時くらまでかな。それから停電で動けない人を救出して、後は落ち着いた時点でこの上に保育所があるんだよ、朝市保育園。その保育園にも若い理事さんたちが手分けして行って。やっぱり常日頃から相手を見てるってことがすごく大切で。今は人件費を削減したり、会計は全部レジにしてしまって、店員がお客さまを見ることがないよね、自分たちの売るものばかり見ていて。ここはすごく能率、効率悪いけど、お客さま一人一人を見て商売やってるんだよ。だから「あそこのおばあちゃん大丈夫かな、見てこいよ」とやれるわけだよね。【今庄青果】

百貨店で夜を明かす

もうとにかくゴォーっていう音とともに揺れがきまして、お客さまの方を確認しに行こうと思ったらまたさらに大きい揺れが来て。もうその時「あっ、もうこれで終わりかも」って思うぐらいの揺れだったんですね。建物自体はその二年くらい前だったか、耐震工事をしたばっかりだったんです。多分大丈夫じゃないかという思いはあったんですけれども、あの揺れはものすごかったので、もう埋まってしまうんじゃないかっていうような恐怖はありました。とりあえずお客さまのところに行かなきゃいけない。もう真っ暗になって、まあ予備電源の非常灯だけは点いていましたので、それを頼りにレジの方に行ってみました。そうしたら具合を悪くされているお客さまがいらっしゃって。とりあえずみんな外に出てほしいっていう話だったんですが、とにかくもうちょっと収まるまで、耐震工事はしてあるので、大丈夫ですからってことで、一応落ち着いてそのままいてくださいってことで、待っていたんですね。そうしたらやっぱり動けませんっていうお客さまが三人か四人ぐらいいらっしゃったかと思うんです。それでそのお客さまをとりあえず椅子に座らせて。その後一応全員外に出ていただいたっていう感じだったんです。帰る足のない方っていいますか、そういう方たちは一晩か二晩か、もうちょっといらしたんでしょうかね、お泊りになった方もいらっしゃいます。一階の表の扉が風で飛ばされないようなとても重い扉になっていまして、内側が自動扉になっています。その間の結構広いスペースが風除室になってまして、そこに椅子もございました。そこに何名か、他県やいろんなところから来ていた方で、ホテルとかとってない方もいらっしゃったみたいですよ。

一六時ごろにはもう一応全員外に出ていただいて、一番最後に地下だったのかな。それからお店は閉店して、上の階といいますか、総務関係と、警備員関係の方たちは、もちろんずっと泊まり込みでいましたけれども。【さくら野】

無料で開放した駐車場

当時の車の台数は六、七〇ぐらいだったんじゃないかな。うちの場合、従業員が必ずおりますので、停電でも手動で開けることが可能でした。精算はせずに、うちは駐車場を無料開放しました。その日（三月一一日）からまるまる一ヶ月解放して、みなさんに使ってもらいました。地震のあとに駐車場に避難してくる方もいらっしゃいましたねえ。そのまま車の中にいらしたりしました。いっぺん帰りかけて、とても戻れるような道路状況じゃなかったからって戻ってこられてお泊りになったり、あとお子様連れの方が、危険だからってね。あとご夫婦で車の中でじっと待っていた方もいらしたね。世の中が落ち着くまで。【青葉区立町駐車場】

カラオケルームの提供

電気が使えましたので、テレビも映りましたし、ドリンクバーのディスペンサーも動いて、水も飲めました。だから家に帰れなくなった人たちに、地震当日だけですが、ルームをお貸しすることができたんですね。店にある食べ物も、レンジで調理できるものがありましたので、ご飯にも困りませんでした。毛布などはなかったのですが、常時お店にはひざ掛けが置いてありますので、それで暖をとっていただいて。地震の日の後も、携帯電話の充電をさせてほしいという方が来ましたので、電源を提供しておりました。

当時、自分たちにできることはとても限られていて、「いま自分たちにできることは何か」ってスタッフ同士で話し合いました。私たちのお店は地震から一週間で営業を再開したんです。話し合いの結果、早く営業を再開させようということになったんですが、こんな状況でカラオケなんて、不謹慎ではないかと葛藤もありました。でもボランティアで被災地に食料を届けていた方たちが、「気分転換に」といって来店してくださったんです。そういうこともあって、震災という状況のなかで、ストレスを抱えている人たちのためにも、少しでも発散できる場所を提供することが、自分たちに今、できることだと思いまして、営業を再開していたんです。

避難訓練は小学校の頃から「お・は・し（押さない・走らない・しゃべらない）」とかって習ってましたけど、真剣には取り組んでいなかったなと思います。一応お店でも六月と一〇月に避難訓練をやっていたんですが、本気ではなかったんですね。だから本当に避難しなくてはいけないときに、スムーズにはできなかったんですね。震災後は消火器や懐中電灯の位置確認など、徹底して行っています。灯りがないのが一番大変で、懐中電灯は本当に大事だと思いました。震災があって、電気に頼ってばかりの生活だなということに気付かされましたね。【青葉区一番町カラオケ店】

宿泊者かどうか関係なく

下に大きい二、三〇〇人収容できる場所があるんですけれども、震災当日は全部いったん、宿泊者かどうか関係なく入っていただきました。お料理は会場が大きいので、バイキング夜と朝、食べ物と、毛布や布団は無料で提供しました。たぶん合計で五〇〇人前後はいらっしゃったかと思います。ロビーにも寝てらっしゃった方がおりましたので。当日の夜からもうお料理は作れましたね。非常用の電気はついていましたので、携帯電話の充電も全てこちらでさせていただきました。お湯も電気で賄えましたので、電気でできるものは全て厨房さんでもやっていただいて、食材ももちろんストックがありましたので。当日の夜の食事も、そうですね、結構立派なものが出てきたはずです、たぶん。

でもある程度、三〇〇人以上入れた後は、申し訳なかったんですけれども安全確保ができないのでお断りさせていただいて。外にはまだ人がたくさんいらっしゃいました。歩いて自分のところに帰る方が多かったです。

お客さまの協力で成り立ったホテル

電気は非常用電源のバッテリーなので、三日くらいで切れてしまうんですね。ですから電気の復旧が遅かったですね。電気の方がガスよりも遅かったので。水道はすぐに来たんですけれども。営業再開に向けて従業員をほぼ全員ここに入れたんですが、掃除や片付けのときに水しか使えなかったのがちょっと辛かったですね。寒かったので。物資についてはチェーン店があるので、車で全て輸送してもらいました。東北にはないので、東京と函館から車で持ってきてもらっていました。数ヶ月間、大きい車を一台借りていたんですよ。ガソリンも一緒に持ってきてもらっていました。

普段と違っていたのは、例えば、私はもともとフロントがメインの仕事なんですけれども、フロントだけの仕事をしているだけでは済まなかったので、昼間はバスタオルなんかを洗ったり、シーツを洗ったり、ベッドメイクもしましたし、もちろん部屋の修理なんかも全てみんなと一緒になって働きました。ホテルの従業員の一体感も持てたと思います。

お客さまを受け入れるようになってからは、お客さまが逆に気を遣ってくださって。お客さまもちょっといつもとは違う、ボランティアの方とか、あとは工事関係者の方なんかが多かったです。三月二五日から営業を再開したんですけど、当初は特別優待料金で朝食を無料でおつけするようにして。ほぼ最初の半年余りはそういうお客さまばかりでした。清掃も「三日に一回しか入らなくていい」とか、そんな風にお客さまが協力してくださって営業が成り立っていました。【ホテル法華クラブ仙台】

煌々と明るいホテル

ホテルには非常用の発電機がありました。幸い私はホテルから徒歩圏内に住んでいたため、一旦帰宅したのですが、停電で辺りは闇です。明かりが灯っていた建物は他には県庁、河北新報社くらいだったと思います。明かりといっても非常用の小さな電球なのですが、闇の中では煌々と見えました。街の明かりが全くない中、地震後三日間は非常用電源から電気が供給されていましたので、フロントカウンターの前にテレビを置いて、お客様に見ていただいていました。携帯電話を充電することもできました。

無言の朝食

ホテル内に留まっていたお客様は、テレビを見にフロント前へ自然に集まっていました。陽が落ちてどんどん空が暗くなっていきました。フロントがある場所の窓からは、普段は仙台駅周辺の夜景が見えます。でも地震の日の夜景はどこまでも暗かったなかで起きていた、仙台港の火災が見えまして、それはとても恐ろしい光景でした。その火災は朝も続いていました。

朝のお客様は静かでした。前日の夕食を各客室にお届けした時もそうでしたが、レストランでの朝食の時も、スタッフに無理なオーダーをする方はいらっしゃいませんでした。私たちも普段のような明るさで接客するわけにもいかず、お客様にも笑顔はなかったですね。無言で朝食を召し上がっておられました。【ウェスティンホテル仙台】

われわれが焦るとお客さまがパニックに

あんな揺れはもちろん経験したことがなかったので、我々も何をしていいのか分からない状態で、物につかまって耐えしのぎました。そのあと、電気がバチンと停電しました。当然のことですが、まずお客様の事を考えて一階二階に大きな声で「大丈夫ですか、怪我された方いませんか」とお声掛けして「状況が分かるまで動かないでください」とアナウンスしました。二階から外に出ると、建物のアンテナが傾いていたり、仙台駅前がたくさんの人で溢れかえっていて、これはただ事じゃないなと思いました。とっさの判断にはなりましたが、「これはもう入っていただこう」と、一階と二階を一般の方々に開放しました。この建物は丈夫という根拠はなかったんですが、お年寄りや子ども連れの方が多くて、怖さと寒さの問題もありましたので。

まず二一階の宴会場のお客さまを非常階段で避難させました。中には精神的な恐怖から腰を抜かしてしまう方もおりましたので、スタッフがおぶって避難した方もおりました。やはり灯りがないととても怖いんですよ。そうこうしているうちに、今度は作動したスプリンクラーのタンクの水が下がってきて、一階、二階が水浸しになりました。下に座ることができなくなって、一階のラウンジのほうに集まりました。そこでも今度は寒いという話になって、これはまずいと思って、二九五室あるホテルの客室から懐中電灯と毛布、布団を集めました。それでも懐中電灯の電池がいつまでもつか保証はないんですよ。ですから必要のないときは明かりをゆるめたりして慎重に使っていました。

外から灯りが見えて、中に入りたいという人もいたと思うんですよね。とにかく本当に寒くて、中で走り回っている我々でも寒いくらいでしたので。(仙台駅の)ペデストリアンデッキとか、バスプールにいた人も、相当寒かったと思います。どこに行っていいのかもわからなかったと思うんです。「寒いので入っていいですか」って来られる方もいたんですよ。そして最終的には八〇〇名ちょっとの方が入られました。その後はトイレですね。水は出たんですけれども。電気が止まって流れないトイレで、トイレットペーパーが流れないので、「使用した紙類は用意した袋に捨ててください」と伝えて、個室に入るときにはバケツで流していただきました。水を汲んで流してという作業を男女で分担して。体力仕事でしたね。四、五チーム、三人でシフトをつくって、もちろん女性スタッフにもお願いして。余震のくるなか、三〇分交代で作業しました。

その時思ったことは、我々がとにかく焦ってしまうと、お客様がパニックになってしまう。我々が慌ててしまうと、お客さまは頼るところがなくなってしまう。私たちにも情報はなかったのですが、お子さま優先で布団を供給して、男性には「少し我慢してください」と対応させてもらいました。それでもだんだん限界になってきたところ、隣のエスパルさんの明かりがついて、非常用電源が一日もったようでした。ですから地下ということもあって、そこにお客様を誘導しようと。懐中電灯で照らしながら、地下一階のいたがき（果物屋）さんやロッテリアさんの方までずっと歩いて。地下に段ボールが集められていて、いっぱいあったんですよ。その段ボールを地面に引いて、寒さをしのぎました。その中には翌日に披露宴を迎える予定だった新郎新婦さんもいらっしゃいました。【ホテルメトロポリタン仙台】

ホテルの公共性

その次に我々がしたことは、ホテルの布団などをお渡しすることでした。それから食べもの、飲みものですね。それで宴会場にお出しするような食べもの、飲みものを袋分けにして、あとはエスパルのお弁当、パン屋さんにも協力していただいて、女性やお子さま優先で、皆様へお配りしました。それで一夜を過ごしてもらって、明朝、非常用電源も切れてしまうので、近くの避難所に避難してくださいと伝えました。「布団はどうぞお持ちください」と、「また後で返せるときに返してください」という感じでお渡ししました。そのまま避難所で使用された方もいますし、なかにはお礼を言いに返しに来られたお客様もいらっしゃいました。目の前に困っている人がいて、接客業をやっている人間なんでしょうね、どうするんだという使命感に燃えていたかもしれません。もちろん私たちも心許なかったですけどね。

宿泊業の再開については、給排水はできても、お湯が出たり出なかったりといった事情があって、すぐには難しかったですね。とはいっても、（仙台に）泊まる場所もなかったんですよ。復旧関係の工事であったり、役所関係の方であったりっていう、外から来た方々の泊まる場所がなかったんですよ。そういう方々に、宿泊場所を提供しようということで。制限といいますかね、一〇〇パーセントのサービスではない状況だったんですが、それでもいいですか、と了承していただいて。そしてお泊り頂いていました。ただ朝だけは温かい食べものをお出しするようにしていました。

新幹線が復旧したときに一番覚えているのは、四月二九日でしたか、ゴールデンウィークの初日に、二階のロビーは再会の場でした。心配で心配で来たいけど仙台に来れなかった方とか、遠方から自家用車で来られた方がたくさんいらして。地元が例えば仙台とかこっちの方で、みなさんのように大学生で離れて暮らしていて、心配だったけど来れなかった方なんかが、親御さんたちと抱き合って泣いておられたりしていました。ホテルの役割には公共性があるといいますけれども、こういうときには本当にホテルっていうものが、出会いの場になりうるんだなっていうのを、すごく感じた時ではありましたね。【ホテルメトロポリタン仙台】

休まなかったビジネスホテル

営業は震災当日からです。電気の復旧までは、四日間か三日半くらいですかね。それまで電気はつかなかったです。水道は貯水槽が大きかったので、断水しなかったんですね。水はずっとでてくれていました。お湯はガスで沸かす方式でしたので、お湯の復旧には一ヶ月ほどかかりましたね。ガスが復旧するのが一番遅かったので。お客さまは寒かったでしょうね。もう布団だけで凌いでいました。(震災後の交通状況でも)家まで通えるスタッフ、あとは自転車で通えたスタッフで対応しました。

私は自宅が旭ヶ丘駅（仙台市営地下鉄南北線）だったんですが毎日二時間半徒歩でした。あの時はガソリンスタンドの行列でしばらく道路が渋滞していましたよね。ですからバスに乗ってもなかなか動かなかったので、(一四日から一部区間が運行していた)台原駅まで毎日歩きました。途中からは、(市営地下鉄が)台原駅から各駅まで無料バスを運行してくれましたので、それに乗っていました。

地震のときの時間帯はほぼお客さんはいなくて空いていました。チェックインの前の時間だったんですね。インターネットの予約の対応は無理だろうと判断しました。交通機関も全部止まっていましたので。ですから当日帰れなくなったお客さん、それから企業の社員さんがその日から一ヶ月くらい泊まっておられました。

電話も通じなくなりましたので、予約はもうカウンターだけで受け付けていました。それから食事を用意する火がありませんでしたので、火をいれなくてもいい食べ物をあるだけの食材で作っていました。宿泊しているお客さまに、おにぎりとかですね。軽食みたいなかたちで。あとはカセットコンロでお湯を沸かして、お味噌汁とおしんこを。カップ麺なんかは入手できませんでした。ですからたまたま出張で東京に行っていた社員が二人いましたので、そういった物資の購入を頼んで帰ってきてもらいましたね。新潟経由で五日かけて帰ってきたんですが。【ホテルプレミアムグリーンプラス】

沿岸にあったリネン工場

当日は停電でしたから携帯電話の充電は無理でした。でも電気が三日目か四日目に復旧したので、ロビーのコンセントでみなさん充電していました。宿泊客に限らず一般の方々です。「コンセント貸してください」っていう一般の方もいて、もう三つ口とかたこ足とか延長コードを差し込んでその辺で充電されていました。みなさん自宅ではまだ電気が復旧していなかったりで。インフラは街中から復旧していきましたので。お店が開いているってわかると、みなさんわーっと集まって、コンセントのところで充電されていました。トイレも水道局から止めるようには言われていなかったので、一般の方にも使ってもらっていました。もう水がでれば御の字でしたから。

電気が復旧しても、客室にあるのはガスで動くエアコンですので、ガスが復旧するまではエアコンは機能しませんでした。フロントだけは電気で動くエアコンだったんです。でも客室はガスエアコンなので、お客さまの部屋は一ヶ月間、かなり寒かったはずです。リネン類の洗濯は外注にしているんですが、それがある場所が海沿いだったんですよ。津波で流されはしなかったんですけど、それが大変でした。物が入って来なかったので。シーツは新しいのが入って来ないので、連泊の方には同じシーツをそのまま使ってくださいっていう。復旧までには一〇日間かかったかなあ。ですからタオルに関しては申し訳なかったんですけど、お客さんに持って来てくださいってお願いする形で。新しいタオルを入れられなかったので。お客さん各自で持ってくるか、どこかで買うかしてくださいってお願いしていました。そうでないと前のお客さんが使ったものをまた使ってもらうことになってしまいますので。リネンの復旧までには一〇日間か二週間ですかね。仙台ではなくて県外のリネン工場にトラックで持って行ってお願いして。普段は市内の業者だったんですが、その工場が当分は動けないということでしたので。ただ県外といっても高速道路も動かなかったので、スムーズではなかったと思います。

その頃のお客さんは、ほとんどボランティアの方とか、支援団体の方とか、神戸市とか遠方から来られている医師団の方なんかでした。【ホテルプレミアムグリーンプラス】

「補助避難所」を切り替える

最近になって指定避難所の他に「補助避難所」っていう言葉をね、使い始めてるんですけれども、そのとき（東日本大震災）はまだ、補助避難所っていう言葉もなかったんです。こちらまで（指定避難所ではない東六地区コミュニティセンター）なかなか食料も回ってこないので、三日目過ぎた段階で、残っていた一五〇名くらいの方たちを、東六の小学校に移しました。最終的には東六小学校にまとめた形ですよね。その間、誰が避難所を運営してたかというと、東六小学校の先生方が、最初の三日間はほとんど不眠不休で、子どもさんのことも心配しながら、全職員が協力してやってるっていう。地域の方も一部応援されてましたけども、地域は地域でコミュニティセンターと、常盤木学園の避難所対応もやってるって状態で、分散した状態で動いてました。

　三日目になって、学校の校長先生から要請がありました。一八日には卒業式を控えていたし、学童授業の再開だとか、先生方はそういうこともしなくちゃいけないので、東六小学校の避難所の運営を、地域の方に応援してもらいたいと。それで対策実行委員会が学校に集まって学校側と話をして、「明日から避難所の運営は地域でやりましょう」ということになったんです。地域の方でも、大体（指定避難所ではなかった）コミュニティセンターも常盤木学園も一段落ついたんですね。それ以降は東六小学校に集中して、みんなでね、避難所運営をやりました。その日のうちに二四町内会に全部連絡して、夜七時ごろに集まってもらって、「明日から応援体制を組みたい」と。出せるだけ人を出してくれという話をして、で翌朝の八時の段階で約四〇人くらいが集まりましたかね。最初の三日間、学校の先生中心にやってきた避難所運営をそのまま受け継いで、先生方には学校のことに専念してもらおうという体制に切り替えました。その切り替えが上手くきましたが、結果的には前年の、防災訓練を総合的に学校も含めてやってたっていうのが一つ。それから災害対策実行委員会の中に学校も加えて、打ち合わせを何回かやっていたっていうのがベースにあったんですね。四日目には学校の先生方と我々地域とが一緒になって、五日目からは完全に我々（連合町内会）の方で運営するという形で、東六小学校避難所を三月末まで運営していたんです。【東六地区連合会町内会】

自宅避難所という防災

　とにかく「自宅避難所」っていう概念を持ちなさいって言ってます。つまり指定避難所とかなんとかってところは、本当に来なきゃいけない人が行く場所にするってこと。自分の家のなかで全部震災対応をやりなさいっていうと面倒くさくなるんだけど、一部屋でいいから、ここにいればなんとかなるっていう場所を考えるっていう。あんまりたんすとか倒れそうなものは置かないとかね。そういうところを一ヶ所作って、何かあったらそこに行って。何かあったら避難所に行けばいいじゃなくて、やっぱり自分は自分で守るってことを考えて、それでやっぱりダメだったら、それこそ避難所に来ればいい。

　食べ物だと備蓄っていうふうに考えると、五年間保存しておかなきゃって考えるけど、そうじゃなくて「循環備蓄」っていう考えを徹底しましょうといってます。いつも食べてるものをちょっとだけ多く、それがカップラーメンでもいいし、缶詰でもいいし味噌なら味噌もね。。基本は四人家族で大体、米一〇キロあれば十分だっていう話でしょ。

　五年間アルファー米だよって、ポンって置くんじゃなくて、そういうことをやれば大丈夫ではってことです。だから学生さん一人だったらカップラーメンとか缶詰とかあとは何か自分の好きなものちょっと置けばいいとかね。それがお米とか一週間分、自分の食べる分はこれだと、そしたら来週の分も置くと。こういうイメージだと自分でできる。【花壇大手町町内会長】

《Column.2》　もったいない話

食べ物に毛布、ストーブ。ここに登場するのは、どれも避難所に差し出された、ありがたい物資です。けれども実は受け取りを拒まれたり、廃棄されたりしていたことが語られています。それは全員に平等な数や量が確保されないという理由によるものでした。それは避難所での揉め事や争いごとを回避するための配慮ともとれるでしょう。実際にそのようなことが生じていたからこそ、同じ措置がとられていたのかもしれません。けれどもやはり提供した側にすれば「もったいない」という、持って行き場のない感情を抱いてしまいます。本当に必要な人に、必要なものを届けることは、とても難しいことです。これも次の災害が生じるまでの重要な伝言であり宿題といえます。

どれもみんな同じものって、ありえない

腹が立ったのはね、避難所にお菓子を配ろうという時に、避難所に持っていったら拒否されちゃったの。中身が違うものは喧嘩のもとだから、同じものでなければ受け取れないって。あの時、結構いろいろと作ったんだよ。品物だってねぇ、放置しててもしょうがないし、もったいないから持っていったんだけど。

結局、二箇所の避難所に持っていって、二箇所に拒否されたから。もう止めようってことにして。そういうねぇ、困った時の行政なのかなあ、やり方は四角四面でねぇ。余ったお菓子はほとんど知り合いに配ったり、あとは焼却したものもあったと思います。

あの時食べ物だって無かったんだから、みんな欲しかったはずだよね。零細企業が袋をたくさんやったって、どれもみんな同じものっていうのはありえないからね。あれだけは忘れられないね。【匿名菓子屋】

うちのアルバイトがボランティアで行ってた避難所では、例えば五〇人いるところに、おにぎり三〇個届いても、取り合いになっちゃうからって廃棄してるって聞きましたよ。【匿名飲食店】

「みんな平等」というのは、ちょっと違うかな

避難所の小学校には毎日出かけていたの。ここ（某寺社）が避難所にならないなら、と思って毎日行ってました。することといっても、物を配るぐらいですよ。それはもうお役所仕事でした。例えばね、たとえ物が余っていても、全員分なかったら捨てちゃうのよ。えぇーっと思ったけれど、私もはじめは大人しくしてました。市役所から来るメンバーも毎日変わっていたし、上の人の許可が無ければ動けなかったんだと思います。仕方ないのかなと思ったけれども酷かったです。みなさんのご厚意でいただいた支援物資だって、腐らせちゃうじゃない。だから二日目か三日目かな、物資のあるところにガラッと入っていって、「これ腐っちゃうわよね。いいよね、配っても?」って言ったの。「なにかあったら〇〇の〇〇（ご自身）に全部言ってちょうだい」って言ったの。みんなあっけに取られてましたね（笑）。だってもったいないじゃない?私ものを捨てるのがすごく嫌いなの。支援物資というのはパンとかリンゴとか。私が乗り込んだときには、賞味期限はギリギリよ。だって一週間ももたないでしょ。それでね、中にいる人と、近所の人が取りに来たときに配るっていうパターンがあったの。本当はそれもきっとね、全部同じものでないとダメだったんじゃないかな。悪いとは思わないけど、「みんな平等」というのは、ちょっと違うかなっていう気もするわ。近所の人にはどれか一つ選んで持っていってくださいと。それで、賞味期限ギリギリのものが全部捌けたときには安心しました。

反対意見なんてそんなの無視よ（笑）聞きもしなかったわ。配ろうというか、ガッと持っていったの。お伺いなんて立てません。「本部に聞いてみないと」って言われるから。「こんなにあったら、避難所の人に全員に配っても絶対余るわ」って思ったもの。もう少し権限を現場の人に渡すとか、できなかったのかなと……。

神戸の震災のときに、大量の支援物資があったのに全部廃棄したっていうニュースを震災前に見たけど、それがよく分かりました。

あと、避難所に来ない人、登録をしないと物資を受けられない。でも、本当に支援を受けなくちゃいけない人は避難所に来れないの。だって歩けないし。その隙間を埋めてたのが民生委員さんだったのかな。【某指定避難所】

私らには納得いかなかった

小学校とか、そういった所にストーブ持っていったら断られました。一つあっても避難者全員が暖まらない。そうすると「不公平になるから」って言われたんです。一つあっても二つあっても暖まれるわけじゃないですか。でもね、平等に当たらない、ということに凝り固まった考えなんだね。だから、お米もあったし炊いてもらおうと思ったけど「全員に行きわたらない」って言われた。それはねぇ、考えさせられたよね。果たしてそれでいいのかなって。僕からしたら、もっとひもじい思いをしている子供とか、そういう人たちに分け与えたりとか、少ないものであれば、分けて食べようとする人たちの気持ちがあると思うんですよ。だけどそういう考えをしない役所的な考えの人達がそこを牛耳っているようでした。それが私らには納得いかなかった。

なかなか援助ってのは難しいです。近所の人たちがお互い持ち寄っていくものでね、そんな大量のものをね、いっぺんに提供するなんて無理じゃないのねぇ。どこの家庭にだって「毛布一枚ならなんとかなる」とか、そういう事があってもね、何十人分の物はないからね。そのときは「大変だな」って思いました。【某指定避難所】

繋がれていった帰路

仙台駅には在来線と新幹線の駅があり、地下鉄仙台駅もあれば、夥しい数のバス停や、広いタクシープールもあります。そんな仙台駅が、しばらく静まり返ってしまいました。日中も人気のない、不自然な仙台駅前のかつての光景は、今では思い出すのが難しくなってしまいました。しかしさまざまな種類の交通機関において、一刻も早く安全を確保して、必要な人の足となれるよう、なるだけ早い通常ダイヤの復旧が目指されていました。交通網を一生懸命繕おうとしていた人も、被災者であったり、過去の地震の際にも同じことを経験していたりしました。そして突如足止めをくってしまった多くの乗客は、地元の人、近隣市町村の人、他県の人から外国籍の人まで、帰路を必死で手繰り寄せようとしていたのです。

変わっていったバスへの要望

まず震災の直後、仙台市で自衛隊が沿岸部から救助した人たちをヘリコプターでどこに運んだかというと、霞の目駐屯地とか、仙台駐屯地に運んでいたんです。そこにそのまま助けられた方を留めておくわけにはいかないので、そこから避難すべき場所に移動しなければならなかったんです。そのための手段として「バスを出してもらえないか」ということになりました。それには当然、乗務員が必要だったんですけれども、避難所に人が落ち着いてから、次に何があったかというと、避難所間の移動をしてほしいという要望もありました。次に遺体を探すために 遺体安置所に行くから、バスを出してくれという要望がありました。運行したのですが、実際にそのバスにはあんまり乗車されませんでしたね。みなさん車で行ったり、一人で行くのが嫌だから、知り合いの方と行ったり。あとは、自衛隊が仮設風呂を避難所に作ってくれたんですが、三月末とか四月になって、避難所生活も疲れてきたので、秋保温泉に入れてあげたいっていうお話が出ました。たまたま「るーぷるバス」の車輌が空いていたので、じゃあ秋保まで行きましょうってことで、るーぷるバスを運行しました。

バスと津波

　直接津波に対応した訓練はしていなかったんですが、過去の一番大きい災害が宮城県沖地震、その時の教訓と、東日本大震災の起きるちょうど一年前（二〇一〇年）にチリ沖で地震が発生して、日本に津波がくるって警報が出ていました。そのエリアに岡田出張所というところがあるんですが、今回の地震で被災してなくなってしまったんです。ですが過去にこのバスを内陸の営業所に移動させるということを実際にやっていたんです。ですから今回も同じように、まずバスを優先的に岡田出張所から霞の目営業所に移せという指示を出しました。乗務員は内陸の霞の目営業所に移動したんです。ところが自分の車は営業所に残したままだったので、バスを守るために動いた運転手の自家用車は、全部津波にのまれてしまったんですね。

【仙台市交通局市営バス】

空いていた臨時バス

　当日の夜、県庁あたりから各団地方面に向けてバスを運行したって経緯がありました。何便走ったのかなぁ……。北南それぞれに五台が走ったと思います。時間は二三時から二四時くらいです。溢れた方はいなかったみたいです。走るっていうことが、あまり伝わってなかったみたいですから。県庁の中では「今から臨時バスが走るらしいですよ」って情報があったみたいですから。県庁にいた人は乗ったみたいですけれども。辺りにいた人は多分、宮城交通のバスが臨時で出るということがわからなかったでしょう。だからあんまりご利用はなかったみたいなんです。

スタンド渋滞には悩まされました

　仙台北営業所に自前の軽油スタンドを持っているんですけど、まあもちろん燃料もあまり入ってこない状態で苦労いたしました。当社は名古屋鉄道グループですから、名古屋の方から各営業所のスタンドに給油してもらって、なんとか凌ぎました。もう一つ、県に要請して、給油を融通してもらいました。県から結構たくさんのドラム缶のものとか、燃料をいただいたと思います。ガソリンは社員の通勤にも必要だったんですが、ガソリンが手に入らなくて、運転手、従業員が出勤できないっていうことがありましたね。通勤用にバスを巡回させて、自分で通勤できない人を拾い集めて、会社まで送り届けたりとか、あとはガソリンがある人の車に相乗りしてもらったりとか、自転車で通勤してもらったりですね。それでなんとかしのいだっていう感じですね。歩いて通勤した人もいましたけど。まあ私も歩いたのですが、会社まで歩いたのはその時だけです。二時間くらいかかりましたかね。

次の日以降は、安全が確認された順に再開していきました。でも出勤できない従業員が多かったり、道路が通れないとかで、通常の路線とは違う経路で走ったことが多かったです。便数的にも通常の休日ダイヤよりさらに間引いた状態になりましたね。しかも朝と夜はなくて、日中だけですね。段々日が経つにつれて、正常に戻っていきました。最終的に正常になったのは四月一八日(五週間後)ですかね。

震災で止まってしまった鉄道区間の臨時便は、多数ありました。仙台近辺の電車はみんな止まりましたので。塩釜、利府、岩沼、大河原、白石、それから亘理……こういうところの臨時便を出しました。道路渋滞もひどかったですから、かなり時間がかかってしまいましたけど。

道路が非常に混んでいましたね。まあバスもあてにならないし、地下鉄も止まってるってことで、自家用車を利用して出勤する人が多かったということがあると思います。道路があっちこっち通行止めになって、特定の道路に車が集まったってこともあると思います。あとはガソリンスタンド待ちの車で渋滞ができたんです。それであちこちバスが通れなくて非常に苦労しましたね。一車線だとガソリンスタンド待ちをされると、通れませんからね。二車線あれば反対側を通れますけど。いわゆるスタンド渋滞っていうのには大変悩まされましたね。

臨時便はJRの要請ではなく自主的に、こちらの判断で行っています。JRの代行ではないので、JRの切符で乗ることもできないですし、バスはJRより運賃も高いですからね。臨時便はJRが再開した区間からやめていった形ですね。だんだんJRの運行再開が本格化したころに、四月七日の余震があったものですから。その時またJRが全部ストップして、また臨時バスが復活した感じですね。

少しでも多くのお客さまを運ぼう

高速バスについては、他社で真っ先に連絡をよこしたのは山形交通さんなんですね。協力して仙台山形線の運行を再開してきました。乗務員や車両は違いますから、お互いに連絡を取りながら、「少しでも多くのお客さまを運ぼう」ということで緊密に協力してやってきました。運行は震災翌日の一二日です。他にも岩手県のバス会社とか福島県のバス会社とも、同じように協力して運行再開を目指していました。でも高速道路が通行止めの間は、下道を通ったりして大変でしたけれども。

当初はラジオなんかでも、「県外へのバスは山形線だけ走っています」とアナウンスしたもんですから、すごい数のお客さんが殺到しまして。県庁市役所前で最大一〇〇〇人くらい並んだみたいです。とにかく県外にでるにはそれしかないっていうので、山形まで行って。あとは山形から飛行機に乗ったり、新潟方面にでて電車で首都圏の方にいったり、そういう移動の仕方をしていたみたいですね。

三月一六日になると福島線が再開して、一七日に盛岡線が再開してというように順次再開していきました。最初のうちは四号線を行ったんじゃないでしょうか。一日数本ですね。運行便数を絞って、同じ時間に三台も四台もバス並べて出すっていうやり方をしていました。【宮城交通】

バス停じゃないところでも、手挙げてもらったら停まります

「宮城交通さんはすごいな」と思いました。みんな何かしら自分たちができることをする、っていう意識がすごかったと思うんです。バスも本数は少ないけど、でもなんとか走らせようってことをやっておられてね。それで「用事があったら手挙げて下さいね」って。「バスは停まりますから」って。「何か聞きたいことがあったら遠慮なく言ってくださいね」って、「バス停じゃないところでも手挙げてもらったら、バス停まりますから」って。「こういう時ですから」ってね、宮交の運転手さんが言ってくれたんです。宮城交通でも実は行方不明になってる方もいるし、それから家族と連絡がつかないようなこともあるし、それから燃料が少ない中でなんとかやってるのでって。だけどまあそれもみなさん一緒でしょうから、がんばりましょうって言いながらね。そういう風にやってて、それからはね、宮城交通のバスで僕はずっと泉（仙台市泉区）から通ってました。それまでバス乗ったことなかったんですよね、実は。(泉区から中心市街地まで）約一時間かかるのね。だけど乗ってみたら、あぁなるほど、悪くねぇなバスもって思ったんですけどね。【ミドリ薬局】

地上ほど揺れない地下でも

地下鉄は緊急地震警報が鳴るようになっていまして、その後に揺れがありまして、そのあともずっと警報は鳴っていました。警報の音は、昔はサイレンだったですけど、今は音声ガイダンスになっています。「地震です！地震です！」と流れて「ギュンギュンギュン」という音が流れます。

地震発生当時、本線には一〇列車、一〇本の列車が走っていました。地下鉄は地震警報を受信できるようになっていて、指令センターというところがあるんですけれども、そこで警報が受信さ

れると、自動で停車するように信号が入るんです。震災当時は勾当台公園駅から泉中央駅までの八駅を統括した管区の駅長をしていまして、勾当台公園駅の改札奥の執務室にいました。

一〇本のうち八本はちょうど駅に着いていたので、運転士がドアを開けて、お客さまに避難してもらいました。でも二本だけ、駅と駅の間に止まってしまった列車がありました。その二本に関しては、隣の駅から駅務員が駆けつけまして、列車の運転士と協力して、お客様が線路の上を歩いて避難できるように誘導しました。両方とも、泉中央駅に向かって北に行く「北行列車」の列車でした。一本は、長町南と長町間、もう一本は、愛宕橋と五橋の間でした。一般の駅にいるのは二名なんですが、勾当台の駅には一〇名くらいおりました。

特にお客さまにパニックはなかったですね。冷静ではいられなかったでしょうけれども。時間帯も時間帯でしたし、比較的お客さまは落ち着いておられましたね。それはね、地下鉄特有なものだと思いますよ。まわりの建物がぐらぐら揺れたり、落ちたりとかがありませんし、車も見えませんので。地下っていうのは、体験することがなかなかないでしょうけれども、地上ほど揺れないんですよ。駅務員は勤務中だったから、地震の揺れを知らないで、(揺れの大きさを)後でニュースで知るってことが日常的にありますね。ですが(二〇一一年の)震災の揺れは地下にいても恐怖を感じるほど大きく、お客さまには駅務員の指示を待たずにご自分で避難された方もいました。結果的にはおかげさまで、駅務員にも、お客様にもけがはなかったんです。

さっそうと"百万人の足"

全国で9番目　仙台市地下鉄が開業

南北両駅で出発式

待ちわびた市民行列

[illegible]

開業初日からラッシュ時は大変な混雑―長町南駅

幾多の難関を乗り越えて開業を迎えた十五日、南北の起点である富沢、八乙女両駅で午前五時半から一番電車の出発式がおこなわれた。この日は両駅とも乗車券発売開始前から開業を待ちわびた市民が詰め掛け、長い行列ができた。

富沢駅では、初めに石井仙台市長が「地下鉄の開業は仙台の歴史に残る画期的な出来事。市民生活の利便性が向上し、地域経済にも新風を送り込む。大いに利用されることを期待する」とあいさつした。

続いて、五月二十九日からテントに泊まり込み、一番乗りを果たした東北大・動く台の藤原賢さん(二二)に石井市長が自筆の色紙と記念品を贈呈。ミス仙台から富樫光明仙台管区駅長(五〇)と一番電車の羽田勝好運転士(三七)に花束が贈られ、石井市長、高沢市議会議長らがテープカットした。

一方、八乙女駅の出発式では、鈴木泉市長が「これだけ大勢の人が早朝から集まったことは、市民の喜びの表れ。今後は、未来への限りない夢を乗せた地下鉄の安全、快適な運行を願うとともに、より多くの市民が末永く愛し、利用することを期待したい」とあいさつした。

一番電車はダイヤ通り、午前五時四十五分に両駅を出発した。このうち、八乙女駅発の電車は早朝にもかかわらず、まるでラッシュ時並みの混雑。地上走行区間が多い旭ケ丘駅までの沿線では、走行中の電車に向けてカメラを構えたり、一家総出で乗客に手を振る住民の姿も見られた。

富沢から北の泉市八乙女までの一三・五九キロ、十六駅を二十七分で結ぶ。運転時間は始発が午前五時四十五分、終発が午後十一時十七分。運転間隔は朝のラッシュ時が四分、夕方が五、六分、昼間でも六、七分という短さ。通勤通学の動脈としてはもちろん、市民の日常生活の貴重な足としての役割も期待され、仙台市交通局は一日二十二万五千人の利用を見込んでいる。

【昭和 62 年 7 月 15 日河北新報】

お客さまの全くいない駅

地下鉄って端から端まで一四キロくらいですから、歩こうと思えば歩けるんですね。ですから、帰れなくてお困りになるお客さまは、地下鉄の構内にはおられませんでした。

私の当日の帰宅は全て点検が終わってからで、二四時過ぎだったと思います。仙台市営地下鉄の駅務員は、警察や消防と一緒で、翌日から駅務員徒歩で通勤でしたね。でも地下鉄は二日後から動き出したんです。（北側終着駅の泉中央駅ではなく）台原（駅）から。そして市営地下鉄で台原（駅）までシャトルバスを出していたので、それに乗って。それ以前はみんな歩いて勾当台公園まで通っていました。

我々（仙台市）の仕事は、市役所全体がそうですけど、非常招集があって、天災などが起こったときには、職場に駆けつけると決まりになっているんです。そのレベルによって全員とか、定められています。三月一一日の震災の時もそうでした。みんなが駆けつけて、そのあとの勤務に備えました。特に連絡がなくても、みんな自主的に出勤することになってます。

印象に残っていることは、一つあります。ＪＲの職員さんも言っていますけれど、お客さまの全くいなくなった駅を見て非常にさみしく思ったことです。普段、駅って人がいっぱいいるじゃないですか。それが、列車が動かなくなると、廃墟みたいに人がいなくなってしまって。やっぱり、お客さまがいないのはとてもさみしかったなということです。多くの人に利用していただいて、元気のいい駅がいいと、改めて思いました。それから、うちの職員が喜んだんですけれど、（不通区間を）毎日シャトルバスを運行して、さっき言ったように駅にたくさんのお客さまが並んで、それを整理していたんです。そうしたら、明日から地下鉄の運行再開だって日（四月二八日）に、女性のお客さまから「今日まで本当にありがとうございました」ってお礼を言われたそうなんです。言われた職員もとっても喜んじゃって。私も、皆さんにとって大事な地下鉄なんだなと。これからも一生懸命、やっていこうと思うきっかけになりました。【仙台市営地下鉄】

バスを空で仙台に向かわせました

震災の日は山形の本社（山形交通バス）も停電だったんですね。でもバスにはバッテリーがありましたので、バスから電源をひいて、携帯の充電をしたりしました。そして貸切バスにはテレビもあるので、いろいろと報道を見ながら状況把握をしていました。最終的にうち（山形交通バス）の路線バスとは、当日（三月一一日）の一九時半ぐらいには連絡がとれたんです。各地にいっていた貸し切りバスとも最終的に無線で確認がとれたのは午前三時くらいだったと思います。

次の日のバスは全線運休という形で、山形市内に貼り紙でお知らせしていたんですけども、相当な数の方々が仙台山形線のバスを待っているようだという情報が入ってきました。例えば、私の知り合いがたまたま仙台にいて、「山形に帰る手段がない」というメールがきたり、その他にもバスの再開の声がだいぶ聞こえてきましたので、再開できる状況なのかどうか、それを確認しました。それで翌日の夜、山形の車両、三台を空で回送させました。高速道路はダメだったので、四八号線経由でこっちにきて仙台でお客様を拾っていったんです。

乗務員が集められなくて、とにかく出せるだけだそうということで三台を仙台に出したんですけども、予想外の人が溢れかえりまして、クレームの電話を多数いただいてますね。翌日の午前中で山形の本社は停電が解除になったんですけれども、その段階でバスの問い合わせがひっきりなしにきていました。いろんな旅行会社さんが「こっちまでバスを持ってきてくれないか」とか、製薬会社さんとか、あと大使館ですとか。「バスの準備ができないか」と、問い合わせがかなりきました。ただうちとしては一番の大動脈の仙台山形線の再開にまずは回したいということで、そういった貸し切りの受注に対応できないということで、山形の別会社さんを紹介したりして対応していました。

夕方に仙台山形線を再開したのですが、なにしろ台数が三台ですし乗務員の確保ができなかったので、結果として大変な数の人が混乱していました。「再開した」ということで駅に集まってきたらしく、ほとんどの人が乗れなかったということで相当な数のクレームをいただきました。その後、山形からなんとか二台追加して回送させたんですけれども、着く頃にはお客さまがもう散ってしまっていなかったんです。多分二二時を過ぎていたと思いますけども、お客様は乗り場からいなくなっていて。実はこの二台は無駄にしてしまったということになりました。

この辺りのお客様に対するこう、案内とかですね、増発便の乗客整理とか、こちらの人間でできる状況ではなかったので。そこはもうちょっと上手くできていればなと、思っています。運行再開の情報がおそらく宮城県庁からでしたか、いったんですけれども、その情報を聞いた方々がドッと押し寄せてしまったんです。我々の想定以上の人が来てしまったという状況がありました。

それで次の日の朝、宮城交通さんも入って一二日の朝から再開したんですけれども、その時には本来であれば定時の時間で出す予定が、すでに県庁前で始発の便に四〇〇人ぐらい並んでいたと。整理も「宮城交通さんがされていた」という情報が乗務員から入ったものですから、当社としてもできる限り増発するということで、バスを空で仙台に向かわせたということですね。これが一三日の朝、午前中の話ですね。

山形から仙台への需要はなかったというか、問い合わせはありましたが、満席になることも当然ないだろうと。まずはとにかく途中で止まって行くよりも、なるだけ早く空でバスを送りました。仙台には相当な人がたまっているという話がありましたので。とにかく出せる分だけのバスを仙台発で出すということやりましたね。

あやしくなってきた燃料

山交バスの各営業所には軽油の地下タンクがありますので、この段階では確認をしないままとにかくバスを出そうということでした。ところが途中からですね、ちょっと怪しくなってきたんですね。最初はそんなに油がこないってことを想定していなかったようですね、自社タンクがあるし、まあなんとかなるだろうという甘い考えで。でもバスの軽油タンクより先に、社員の通勤のためのガソリンが確保できなくなってきて、ドライバーが出社できない状況になりました。それが一四日以降。ガソリンが並ばないと確保できなくなってきて。結構遠くから車で出勤する社員ばかりでしたので。ドライバーが確保できそうにないということで、ちょっと慌て始めまして。取引している業者さんにも相談はしたんですけども、ちょっと厳しいと。山交（山形交通）の社員だけに油をやるわけにはいかないと。

それで社員が帰るときには、一台でまとまって帰るとか、会社の車を貸して帰ってもらうとかいろいろしたんですけども。ちょっとこのままでは大変だということで、山形県にお願いをして「こういう公共交通なのでなんとか燃料の確保を優先的にしてもらえないか」と話をしました。それでなんとか新潟経由でうちの会社の方にもらえそうだという目処が立ちました。一四日あたりはもうカツカツで、一番厳しい状況だったと思いますね。

とにかく仙台から出たい

三月の一三日は四〇〇人ぐらいが県庁前に並んだという話ですけども、一四日は朝から一〇〇〇人近く並んでたということでした。ですから山形仙台線を最優先でなんとかしないとダメだろうと判断したんですけれども。ですがうちとしてもそこの分析が甘くて、山形に来てそこから先のことを考えてなかったんです（笑）山形には来たけれども、乗った人は「とにかく仙台から出たい」っていう。そして唯一出られたのが山形行きのバスでした。

一二日の夜とか一三日に殺到したのは山形に行きたい人なんです。一三日よりも一四日に一〇〇〇人朝から並んだっていうのは、山形に行きたい人に加えて「とにかく仙台から脱出したい」って人がダーっと膨れあがったからだったんです。もう海外の人から、東京や関西から来ていた人、とにかく仙台からなんらかの形で出たいので、出られるのは山形しかないという状況で、人が溢れかえった。ですから山形に着いてからのプランがなかった人が半分以上いました。

山形から鶴岡酒田に行って、そして庄内空港があるって考えた人と、新潟に行って新幹線で帰るって考えた人とがほとんどで、とにかく仙台からきたけれども、「ここからどうやってどっかに行けるの」っていう状況になって、うちの山交ビルや山形駅にものすごい人が溢れてしまったんです。増便までして運んできた人が、山形から今度は出る手段がないわけですよ。そこが我々もわかっていなくて、いざ運んでみたら「ここから新潟どうやって行くの」って。山形新潟間のバスは予約制で、一日に二往復しかしていないんです。でもそこに何百人もきて、鶴岡酒田までもバスは一時間に一本しかなかったんですが、そこにまた何百人と相当な数の人が溜まってしまいました。ですから今度は、うちからも増便をしたんですが、庄内交通さんや新潟交通さんにもお願いをして運行しました。あちらも当然油がどうなるかわからない状況でここに来ていただいて、おかげさまで一四日の午前中の混乱がだんだんと柔いでいったという感じでした。

あとは山形空港に向かいたい人たちもおられました。「空港へどうやって行ったらいいんですか」と。かなり混乱はしましたね。乗る人も外国人や県外の人、ビジネスの方、ご家族連れ、学生さんですね。避難というか、実家に帰りたいという方、まああらゆる方ですね。山形空港は規模が小さいので、利用者も少ないんです。ですからジャンボでしか行けなかったですね。路線バスも運行してませんでしたし、JRで行くという手もありましたけど、そこからさらにタクシーに乗り換えないといけませんので、山形からタクシーで行った人も多かったと思います。最初は空港に行っても便数がそもそも少ないので、一三、一四日あたりは関西方面に行く飛行機を待つしかなかったはずです。徐々に山形空港が拠点空港として使えるようになっていったんですけれども、最初は全然そうではなかったので。結局かなりの数の人が空港で寝泊まりしていたと思います。ピークは一四日で、一五日からは少し落ち着いています。やはり山形空港の発着便が増えたり、鶴岡酒田新潟行きのバスも安定的に増便したりして。そしてお客さまも変わっていきました。

今度は仙台に行きたいという人

一四日以降、今度は仙台から脱出する人だけじゃなくて、仙台

青森⟷浦和 7時間半

東北自動車道が全通

信号なし675キロ

十和田―碇ヶ関間 最後の難所開通

あすの東北の新たな発展を約束する東北自動車道は三十日午前十時、浦和―青森間の全線が開通した。これまで唯一未開通区間だった秋田、青森県境の十和田―碇ケ関（二八・一キロ）がこの日から通行可能となり、全線六七四・七キロの日本一長い自動車道が完全に一本につながった。開通式は秋田側の小坂パーキングエリア近くの本線上で、関係者八百人が参加して行われた。ファンファーレが響き、天野建設相、宮繁日本道路公団総裁、宮城、秋田、青森の三県知事らが祝いのテープカットをした。同時に大きなくす玉が割られ、紙吹雪が舞った。続いてパトカーを先導に三百五十台の車両が深緑の坂梨峠を目指してスピードを上げていった。

開通式は紅白のテープにハサミを入れるだけの至って簡素なもの。わずか五分余りの短い時間だが、式典に参列した約八百人の胸にはさまざまな思いが交錯した。土地を譲った側、建設に当たった側、この日を一日千秋の思いで待った地元…。通り初め、天野建設相の車が走り出すと盛んな拍手が沸いた。

式典の後、天野建設相は「東北自動車道の全通は東北の大きな力になる」と語り、北村青森県知事は「待ちに待った二十年来の事業が完成し感動的だ。これが青森県の産業の高度化をもたらし、観光面も大いに促進される」と期待を述べた。自動車道建設の世話役を務めた東北地区期成同盟会長の山本宮城県知事も「東北に待望の太い道ができて感無量。これからの東北は大いに発展するだろう」と喜びを語った。

開通祝賀会は午前十一時二十分から青森県大鰐町の大鰐中学校体育館で開かれた。

十和田―碇ケ関間は秋田、青森県境に立ちはだかる坂梨峠へ挑む道。このため区間二八・一キロには、トンネルが合わせて五・八キロ、橋が二・一キロもあって変化に富み景観も楽しめる。坂梨トンネルは西・二六三三キロと東北自動車道では最も長い。

一般の通行には午後三時から開放された。十和田インター下り線、碇ケ関インター上り線には開通前から数十台が列を作った。十和田側、碇ケ関側とも一番乗りは千葉市と

開通を祝ってパレード＝十和田―碇ケ関インター間

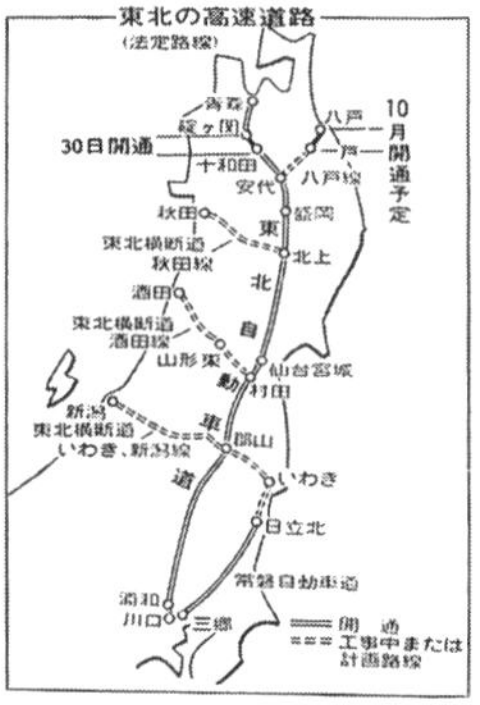

……県川口市の「マニア」だった。……「……でつながると本当に便利になりますね」と感想を語っていた。

東北自動車道は四十一年に着工、四十七年に岩槻―宇都宮間がまず開通した。東北では四十八年十一月の白河―郡山、白石―仙台南が通ったのが最初。その後、年ごとに北へ延びていった。総工費は一兆二百億円、一キロ当たりの平均は約十五億円に及んでいる。浦和―青森間の全線通行により首都圏と青森は約七時間半で結ばれることになった。

式典には自動車道用地を提供した地権者約百人も出席した。その一人、小坂町の安保健太郎さん（　）は「待ちに待った開通です。青森市や盛岡市へ行くにしても便利になると思います。田んぼを提供したかいがありました」とこれまでの思い出をたどりながら喜びを語った。

昭和61年7月30日夕刊

このころ

ケヤキ並木に光のドレス

壮大な光のクリスマスツリーが、冬の街を金色に染めた―。「SENDAI光のページェント」が十二日夕、仙台市定禅寺通、青葉通で開幕し、杜（もり）の都のシンボル、ケヤキ並木に総延長二キロにわたって三十万個のイルミネーションがともされた。

昭和61年12月13日

165

【昭和 61 年 7 月 30 日河北新報】

に例えば親戚がいるとか、家族がいるとか、他県や山形からも、食料や荷物を持って、仙台行きのバスに乗りたいという人がだんだん増えてきました。状況は毎日、時間帯に合わせてめまぐるしく変わっていきました。当初乗っていた人は旅行者や外国人、奥さんと子どもさんは仙台にいて、お父さんは一人残るという避難者であったり、山形出身者、というところだったです。それがだんだんと山形から家族、親せき、知人に持っていってあげたいものがあるとか、買い出しをしてきたという人たちとか。そういうものすごい荷物を持っていく人や、ボランティアの人も徐々に増えていきました。我々も仙台にきて、荷物をトランクに入れたり、人の整理なんかをしましたけれども、本当に毎日お客さんが変わっていきました。

ですから案内なんかも、もうちょっと変えていく必要があったというのが反省としてありまして。いろんなお客様に合わせてきめ細やかに案内できていれば、随分と不安を抱かせないで済んだのかなと思います。【山交バス】

タクシーから見た街

私は丁度赤信号で止まっていた時に地震があって、信号が変わって左に寄せて止まっていました。南町通りの一番町、あのへんにおりました。ビルがね、揺れるのがわかりますから。小さいビルなんかは本当にこうユラユラユラユラって揺れてる。怖かったのは、あのビルがね、揺れるたんびに軋むんですよ。キシキシみたいなミシミシみたいな異様な音。だから当時、運転席の下に座布団を敷いて運転していたんで、上からなにか落ちてきても怪我しないように、それをフロントガラスに置いて様子を伺っていました。

ビルのガラスが割れて、道路側に落ちてきたり、あとは人が悲鳴あげて道路にでてきたり、歩道に人が溢れている状況になってまあ車もねえ、丁度街中ですごい交通量も多い。そのあと雪が降ってきて本当に寒くて、車の量がすごく多くて、ましてや信号が全部止まっている状況だったので、その交差点で車の交差が難しい、うん、ちょっと進んだら止まってくれるかな、行けるかな止まってくれるかなって、お互いそうなんですよね。そういう車がひしめきあっていたので、中心部は。

まもなくお客さんがタクシーに乗ってこられて、お客さんは行先が緑ヶ丘って仙台のちょっと西、南西のほうまで行ってくださいってことでした。なんとかお客さんを乗せて走り出したのはいいんですけど、その時点で信号が停電で消えちゃってたんですね。まあ、道中お客さんと話しながら、なんとか、お客さんの自宅まで向かいました。お客さんは「自分ん家は多分石垣の上だからダメだろうな」って話されていて、そうしたら案の定、お客さん家の石垣が崩れていて、家はもう斜めになってる。ちょうど買い物を終わって帰るってときに地震にあったようです。もう後ろからちょっと押せば落ちてしまいそうなぐらい、本当にひどい状況でした。車を止めてお客さんを降ろした時に、近所の方が「もうダメだよ、家に入れないから」って言っておられたのが聞こえました。

その日は会社に泊まりました。何か運転手さんから連絡なり情報なり入った時に、ここに誰もいないとまずいですので。社長も私も、その日は夜通し残っていました。建物には人が入れる状況じゃなかったので、車の中で交代で仮眠しながら夜を過ごしましたね。車のエンジンをつけっぱなしにして、ヒーターをつけて温かくして。そうしたら四五号線あたりは、家に帰れない人たちの通行が結構多くて、その人たちがこの車のライトで明るくしていたもんだから「なんか飲み物ないですか」とか「なんか食べ物ないですか」って尋ねてくる。だから水をペットボトルに貯めたやつを「どうぞ」って差し上げましたね。我々ももう食べるものがなかったので食べ物はちょっと渡せなかったんですが。「どこまで帰るんですか」っていったら「塩釜まで帰りたいんですけど、もう帰る手段がなくて今歩いて帰るところなんです」っていう人たちだったね。

燃料の入ったタクシーから営業

やっぱりこういった状況で困っている人もたくさんいるだろうなということで、震災の翌日から「仕事します」ってでてきた運転手さんたちが結構いました。うちはなんとか誰も怪我をせずに、無事だったという状況がありましたから。

ところが問題は燃料。そもそも大元のガスを持ってくるローリーがスタンドに着かない。一〇リッターとか「ある分だけしか入れられないよ」って聞いて、「よし、んじゃいれに行こう」ってスタンドに行きました。

最初は「使うには危険だ」ということで、スタンドの給油そのものにストップかかりました。だからうちに今全部で小型タクシーが一〇八台あるんですけれども、とにかく動かそうとした時は、タクシー車両の燃料をまず全部見ました。まだ燃料が残っている車両から出そうってことで、営業を始めたんですよ。ですから燃料の入っていない車はそのままここに停めていました。そのうち燃料もなくなってくるので、スタンドの方と連絡を取り合って「ガスの補給は、いつだったらなんとかできますよ」っていう時期に合わせて動くようにしました。

それこそ朝五時ぐらいから、乗務員全員で燃料がほとんど空のタクシーを補充するためにスタンドに行ってまた戻ってきて、また行って、を繰り返しました。それでも満タンに入れてもらったわけではないから、一〇リッターくらいずつだったんですけど。あとは我々が交代で毎日ここの会社に泊まっていると、車の中しか居場所がなかったので、寒いからエンジンをつけたままの状況だったんです。やっぱり燃料を食ってしまうので、なるべくつけたりとめたりの繰り返しで長くもたせていました。

スタンドには車が本当に並びました。一台入れるのに、下手すると一時間ぐらいかかりましたから。もうだーっとタクシー。燃料補給待ちのタクシー。あの時は車の燃料を確保するのにものすごい時間と労力が必要でした。我々の通勤する自家用のガソリンですら「うわあもうないどうしよう」っていう状況でしたから。

会社まで近い人は歩いてきました。あとは自転車。ただ運よくなんとかかんとか、ガソリンも他のところに比べると恵まれていました。

それでも我々のところの運転手が走っていて、たまたま長距離のお客さんが乗ってこられて、「燃料これしかないから行けません」っていうことがあったと思います。燃料の残量を計算して、まあ往復で二〇〇キロぐらいまでなら走れるか走れないかというところ。空になってガス欠したら大変なので、それで「ちょっとごめんなさい」って言って。お客さんによっては「それならまた乗り換えなきゃならないからいいです」って、別の手段を考えますっていうのは中にはありました。

だから震災翌日から利用される方はいっぱいいましたよ。みんな足がないじゃないですか。なのでとにかく行けるところまでいってくれと、道路も地震で結構、あちこちで段差ができたり、寸断されてもう通れない所もいっぱいあったので。目的地までなかなかね、行くっていうのは難しいエリアもあったんですけども、行けるところまで動いたっていうのはありました。一ヶ月ぐらい経ったあたりでガスの供給は結構通常にできるようになったような気がします。

「なんとか行ってもらえないですか」

当時一番多かったのは、やっぱり多賀城、塩釜方面（仙台市の北側の沿岸地域）。行けないんですよ、もう津波で道路が被害にあって。行けないんですけど、市内に取り残された人でそっちに家があったり、家族がいたりっていう人が結構多くて。「なんとか行ってもらえないですか」っていうお客さんが多かったですね。行けるところまでは行きました。四五号線だったり、利府街道だったり、東方面に行けるところまで行って、お客さんに「ここまでしか行けません」って伝えたり。

そういえばうちも、津波でタクシーが一台流されたんですよ。お客さんを多賀城塩釜方面に連れていく途中で地震にあって、もうあっという間に津波に呑まれちゃって。ぷかぷかと営業車が浮かんでいるところを、自衛隊の人に発見されて。なんとか命ね、救われたんですよ。車から引っ張りだされて、なんとか命からがら助かったって。車にいて津波で亡くなられた方って、流されてから完全に水の中に沈む状況になって命を失われてますよね。でも沈む前だったからね。まだ空気が車に残ってて、浮いてる状態だったからよかった。そのまま水が入ってきて沈んだら、ドアは開けられないし、見つけられるっていうのはまず不可能ですから。本当に運よく、本当に九死に一生を得たようです。お客さんを「ここまでしか行けません」って降ろした後に間もなく、津波がきた。

山形空港までの往復

タクシー会社も仙台に五〇社程度あるんですけれども、どこの会社もすべて動けた状態ではありませんでした。それこそ津波だったり、地震の被害で完全に営業ができなくなっている会社もありましたから。ですから動けた会社にお客さんが殺到したという状況があったと思いますね。遠距離のお客さんも多かったです。県外とか山形空港。仙台空港が使えなくなりましたから、山形空港から東京や羽田に行く人とか。あとは東北新幹線が西那須野から東京まで動いてましたので、仙台から西那須野までとか。

山形空港に羽田から定時便が出るようになって、うちとは限らず市内のタクシーが結構頻繁に行っていました。走っているとも う、戻ってくるタクシーにいっぱいすれ違いました。それで山形には東京からくるお客さんを待ってる仙台のタクシーもいましたし。四八号線は通れたので、唯一仙台に来るルートはもう、羽田から山形空港、山形から四八号線で仙台に入ると。こういうルートしかなかったんですよ。やっぱり街ん中走ってたら「山形空港まで行けますか」って。震災の翌週ぐらいだから一六日か一七日、そのあたりです。

まあ新幹線が使えればよかったんですよね。例えば出張で仙台に入ってて、帰りのもう足がないと。新幹線もないのでそうなるともう車か飛行機しか手段がないので、なんかね、えらい遠くまで乗せて行ったのが一、二件ありましたね。むこうに戻らなくちゃいけないので、なんとしても戻るってことで。タクシーしかないということで、六、七名乗ってこられたお客さんがいましたね。

震災がちょっと落ち着いてからですけど、石巻の日赤病院まで応援のお医者さんにジャンボタクシーは使ってもらっていました。

結構頻繁に使ってもらってましたね。お医者さんを必要としているところに協力ってことで、こっちから現地にお医者さんだったり看護師さんだったりを派遣していたようです。その搬送にジャンボをかなり頻繁に利用してもらいました。

一グループ送って、最初の先発隊を今度は乗せて戻ってきて、また行っての繰り返しです。一〇日ぐらいすると、また別のグループが来られて交替して、先にいたお医者さんたちがまた戻る、と。

タクシーは走れるっちゃ、走れる

被災地にも昔の面影がなくなっちゃいましたけどね。いいことではある反面ね、同時に風化されてくる現状もあるでしょうね。再びこういう震災が起きなければいいんですけれども、もしまた起きた時に、昔の記憶が全くなってしまえば、また同じこと、悲惨なことを繰り返すことになってしまいます。

今回のことをうけて、例えば今まで準備してなかった非常用電源も導入して、電気が使えなくなっても非常時に使えるようにしました。あとは車（タクシー）を置いているところもきっちり整備して、まあ地盤は比較的緩いんですけれども、前よりは強度を強くしました。あとは非常食。今回食べ物とか飲み物について、すごく苦労したわけですよね。今回のことがあってからは蓄えるようにしました。真空パックのご飯と、あと缶詰。あとは水をペットボトルで二リットルの一、二ケース準備していますね。置き場所も一箇所にせずに分けています。もしそこが潰れて食べられない、飲めないっていう状況になったらまずいので。あとは細かいところでいうと、水浸しになった時に備えて生地の厚いカッパだったり、長靴だったりを買って準備しましたね。

やっぱり、考えざるをえないですからね。千年に一度とかっていってますけども、それがもしかしたらね、二年後三年後にもしかするとくるかもしれない。その時にまた同じよことを繰り返さないように、しっかり自分の身の回りで準備できることだけですけどね、まあ準備しておこうと。

もちろん我々はタクシー業なので、お客さんを乗せて目的地から目的地までお連れする仕事です。今回も震災が起きた後、当然利用される方がいっぱいおられました。でもそれに一〇〇パーセント対応できたかというと、一〇〇パーセントではなかったかなと。そういう思いも強いので、まあできる限りお客様の要望を叶えられるように、常日頃から備えなければいけません。営業車の燃料もそうですし、普段の運行業も万全にできるように努めたいなと思います。頼るところ、最終的にはタクシーっていうのが結構多いんですよ。バス電車も動かないっていうと、タクシーの場合、車なので、潰れてぺしゃんこになるのはよっぽどの場合ですから。走れるっちゃ走れる状況にあるので、そういったところではなるべくお客様の役に立てるような状況でやりたいなと、いうのが正直なところです。【仙南タクシー】

東奔西走の福祉タクシー

フタバタクシーは普通のタクシーだけではないんですね。だいたい五〇年くらい前から、寝台車といってストレッチャーを使って寝たきりの方の移動をお手伝いする会社でしたので、それが基本になっているんですね。それに付随して、車椅子ごと乗れるタクシーとか、子育てタクシー、介護タクシーのような福祉タクシーということで、色々と移動制約者の方にタクシーを提供しているんですね。例えば車椅子の方が外出するとき、病院に行ったりお買い物に行ったり、普通のタクシーではなかなか乗せ切れないんですね。ドアの開く幅がどうしても狭いので。ですから後ろからドアが開いて、そこから乗り込めるタクシーがあるんですね。車椅子ごと車に乗れますので、ご本人様にも負担は少ないのかなって思いますね。この会社では福祉タクシーのタクシーが半分くらい、普通のタクシーが半分くらいなので、割合としたら他のタクシー会社さんより福祉タクシーが多いですね。多分うちより多いところはないでしょうね。

普通はタクシーと介護タクシーの比率が六対四くらいなんです。あるいは半分くらい。うちはタクシーが普通の会社と比べて台数も少ないですので、行き先は市内中心になりますね。介護タクシーの利用は市内の病院関係がほとんどです。通院とか退院の送迎になります。震災後はですね、特に交通手段がなかったものですから、山形とか東京の方とか、気仙沼とか、いろんな方面に行きました。介護タクシーとか寝台車ですね。

急に退院とか転院ということで、いろんな病院から連絡は頂きましたね。したね。突発的な要請もありましたね。東京へ転院のために、長距離の依頼もありました。高速道路が使えた時もあれば、使えない時もありましたね。そういう時は四号線を利用しました。六号線も（原発事故で）ダメでしたからね。

あとは損保会社さんから、災害の査定のための依頼がありました。どのくらい被害があったのか検証するために、損保会社さんから派遣されて貸切でまわったこともありました。二ヶ月ほど続きましたね。

乗務員が通勤するためのガソリンの確保も厳しかったんですよね。出勤できないから休ませてくださいっていう社員も中にはいました。やっぱり勤務時間外に、自分でガソリンを確保しなきゃいけませんので。燃料がなくて勤務できないという状況もありました。

ご遺体も山形へ

こちらでは亡くなった方のご遺体の搬送も承っているんですね。仙台市内では（ガスが止まって）火葬ができませんでしたので、他県の山形なんかで火葬される方が多かったんです。仙台からご遺体を山形に持って行って、火葬される方が多かったです。普通の寝台車とは別に、遺体を運ぶ車両があるんですよ。やはり震災後、ご遺体はものすごい数になりました。ご遺体の搬送は病院からです。あとは仮安置所もあの時ありましたので、そこから他県の火葬場、斎場の方に搬送する形でしたね。依頼は自治体からではなくて、葬儀屋さんからですね。他の業者さんは葬儀屋さん自体がやっていますから、タクシー会社で遺体を運ぶのは仙台市ではうちだけなんじゃないでしょうか。ですからご遺体の搬送は本当にたくさんお引き受けしました。普段ですと、たとえば月に十数件なんですけれども、当時は三〇件、四〇件ありましたね。普段の三、四倍あったように記憶しています。【フタバタクシー】

大使館の動きはすごかった

印象に残っているのは、大使館の動き。大変だったのよ、各国の大使館が自国民を避難させるために。たとえば、マレーシアだったかな、東北大の留学生の寮があるんだけど、大使館の車が横付けされていて、留学生を連れて帰るところだったりとか。アメリカはバスを何台も用意していたし、中国は二回か三回にわたってバスを出しているし。

やはり、福島第一原発のことが大きかったと思う。アメリカの例だけど、当時は緊急車両は東北道を通ることができたんです。でも本国からの指示で原発から一〇〇マイル以内には入れないので、東北道を通って成田には行けないって聞きました。どこを通したのかは知らないけど、成田まで行ったはず。

アメリカ大使館は、国際センターにデスクを置かせてくれということだったので、そんな話も聞けたのですね。それから英連邦のカナダとニュージーランドとオーストラリアかな、共同でホテルにデスクを置いたそうです。そうそう、大使館直接ではないですが、ドイツも日独協会が仲立ちをして最終的に国際センターに集合させてバスで送り出していましたし。

大使館の動きはすごかったですよ。大きな事故が起きれば、大使館は動きますよね。逆を考えれば、日本の大使館も「飛行機が落ちた」となればすぐに対応するでしょ、日本人が乗っているかどうかって。それをやっているわけです。

宗教というネットワーク

やはりイスラムの方だと食事と礼拝のことで違いが大きいというか。防災訓練でも炊き出しの時は、ハラールっていうイスラムの方でも食べていい食材で作ったりして、日本人の参加者の方にも食べていただいたりしているんですが、訓練の時もそうでしたけど、あんまり気にしないというイスラムの方もいるし、そうでない方もいて様々で。「食べないと命が危険になる」と言う場合は食べていいとか、個人でいろんな戒律の守り方があるようなので、それもコミュニケーションの問題かもしれませんね。礼拝の場所の確保が大変だったとは聞きました。でも、それが問題になったというよりも、礼拝の場所をあけてあげることに日本人が配慮してくれた、というもので。

私たちのほうでも、イスラムの方向けのハラールのご飯を準備したりしたんですが、それを持っていったら、やっぱり宗教のネットワークは素晴らしくて、仙台のモスクに世界中から物資が届いていました。建物の中に入りきらない状態になっていて。それをもとに沿岸部に炊き出しに行かれたりもしていました。イスラム教の他にも、東京のキリスト教会が沿岸部から避難してきたキリスト教徒のお世話に当たっておられました。他の宗教もそうなのかもしれませんが、イスラム教もキリスト教も、宗教のネットワークは素晴らしかったです。宗教が違うことの戸惑いよりも、それぞれの宗教が運んでくる支援に驚かされたことの方が、遥かに大きいかもしれませんね。

避難所に足を運ぶしかない

外国の公官庁からの問い合わせと、外国のマスコミ対応は（仙台市の）国際センターの仕事なので、安否確認の照会にもできるだけ対応しようと。　でも留学生はある程度把握できても、それ以外の方たちの所在がなかなか把握できない。ですからとにかく「市内のあそこにいるんじゃないか」という避難所に足を運ぶしかないのね。「避難生活の中で言葉に困ったら国際センターに問い合わせてください」ということを徹底的に呼びかけるには、避難所に足を運ぶしかないのよ。

だから、避難所回りもしたし、そんなときとても頼りになったのが、留学生。あるキリスト教徒の韓国人の留学生は、普段通っている教会の日本人がすごくがんばっていたからということで、親からは「帰ってこい」といわれていたけど「帰らないでがんばる」ということで、教会と国際センターと韓国領事館と、一ヶ月くらい三箇所を毎日行き来してがんばっていましたね。

情報提供については、学生だったらインターネットでアクセスしてくるだろうということで、ホームページをリアルタイムでどんどん更新したり。それも翻訳が間に合わないから、他の地域の同じような協会に翻訳してもらったのをアップするとか。あとの方では体制ができて、リンクを貼れば対応できるようにして。特に原発の情報なんかだと全国組織で対応して。

もとからそういう横の繋がりがあって。財団の人たちは専門職的になっているから、それなりに顔もつながっているし、仙台市でも中越地震の時には応援に行っています。都道府県と大体の政令指定都市には国際センターのような組織があります。それを束ねる自治体国際化協会というものもあるので、横のつながりは比較的つくりやすい組織だと思いますね。【財団法人仙台国際交流協会】

国境を越えた再会

宿泊のお客様のなかに外国人の大学教授のご夫妻がおられて、英語を話すスタッフが不安にさせないようになるだけ付き添って誘導していました。その方が帰国したかったのですが、東京にいく足がなかったんです。ですからいったん山形に向かわれて、そこから東京に行って無事に帰られたということがありました。その日は先ほどの話でもあったようにエスパルの地下で過ごされて。そして翌日山形に移動されました。外国ということで、ちょっとそんなご苦労をなさった方がいらっしゃったんです。そうしたら一年半後くらいに、お仕事でそのご夫妻がまたこちらに泊まっていただいたということがありました。その時のスタッフに会いたいと言ってくださって、そして当時に対応した英語を話すスタッフ二名と会うことができたんですけど。再会ですね、本当に。なんかもう奥様も涙を流されていて。そして大学の先生ということで、震災時の宮城の状況と、あとは我々がどういう対応をしたかについて本でご紹介していただいという話を聞きました。そういう本を出版をされたというお話でした。当たり前のことをしただけなんですけれども、とても嬉しかったですね。もしかしたら嫌な思い出とか怖かった記憶なんかもあったかと思うんですが、また我々のところに泊まりにきていただいたことが私は嬉しかったです。そんな思い出に残ることもありました。【メトロポリタン仙台】

闇夜に降り立った米軍

（仙台空港の復旧は）かなり時間がかかりましたね。でも滑走路の復旧自体は一ヶ月で終わりました。どうしてかというと、米

【関東大震災後に混雑する駅のようす：東京都慰霊協会提供】

軍がきてくれましたから。「トモダチ作戦」ですね。米軍はすごかったんですよ。一週間もしないうちに、滑走路上にヘリコプターで降りてきたんです。だからその付近の住民には「なんだか仙台空港が米軍に占拠されたみたい」なんて言っていた人もいましたね。ですから一時期あの空港の駐車場がある辺りに、米軍のトラックだけで五〇台以上あったかな。そしてあっという間に滑走路の瓦礫なんかを片付けちゃったんですね。すごいのが、まったく明かりのない滑走路に、米軍の飛行機がどんどん着陸してくるんです。空港側は着陸できる準備はできていないって言ったそうなんですけど、米軍側は「大丈夫です」っていって、暗視ゴーグルかなにかをつけていたのか着陸してきたんです。結局戦闘地域なんかには明かりをつけて着陸できないでしょう。だからそういう状況にも慣れているんだね。やっぱりすごいなって思いましたね。

結局四月一一日に瓦礫は一切なくなってしまいました。そして終わったらすぐに去っていきました。米軍の行動力とすばやさには、さすがだなって思いましたよ。日本の自衛隊ももちろん来ていましたよ。だけど米軍が真っ先に来て、空港を拠点に活動をしていたんです。日本の自衛隊だと、車の所有権の問題があるということで、なかなか瓦礫の撤去作業に踏み切れない事情があったようなんです。米軍はある意味、そういう問題とは関係なかったですから。「これは緊急事態だ」って津波で流された車をどんどん鷲掴みで撤去していったようなんです。自動車の所有権なんていっても、結局「塩漬け」になってしまえば、仕方がないようにも思うんですけどね。やっぱり津波に流された車でもあくまで「個人の所有物だ」って、なかなか踏み切れなかったんでしょう。

【宮城県岩沼警察署仙台空港警備派出所】

情報を止めないために

宮城県下に多数の読者を抱える新聞社として河北新報社があります。河北新報が震災後も一日も新聞を途切らせなかったことは、宮城県では有名なお話です。ときに直視がためらわれるほどの、過酷な被災地の状況が報道される一方で、普段は決して載らないような、今日明日役立つための生活関連情報も掲載されつづけました。ペットボトルに千枚通しで穴をあけて、水を少しずつ使う方法といった実用的な情報が、被災後の紙面にあったのです。

しかし停電して携帯電話やスマートフォンが使えなくなった街では、安否確認や日々の暮らしに必要な物資を手に入れるために、新聞やラジオ、テレビといったマスメディアだけではなく、いつもと異なる情報のやりとりが交わされていました。避難所や街中にあふれたのは、手書きの貼り紙やホワイトボードといった伝言板でした。

伝言板ができた

そこの出口を出てすぐ、三越の前のロッテリアに伝言板ができたりしたんですよ。「誰々、無事です」とか「どこどこにいます」とか、ずらっと貼り出していました。あとはこの近辺のお店の営業案内とかですね。「何時から何時まで営業してます」って。みんなでやりとりして、協力していました。それが出来たのは地震の二、三日後くらいかな。だいぶそういう動きは早かったと思いますよ。人が群がってるっていう感じではなかったですけど、買い物帰りの人が立ち止まって、見ていく人が多かったかな。情報を共有することって大切だなあって。それは大分役に立っていたんじゃないかな。あとは、ラジオで情報を流してましたよね。リスナーからの情報で「お店が営業してますよ」っていう案内とか。ただし、こちらからラジオ局に電話して「お店やってますよ」とかっていう風に、積極的に案内はしなかったですね。そうやって案内を出してしまうと、物流がどうなるか分からなかったですし、来てもらって物が無かったらお客さんに申し訳ないですし。確証が持てないっていう、そこらへんも次回の課題なんでしょうかね。【オーケーストア】

閉まってるお店に確認をとって、シャッターを掲示板代わりに使っていいようにしてもらっていました。紙とペンとテープとか用意して。それで逆にいろんな人が書いてるのを見て、こちらが情報をもらったりとか。不確かだと困るので、ある程度確認ができて、明らかにガセネタだったら剥がしたりもしていました。【隠空】

壁新聞からホームページへ

その時気がついたのは、消費者や市民の方に、どこで何が売ってるかっていうのを知らせるべきだなって。私あの頃そういう他の街との連携の担当をやっていましたので、何日目だろう、(地震から)四、五日目くらいから、各商店街まわって「シャッターを一日でも早く開けてください」って(伝えた)。「何の権限で言うんですか」っていう方もいたけど、「いや俺たち商人だから、ものを提供することで市民の方の不安を解消するのには役に立つよねって。それでお店の情報を我々の方で一元化しようということで。青葉区のこの辺は電気はすぐに復旧したんだよね。てことは、パソコンが使えるってことで、携帯からもアクセスできるようにして、ホームページを立ち上げましょうと。で、商工会議所の人たちと、あと四丁目にいる何人かと若い連中とで、じゃあやろうよっていうことで。私一〇日間家に帰んなかったの(笑)

あの頃ね、四丁目さんでは、立て看板出してたの。貼り紙して、壁新聞みたいにね。そして「うちの商店街のどこどこのお店は開けます」、「物は何があります」とかって壁新聞に出してたの。それで私らがやったのは「愛するドットコム」ってホームページを立ち上げたの。で、そこに情報を集めて、「街がこういう動きしてますよ」って。例えば四丁目地区に行ったらこういうお店がもう開いてますよ、あるいはなんだっけ、ドラッグストアだったらこういうのありますよ、と。こっちの方はおむつはあるけど、大人用のおむつはもうない、とか。そういう趣旨のものを作り上げた記憶はあります。その時には商工会議所の会議室を提供してもらったんです。だって皆さんみたいな学生さん集めて、ボランティアさんの手数がいりましたから。

商人は顔を見て会話する

私もね、震災まではメールも打たない男だったの。だから馬鹿にされてた。アナログって。でもあの時必要に迫られて始めた。だから今でもメールはやるけど、絵文字だのニコニコマークは出来ません(笑)でもそれはそれでスピードアップしてコミュニケーションできる手段。だからFacebookやTwitterって半分認めて半分認めてない。なんでかって、商人はこうやってお会いして顔を見て会話することで「ああ、この人はこうゆう事を伝えたいのね」って分かる。Facebook や Twitter っていうのは、顔が見えないで言いたいことだけ言う物って私は思っちゃってるから。それが本当なのか嘘なのか分からないじゃない。もちろん会って嘘言う人もいるけどね。でもあのときはアイスルドットコムっていうホームページつくって。愛する街のモラルっていう意味の。学生さんか誰かが考えたのかな。中心商店街の情報発信はここでやってますってホームページ。でも他でもそういう情報は出してましたから、我々が出す情報が全てを網羅しているわけではないんですよ。自分のエリアの中で、我々の仲間はこんなことしてますよって。それを見てご利用できる方は来てくださいと。ああゆう大混乱の時は国がやろうが市がやろうが、総理大臣がやろうが市長がやろうがね、全部は網羅できないと思います。でもそれが知恵であってね、助け合いが繋がっていって、時間と共に落ち着いていった。【クリスロード商店街振興組合】

社内会議のホワイトボード

地震後の二日目（三月一二日）から、どうやって店舗の被害を確認したり、どういう事から取り組んでいくかについて話し合いました。会社の中で災害対策本部を立ち上げましたが、もう社内では確認をしたり会議をしたりする事が出来なくてですね。外に大きなホワイトボードを何枚も置いて、そこに全ての情報をみんな書いてくと。何がどうなった、こうなったって。これは我々が社内のためにやっていたことだったんですけれども、通りすがりのお客さまも、我々の集めている情報を知りたかったんです。例えばお店がいつ営業を始めるんだとか、自分たちはご飯が食べたいんだけど、どこで買えるのかとか。そういう情報が一番知りたかったと思うんですけれども、「ダイエーさんがいつ開きます」とか、そういう情報もあったら全部そこに書いておいたんですよ。そうしたらそんな情報を、一般の方というか市民の方たちが「非常に良かった」と。そういうお話がありまして。我々が自分たちの連絡用に使っていたものだったんですが、一般の方がそれを見て安心したり、活用したりっていう形になったんです。

日頃から周りの人とコミュニケーションをとって仲良くしてくっていうのは、やっぱり重要なことなのかなって思います。自分一人じゃたぶん、何も出来ないと思いますので。震災後に変わったこととして、「朝会」っていうのをやるようになったんですよ。それまでも各フロアごとに朝礼はやっていたんです。でも「朝会」っていうのは、震災が起きた後からずっとやってきたことなんです。さっきのホワイトボートに全部情報を書き込んだりしながらやっていたっていう会議、あれを朝、今もずっとやっているんです。震災後からの名残といいますか、色んなことをその場で報告しあって、必ず各フロアの代表者が朝の九時半に下の事務所に全員集まりまして、話し合いをもつということが、ずっと続いていて。それは震災の事だけじゃなくて、売り場の計画だったり、フロアごとのことだったりっていうのを、全館に広げていきましょうっていう趣旨のものなんですけれども。もう一回規律を直して、しっかり取り組んで行きましょうっていう事にも繋がっていくのかなと思います。【藤崎】

伝言板になったシャッター

（藤崎百貨店の）シャッターですね、一番町の、今お花屋さんがある角のところ。あそこに河北新報さんが新聞に掲載する情報をどんどん出して頂いて、それを速報として使ってシャッターに貼っていたんですよ。そこに追加情報として、被害情報だけじゃなくて、商売についても「どこで何を売り出しますよ」っていう情報を河北さんが出していて。その情報もうちのシャッターに貼って営業していたんですよ。河北新報で、例えば「宮城生協さんの○○店は何時から何時まで営業しています」とか、「藤崎は部分営業を始めました」とか。こういう情報をシャッターを使って掲示板のように出していましたね。すべての生活関連情報ですので、要は買い物云々って話だけではなくて、例えば「病院がどう」だとか「交通機関がどう」だとか、そういった情報も全部、河北新報さんが生活情報として結構長い間だしてくれていたんですよね。それをすぐに我々の方でも場所を提供しますよっていう話を河北新報さんにしまして、一緒にやっていたっていうことなんです。【藤崎】

一ページまるまる生活関連情報

基本的には災害の現場の取材にいく記者は本社でいうと報道部の記者が。当時わたしがいた生活文化部はとりあえず夕方、一七時、一八時、一九時は待機になったんですね。

震災の翌日に、生活文化部として何を求められるのか、って朝一番にまず話し合いましたね。被災した人に程度の差はありましたけれども、今を生きていくために必要な情報を届けるのが生活文化部の仕事じゃないかということで。いずれにしろ生活に関する情報さまざまを手分けして集めはじめた。店はやってるのか、やってないのかとか。翌日からです。三月一二日の午前からですね。

そうこうしているうちに、生活文化部内では「あなたは支援に関する情報」、「あなたはお店が開いてるかどうかの情報」、とかですね「医療機関に関する情報」、どこに行けば医者にかかれるとか、どこに行けばお風呂に入れるかとか。生活文化部の中でなんとなく分担が決まっていきました。三月一二日は来れたメンバーでなんとなく分担を決めて、だんだんと生活文化部の体制をとっていきました。

一ページまるまる生活関連情報のページをつくったのは震災から二日後だったんです。「生活関連情報」というかたちでは一二日の記事はごくわずかですね。でもそういう記事を全部組み合わせて、三月一三日の紙面では一ページ使って生活関連情報に使っていますね。紙面になっているのを見たら、まあそんなもんかと思われるかもしれませんけれども。お知らせが出るわけではないですし、当初は電話も繋がらなかったので大変でした。これを連日載せるっていうことに取り組んでいったわけです。でも正直いって記者としては、生活文化部全員が同じように現場に行きたいって思っていたと思うんです。でもこれはこれとして大事な仕事でしたので。三月いっぱいはこの仕事をやっていましたね。

やっぱり電話はつながりにくいとはいえ、全く繋がらなかったわけではありませんので。各病院とかお店だったりとかかけまくったんですね。スーパー、薬局、ドラッグストア……。どこのお店が開いてる、何時から何時まで営業してる、あとはガソリンスタンド。どこならやってると。

ガソリンスタンドは難しいものがありましたけどね。新聞なので取材しているのは前日ですよね。翌日紙面に載ったときにはもう、なくなってるんですよね。でも車が集中しちゃって、行ったらやってないと。それで電話がかかってきたりということもありました。まあでもそりゃ怒るよなっていう。ガソリンスタンドは新聞には難しかったんです。でも一二、一三、一四日は、どこにかけてもほとんど取材を嫌がられるっていうことはまずなかったと思いますね。ライフラインの情報はむしろ集めやすいっていうか、水道、ガスですね。むしろガス局だったり水道局から連絡が入りますので。ファックスもつかえないわけではありませんでしたので。

生活関連情報のほとんど取材はファックスと電話ですね。しばらくするとファックスは情報を載せてほしい人から山のようにきましたね。「生活関連情報をお寄せください」っていう告知も載せていたんですね。それでみんなに知って欲しいという情報がたくさんくるようになったんですよ。仙台市中心部に関しては、当時の河北新報の紙面を見てもらうと一目瞭然ですが、紙面に割くウェイトとしては、みんな津波沿岸の目を覆いたくなるような紙面の記事、それから福島原発事故があってみなさん逃げなきゃいけませんでしたので、その関連情報。それでいいのかっていう意見もあるかと思うんですが、仙台市の街中のことは当然二の次に

なりました。それでも生活関連情報についてページを割くっていうことですね。【河北新報社 松田博英】

どこにいようと関係ない

私は平成元年に入社したんです。東日本大震災には大きな影響は受けてますね。人との付き合い方が変わりました。まったく変わってしまったわけではないですけれども。もともと人とはじっくり長く付き合いたいですし、それを心がけていましたけれども、震災後はなおさらということですね。様々なことの積み重ねとか、巡り合わせで色んな人に会っているわけですので。その人がどこに住んでいようとも、日々会えなくても関係ないと。どこにいようとですね、人とのつながりというのは大事にしていけると思うようになりました。

私、震災のあと岩手に投入されたんです。四月からですね。三月はガソリンもなかったですし、生活文化部は沿岸に行くことはなかったんです。生活関連情報をつくることに徹していたんですね。そのうちにガソリンも入ってきて、沿岸で取材していた人もだんだん疲れてくるんですね。大船渡とか陸前高田に遠野を拠点にして通っていました。

七、八、九月は福島でした。それで今度は山形へ。山形に今度は転勤になったんです。それが二〇一一年の一〇月からですね、単身赴任をして。二〇一三年の三月の終わりに本社に戻ってきて。そうすると岩手、山形、福島でいろんな人に出会って、仙台にいて連絡をくれる方もいるし、山形にいても福島に取材に行ったりしてました。SNSでいくらでもつながりがあって、いろんなかたちで記事として発信していくこともできる。組織プレーも大事な一方で、あんまり縦割りというか、「担当が変わったから取材できません」ではなくてですね、どこにいても共に歩みましょうっていう気持ちを持つようになりました。

なぜって聞かれると難しいですね。自分も毎日そういうこと聞いているくせにね。わたしは変わり者かもしれません、良くも悪くも。自分では当たり前のことしていると思うんですが、担当が変われば次の担当に譲るっていう。でもわたしは譲らないです（笑）。ごく自然な流れの中で付き合いを切るよりは、付き合っていかないと取材も深まっていかないっていう。他に大したこともできないので、そういうことが自分にできる役目なのかなって。そう聞かれないと真面目に考えることもないですけれども。でもどこにいようと関係ないと。普段やっていることはいい加減でしてね。かなりいい加減なんですけれども、言葉で表現するとそういうことなのかな。【河北新報社 松田博英】

ひとりひとりの消息を伝えたラジオ

その日（三月一一日）の夜中、一二時前後に国際センターに行ったんですよ。外国人のための情報センターを立ち上げたので、それで行ったんです。その時は真っ暗で、おっかなびっくり運転して。混んでないから、それなりにスムーズには行きますけれども、怖くて怖くて。街灯ももちろんない。

あの時にラジオはひとりひとりの消息を伝えてたのね。つまり、今みたいに携帯電話があるわけじゃないじゃない。そうすると、たとえば「○○高校の○○部の人たちはまだ学校にいます」というようなことを流したり、「○○商店に乾電池がいくつありまず」ということを流していたの。私は東京に住んでいて就職で仙台に引っ越してきたから、こういった放送はキー局ではできないと思った記憶があります。ローカル局だったら、この辺りだけの情報を流せば済むじゃない。「これは東京では難しい」と、「へー」と思った。宮城県内の話。マスコミは今回、全部テロップで流し続けていたけれど、その元になったんじゃないでしょうか。とにかく、細かい情報でもどんどん流す、というね。いくら震災当日とはいえ、東京キー局じゃこういう放送はできないんじゃないかな、と思いました。【財団法人仙台国際交流協会】

個人的な情報も流そう

―「○○町の○○商店に電池が何個ある」というような細かい情報までラジオで流れたそうなんです。今からすると信じられないんですが。

それは、私が当事者だったのでお答えします（笑）。上杉に（NHKの）社宅があるんですけど、そこに四年間いたんです。そこで宮城県沖地震を経験しているんですね。それで先ほどのメディアのお話にお答えするると、それまでNHKも民放もそうだけど、「メディアで伝える」となると電波は公共のものだから、個人的な情報はメディアでは流さないというのが内部規約であって。ところが、震災の時はいろんな話が入ってくるわけ。それで、仙台の場合は、「家族に呼びかけたい」とかね、昔だと終戦後の「尋ね人」のような。でも放送規定に触れるからできないわけですよ。それを大英断で「いや、個人的な情報も流そう」とNHK仙台放送局がやったの。これはとても決断がいることで、下手すると上の人の首が飛んだり左遷されたりしてしまう。それを決断したのは海林カンイチロウという局長で、私はこの人と釣りに行ったり旅行に行ったり、比較的仲良くさせていただいていて。私は当時平職員だったんだけれど、「局長、あの時大きな決断しましたね」と言ったら、「僕は戦争を体験していて、復員兵なんだ。だから、戦後は自分は生きのびた分、社会貢献のつもりで今まで働いてきた。宮城県沖地震で、みんなが知りたがっていることというのは、あの時は個人の情報だった。それが公共の、みんなが知りたがっていることであれば、個人情報ではなく、それは公共の情報になるんだ」ということで、その時のＮＨＫのトップもオーケーを出したんです。今は、全国で災害があるとそういうことをやっていますよね。いわゆる個人的な情報だけど伝える、というのはここが始まりだと思いますよ。【矢尾研二】

【関東大震災後に伝言板と化した交番：東京都慰霊協会提供】

第二部　街の舞台裏で

上・下水道の復旧までに

断水でどれだけ長い時間行列に並んだか、そのときどれだけ寒かったか、重いタンクや容器を、何度繰り返し運んだか。水道が止まってしまったときの苦労は、忘れられない経験ではないでしょうか。震災直後、しばらくは水が出ていたのにその後断水したり、断水したと思ったら比較的早い段階で復旧したり、断水自体がなかったり、長期にわたって断水が続いたりと、同じ市に住んでいても、水の復旧状況は驚くほど多様でした。水道管自体に問題はなくても、居住形態によっては停電によって「断水」を余儀なくされていた人たちも少なくありませんでした。

しかし共通しているのは、水道がどのように復旧していったのかをほとんどの人が知らないということではないでしょうか。いつの間にか蛇口をひねれば水出るようになり、使い終わった水も汚水も、流せるようになっていたのです。もし水がなくなってしまったら、命さえ脅かされてしまいます。でも都市に暮らしていると、水がどのように運ばれていて、普段どの水源に頼っているのかさえ知ることはありません。震災後も、水道が誰の手によって、どのように復旧していったのかさえ知ることはないのです。

モザイク状の断水状況

仙台市の水道は、震災時に全体の約半数のお客さまに断水でご迷惑をおかけしました。最初の段階では市内各地で断水が発生し、その後、宮城県企業局から受水して給水している区域が断水してしまいました。送水管の破損で水を送れなくなったために、断水エリアが拡大しました。大町周辺の断水を解消するために、国見にある荒巻配水所の給水区域に切り替えを行いました。

仙台駅周辺には、茂庭浄水場で処理された水道水と、国見浄水場で処理された水道水を併せて供給していました。しかし国見浄水場からの送水管が破損して、上杉地区で断水になっています。仙台駅の東側は、茂庭浄水場の水道水を（安養寺配水所を経由して）給水しているエリアでしたが、安養寺配水所が地震の被害を受けたので、ここでも断水となってしまいました。

市役所の周辺では断水が発生していないと思っていましたが、後にお客さまからの情報で断水していたことを知りました。断水というのは結構モザイク状に起きてしまうということを、震災を通じて改めて認識しました。

「一部ってどこ?」

震災時は水道の情報を十分に提供できなかったため、断水に関する問い合わせが多数ありました。仙台市の水道は給水区域を一二七のブロックに区切って給水しています。ブロックで区切ることによって水圧を管理しやすく、時間ごとの需要変動を把握できるメリットがあり、災害時の復旧にも早期に取り組めます。ブロック配水システム（以下「ブロック配水」）と呼ばれる方式で、仙台市は全国的にも早い段階でこの方式を採用していました。震災でわかったブロック配水の弱点は、情報の出し方が難しいことでした。震災時にはブロックごとに「断水していますよ」とか「いつ復旧しますよ」といった情報を出しましたが、ブロックは標高で区切っている単位ですので、住所ごとにきちんと整理されておらず、細かな情報を提供できません。お客さまに情報を伝えるためにホームページやテレビのテロップで「〇〇町〇丁目の一部で断水」などと広報を行いましたが、市民のみなさんからは「一部ってどこ?」との問い合わせが非常に多かったです。

実際にお客さまから「私〇〇丁目〇番の〇〇なんですけども、ウチはいつ水が出ますか」との問い合わせがあった際に、明確に答えられない状況がしばらく続きました。その後、住所からブロックを検索できるシステムを作成しました。それからは、お客さまからの個別の問い合わせにも明確に対応できるようになりました。

全国各地からの応援

水道事業体は横のつながりが非常に強い業界で、被災すると日本全国から給水活動に駆けつけてくれます。震災で仙台市が応援していただいたのは東京都、札幌市、名古屋市、北海道地方、中国・四国地方、それから新潟市に来ていただいています。

水道事業体の応援活動は、主に日本水道協会（以下「日水協」）に加盟している事業体が、要請に応じるかたちで行われました。また、新潟市は二〇〇四年の中越地震のときに、長岡市の復旧を仙台市と連携して行った実績がありました。ですから発災日の当日に、逸早く応援隊を出してくれたんだと思います。大変ありがたかったです。その後、平成二四年には、新潟市と仙台市で相互応援の協定を締結しています。

職員の経験を生かして

給水区域を変更するために「水系の切り替え」という作業を行うのですが、平常時にはきちんと準備して問題が生じないようにしています。でも震災のときには準備する時間もなく、なるだけ早急に断水を解消するため、職員が臨機応変に現場で対応していました。日ごろから職員たちが地震をある程度想定して業務を行っていたことで、比較的迅速に対応でき、被災規模の割には早急な復旧ができたと思っています。管路の維持管理を担当している職員は、日頃から給水に支障を生じないようにするための方策を考えて仕事をしています。それは震災対応では功を奏したものと考えています。

新たな応急給水

震災で分かったのは、施設を整備してもそれを運営するソフト面のレベルを上げていかないと応急給水はうまく機能しない、ということでした。

震災対応においては、多くの方々から、応急給水の作業を手伝いたい、といった積極的な意見が寄せられました。こういった意見を踏まえて、水道局では指定避難所となる市立学校に、近隣にお住まいの方々に開設・運営していただくための応急給水施設「災害時給水栓」を設置する取り組みを進めています。災害時給水栓が設置された地域では、水道局職員が地元の方々に取り扱いの方法を説明し、いざというときの対応をお願いしています。【仙台市水道局】

「生きてたの？」

屋上にですね、一〇一名が避難をして助かってるんです。よかったのは、宮城県沖地震が三〇年周期でやってくるっていうことを想定して、防災計画とは別に業務継続計画をつくっている途中だったんです。「もし地震がきたら作業手順をどうするか」っていう。そんな話し合いを全職員で、月一回のペースで話し合いながら少しずつ作っていたんです。一〇メートル以上の津波は想定していませんでしたけども、防災意識は高かったこともあって、避難命令をかけたんだと思います。

わたしはここにはいなかったんです。（仙台市）議会の特別委員会というのがありまして、戻る途中で津波に遭遇しました。腰くらいまで津波に浸かったんですけども、ここの職員は屋上に逃げて助かってます。翌日に自衛隊のヘリコプターで助けられているんです。本来であれば公務員は一番後回しなんですが、偶然自衛隊に発見されて翌日の救出になっているんです。当日の災害対策本部とのやりとりでは、三日後くらいになる予定だったんです。無線でやり取りをしていたんですけど。

夜の一一時頃ですね、私本庁に歩って戻ったんですよ。最初は無線がなかなか通じなかったんですけども、何度か呼び出しをし

【関東大震災後の井戸のようす：東京都慰霊協会提供】

て無線が通じました。無事だっていうのが確認できたんです。ここ見たときにはもう「死んだ」と思ったんです、全員ね。もうだめだと。ここ（南蒲生浄化センター）から二キロくらい先のところで私は津波遭っています。そこから見た限りではもう、全員死んだと思いました。もうここに戻れないし、本庁に歩って戻ったんです。

主幹っていう職種があるんですけど、阿部主幹を無線で呼んでたら「蒲生です」って聞こえましてですね。信じられなかったんですけども。つい「生きてたの？」っていったら「生きてましたよー」っていうから。「何人生きてた？」っていったら「全員無事です」って。「うっそだー」なんって思ったんですよね。名簿作ってくれっていったら、四〇分か一時間かかったと思うんですけど、全員分の名簿の名前を読み上げてくれました。【南蒲生浄化センター】

太陽が赤くなったら放流ゲートを見に行こう

それで朝太陽が赤くなったら、まずは一番心配な放流ゲートを見に行こうということになったんだそうです。放流ゲートですが、これが閉まっていたんですよ。閉まってたっていうことは、水が放流できない。放流できないっていうことは、一日三〇万トンの水が遡って逆力してしまう。逆流してしまうと、街中が汚水だらけになってしまう。三〇万トンっていう水は、五月の渇水時期で七北田川の流量が二七万トンなんです。つまり、早い話が仙台市の街中で、七北田川の堤防が決壊した状態になる。それだけは避けなきゃいけないっていうことで、話し合いをして「このゲートを開けよう」と。朝早くからゲートを開けに行ってるんですね。

通常は閉まってるんです。汚水が三〇万トン入ってきたら下水を曝気槽という反応タンクにポンプで上げまして、生物処理をしてから最終沈殿池で沈殿をさせて、上澄み水を放流するシステムだからいつも閉めているんですね。でも何か異常事態があれば、これを最初沈殿池で沈殿だけさせて、上澄み水だけを放流できるシステムになってるんです。

ゲートさえ開ければ、無動力で簡易処理をして放流できるようになっているんですね。ですからゲートが閉まってたっていうことは、電気がなければゲートを動かせないので、放流ができない状態ということです。本来なら電気が五分止まると、自動的に油圧ポンプでゲートが開くシステムになっていたんです。ところが地震で油圧ポンプが破損してしまった。ゲートが開かなくなってしまったんです。

それでゲートを手動で開けることにしたんですが、一〇〇回まわして一センチ開くものです。いつもはモーターで回すので重いんですよ。それを二日間、回しっぱなしで開けようっていうことになったんです。二人ずつ、数パーティで。ところがそのときはまだ、津波警報が解除されていませんでした。三月一一日に津波が来て、津波警報が解除されたのは翌日の夕方頃だったんですよ。なので「津波は来ますよ」っていわれていたので、こわかったんですけども。

当時は公務員の使命感っていうんですかね。このときはみんな、そういう意識をもって「ゲートを開けなくちゃ」と、現場のリーダーは「開けに行け」と指示をだしたのだと思うんですよね。それを「撤去しますよ」って無線もらったときに、誰しもがやめろとは言わなかったんですよね。ただ（市の）災害対策本部だけは「危ないからやめたほうがいい」っていいましたけれども。われわれの周りでは、なかなか。「そうだな、やめたほうがいいね」っていうことにはなりませんでした。「安全確認してなんとかやってくれ」っていうことだけは言ったんですけど。現場は命懸けですよね。

それで手動で回しつづけて、六〇センチまで開けたんです。二日、休まず二日間です。それでも足りないんです。一八〇センチの管、二一〇センチの管が二つ入ってますので、全然放流するまでの径が足りないんです。それでも時間を遅らせることはできたので、助かったんですけど。

最終的には三月一六、一七日の重機作業でゲートを壊して放流しています。電気さえ来れば健全な施設だったんですが。それに壊してしまったら、海の水が逆流する可能性もあったんですよ。それでも壊さざるをえないっていう判断だったんです。意を決してですね、「よし壊せ」って指示しました。直すのに何億もかかっちゃうことになるんですけど。ここの処理場は全部市の施設でしたからね。そういう決断をしました。

海底が見えて助かった

地震を想定して、緊急放流として沈殿させただけで海に流せるようにしていたんです。これは全国でもめずらしく、仙台市だけなんですよ。小さな施設では自然放流はあるでしょうけど、こういう大規模施設では蒲生だけなんです。通常は発電機でポンプを回して放流しますが、無動力で放水できる施設を持っているのは、蒲生（仙台市南蒲生浄化センター）だけなんです。

非常用電源は四一〇〇馬力の自家発電機が二基あります。地震直後に動いていたので助かったんです。街中は停電でしたけど、五分間停電すると、自動的にディーゼルエンジンが動くようになっているんです。そのディーゼルの一機が無事だったから、職員は助かったんです。こんなに広いため遠方監視カメラがあちらこちらについているんですね。この放流渠にも設置されていて、海をカメラで見ることができるんです。そうしたら今まで見たことのない海底が見えたそうです。潮が引いて、見たことのない海の底が見えたので、緊急避難をかけたと言っています。二〇一〇年のチリ地震で三メートルの津波を経験していますが。今回は最初、六メートルって聞いたんです。一階が水に浸かるくらいで、大したことないなって思ったそうなんです。でも監視カメラを見た人が、「そんなもんじゃないよ」って。避難命令をかけたそうなんですけど、全員が避難するまでに四〇分くらいかかりまして、一番最後の人が避難したのは一〇分前だったそうなんです。それで五〇分後に第一波目の津波がきました。【南蒲生浄化センター】

仙台市の中、汚泥だらけになる

翌日（三月一二日）のお昼には、自衛隊のヘリコプターで全員が救出されました。それもゲートを開けていたのが「原因」で。ヘリがパトロールしてるときにね、「何やってんだ」、「そんなとしてると死ぬぞ」って言われて。「いや、そんなこと言われても、これ開けないと大変なことになる」などとホバリングしてるヘリコプターの人と、そんな会話ができるくらいに近づいて。「じゃあ実はここに一〇一名いますから、そっち助けてください」って伝えたそうなんです。自衛隊の災害対策本部は、蒲生町内会とか荒浜なんかを優先して救出してたんですけど、一〇一名いるっていう事がわかった翌日に助けられたんです。三日は覚悟していたので、みんなそんなに早く助けてもらえるって思わなかったって言ってきました。一人ずつ、ヘリコプターに上げてくれたんです。その後、震災後になりますが自衛隊はここで訓練をしているんですよ。東北自衛隊と消防が結集する訓練なんですけど、蒲生も入って防災訓練をやったんです。

災害っていうのは想像もしていないことがいっぱい起こるんですよ。自衛隊と交渉するなんて考えてもみなかったことです。災害対策本部の自衛隊なんですが、最初は相手にしてもらえなくて。「そんなこと言ってたら仙台市の中、汚泥だらけになるよ」、「伝染病発生するよ」って交渉したんです。でも自衛隊は「上司の命令がなければ動けない」って言うもので。一番偉い人に会いたいっていったんです。災害対策本部の自衛隊の方と相談させてもらって、いろいろ大きい声でやりとりもしたんです。最終的に自衛隊が産業道路を片付けてくれたんですよ。自衛隊ってブルドーザとかね、重機を持ってるんです。それが一五日の朝六時頃から始まり、一六日には片付けが終わりました。重機を三台以上入れてもらって、二日間で終わってるんですよ。五キロメートル。そのためには流された乗用車を動かすために所有者を調べるとか、切れた電線やがれきも「ここの田圃に入れてもいいですか」など地権者の許可をとらなければなりません。最終的には全て後からやりましたけど、ひとまず逆流しないためには道をつくる必要があって、そのために全責任とりますから、電線も車も動かしてくださいと、言ったりもしました。もちろん車の中に人がいるかどうかだけは確認してもらってですが。とにかく「責任は取る」と言わないと、前に進めませんでした。ありとあらゆる交渉をしました。

（下水道が逆流して）人が死にそうになってるのに「そんなこと言ってられないでしょ」って、どんどん進めてもらったんですけど、それは今でもよかったのかわからないですよ。だって電線切ったらその先に病院があるかもしれないし、電気を使っているところがあるかもしれないじゃないですか。でもそこにいた人が判断しないとできなかったですね。そして産業道路が一番最初に片付けられたんですよ。その後、「櫛の歯作戦」っていう名前がついたそうです。産業道路から放射状にがれきが片付けられるようになったんです。自衛隊には助けられましたね。もう感謝感謝です。おかげでその後、重機を積んだトラックが入ってきて、ゲートの撤去を開始したんです。

受ける、受けないの瀬戸際

そんなこと言ってる場合じゃなかったんですけど、道路の瓦礫ですから、もし下水道部署が片付けたら国の補助金はもらえないかもしれません。そんなことになるんですよ。でも道ができるのを待ってたらどうにもなりません。下水道でやろうっていわないと、仙台市内が汚水だらけになるのは目に見えてたんです。やぶれかぶれっていうのが何度もありました。災害対策本部にいちち聞いてたら相手になんないですよね。ただでさえ山のような相談と苦情がきてるのに。そこにいる人が現場のリーダーになって、次々と判断していかなきゃならない。それが災害だと思いますよ。「ようし、責任とるからやれ」っていうのが、仕事だと思うんですよね。マニュアルは危機感を高めておく為に必要だけど、マニュアルを作成するための過程が重要なんです。全て完成させずにおくことが大事なんです。完成させたら本棚にいれて誰も見なくなるんです。あとは交渉ですよ、交渉力。人との話し合い。災害のときは全員一致するということはないですね。五〇パーセントの人が反対だったら考えた方がいいけど、六〇パーセントの声が賛成だったらもうやる。説得しやすいし、説得できるんですよね。それだったら根拠になるんです。一〇人に聞いて五人が反対だったら、本人も迷うんですよね。

宮城県沖地震（一九七八年）のときは郡山ポンプ場っていうところで汲み上げられなくなったんです。でもエリアとしては太白区の一部だったんですね。ポンプの全台数が壊れたわけじゃないので、何台かをうまく使って汲み上げたみたいです。あるいは仮設のポンプでくみ上げて処理場に送る方法でした。ところが今回は処理場そのものがやられていますので、受け入れ先が壊れたので大変だったわけなんですよ。もう（下水を）受ける、受けないの瀬戸際だったんで。でも「とにかく受けよう」と。「受けなければ街の中が大変なことになる」と。ゲートを開けようという状況でした。

「受けない」という選択肢ももちろんあります。水道を断水したままにしてしまうとか。下水道の使用制限っていうのは、水を使わないことなんです。水道をひねらなければ、流しようにも流せなくなるわけですから。「受けないこと」は水を止めることなんですよ。断水させる。水道は復旧しても、供給はしない。それは大変なことですよね。【南蒲生浄化センター】

歴史上、三二〇〇〇トン溜め込んだっていうのはない

処理場で処理される下水っていうのは、みそ汁を思い出してほしいんですけど、みそ汁をお椀にいれて置いておいたら、味噌が

沈んでいますよね。上の方が色が薄くなってますよね。上澄みだけがきれいになる。それが処理場のシステムなんですけど。そこにみそ汁をどんどんどんどん足していったら、いずれはお椀の底がみそで一杯になっちゃうじゃないですか。そのみそを抜くんですよ。そして脱水機にかけるんです。それを絞ったら、絞った汚泥を約八五〇度の温度で焼却するんです。焼却して処理をするんですね。つまり下水処理っていうのは上澄み水を流すと同時に、汚泥を処理しないと完結しないんです。ですから汚泥を抜かないといけないんですね。地下で抜いているものですから、機械がいっぱい地下に集中するわけです。いろんなモーターとかポンプとかがいっぱいあるんですよ。下水処理場は上に見えているのが三分の一なんです。地下にはすごい広さの室があるんです。野球ができるくらい広いです。そこにぎっしりと四五〇〇点ほどの機器がつまっているんです。

処理場ってなかなか難しいんですよ。これはですね、スカムっていうんですけど、（停電して）一ヶ月くらいするとこうなっちゃうんですよ。汚水が腐敗して、メタンガスが出て有機物が付着して、せっかく沈めた有機物が泡といっしょに上がってくる。油と洗剤と髪の毛なんかが付着したものが、いっぱい固まって上がってくる。厚さが一メートルくらいあるんです。人が乗っても沈みません。普通だったらスカムって発生しないんです。震災後の反応タンクには電気がこないのでモーターが回らない。ということは空気が送れなくて、微生物が活性化しない。微生物は酸素を与え（曝気）ないと、活性化しないですから。それでスカムができてしまう。これを今度は清掃しなきゃいけなかったんですね。さっき言ったように、人が入って水中ポンプで汲んで、最終的にはクレーンで吊って、最終沈殿池にぜんぶ溜めたんです。二万トンくらい溜めました。

でかい発電機を直すったって、一日二日で直りませんから。ここは六六〇〇〇ボルトの特高受電をしてるんですよ。ところが鉄塔が五本倒れちゃって、受電できない。そうすると最低限のモーターを動かすためには、電柱を立てて持ってくるしかない。ですから東北電力と交渉して、七二本の電柱を一〇日間で建ててもらいました。ようやく（二〇一一年）五月一四日に一〇分の一の電力がきて、やっと主なモーターだけ六六〇〇ボルトで回すことができたんです。でも仮設のモーター以外は、潮に浸かっていますので動かない。全部の取り替えを電気が来る前にやらないといけない。鉄塔五本を建て直して、特高受電設備を作って、受電しなきゃいけない。それを一年後までに全部準備しようと話し合いました。特高受電ができたのは平成二四年の六月一二日。その日にやっと脱水ができるようになり、焼却も可能となりました。

一年後（二〇一二年）の六月一五日には汚泥が焼却できてい

ると、記録にあります。それまでは、匂いがすんごいんですよ。三二〇〇〇トンの汚泥を溜め込んだんですけど。三二〇〇〇トンですよ。汚泥ってうんこですよ。含水率七六パーセントです。三二〇〇〇トン溜め込んだっていうのはないですよね、今までの歴史上ね。

汚泥は産業廃棄物なんです。ここにも法律の区分っていいますか。困ったときには、産業廃棄物も一般廃棄物もないいんじゃないかって思うんですけれども。

トイレのうんこは一般廃棄物なんですよ。下水道に入って流れてくるうんこは産業廃棄物、家庭で汲み取りしたやつは一般廃棄物だから燃えるごみなんですよ。下水の汚泥はごみ置き場に置けないんですね。これは産業廃棄物。環境で造った焼却炉（震災後に設置）なんですけど、瓦礫を優先して燃やすための施設ということで、蒲生の汚泥は燃やしてくれなかったんです。まあ汚泥を燃やすと、焼却炉にも影響があるかもしれないということかと思いますけど。蒲生で使えなかったので、汚泥は埋め立てたんです。産業廃棄物の最終処分場にもっていきました。

原発と同じことですからね。こっちは放射能がないからあまり注目されませんでしたけど。三〇万トンもの汚水を毎日流してるわけですから。これをもし無処理で流したら、大変なことになると思います。貝なんかヘドロかぶったら死んでしまいますし、海苔だってダメになるし、魚だって寄りつかなくなるし。海の生態系に与える影響は計り知れないですね。もし無処理で流していたら、水環境上、非常に大きな問題になっただろうと思いますよね。

【南蒲生浄化センター】

ライフラインとしての下水道

震災後は、三年半で四九〇団体、八〇〇〇人が視察に来ているんですよ。技術を知りたい方とか、団体、企業が視察にきています。八〇〇〇人が来ているっていうことは、完成したら半分以上の人が来てくれると思うんです。総理大臣や、国連事務局もまた来たし、いろんな国の外務大臣も、緒方貞子さん（JICA理事長）にも来ていただきました。こんなに有名になっちゃって、見にきてくれたってことは、下水道にとってはチャンスなんですよ。

今まではライフラインって何ですかって尋ねると、ガス、水道、電気、電話までは答えます。そのあと「地下鉄かなー？」なんてね。本当は水道、ガス、下水って挙げなきゃいけないんですよね。そんなふうに下水道が脚光を浴びて、ライフラインとして国民に位置づけてもらう最大の機会なんですよ。ライフラインとして下水道の大切さを知ってもらうっていうチャンス。だからみんながんばってるんですけどね。

明治になってから仙台市は東京、大阪についで三番目に下水道を造りはじめたんです。明治三二年です。造り続けてやっと九七パーセントまで普及したんですね。ところが未だに下水道がライフラインに位置づけられていないっていうのは、水道は「断水」、ガスは「不通」、電気は「停電」、こういうふうにそれぞれ緊急用語がありますよね。でも下水が使えないときにはいったいなんて言うのか、これが問題なんですよ。「詰まったからうんこ流さないで」っていうのか。緊急用語がない。処理場が使えないと、下水道が使えない。そういう状況を、簡単な見出しをつけて報道してほしいとマスコミの方々にもお願いしたんです。ここ（南蒲生浄化センター）で何回もお願いしてきました。

テレビ局は「ニュースの時間帯って何時だと思いますか？」と。お昼前、夕食の時間前。そのときにトイレの映像は流せない。新聞記者は「トイレが使えないという短いことばがありますか？」って聴かれますが、ないのです。「新聞の見出しが長いと読まれないんです」って。唯一新聞で取り上げてくれるのは下水道新聞だけなんです。業界紙なので一般に広がらないんです。だから「こういう災害のときは、号外として一〇〇万部刷って無料で配布してほしい」と言ったら、そうしたら「いや、私どものような弱小新聞社だと、広告料も少ないのでできません」。じゃあ方法がないっていうことで、あなたような方が来たときに、視察や研修は一切断らないようにしているんです。来てくれた以上は、「最高の説明と最高の見学をさせて帰らせる」。これが「もてなしの精神」だと思っています。視察者は一切断らないようにしています。一人でも日曜でも、断らずに一生懸命説明して、少しでも理解を促すようにしています。どんな人にでも「どうにかしよう」という気になってもらう、ということが始まりだと思うんですね。

うんことかっていうのは初対面なのにそんな話できない。朝から一日中うんこの話をするなんていうのは、特別な関係でないかぎりしないと思うんですよ。だけどここの市の職員は、朝から晩まで毎日うんこの話しているんですよ。それが日常会話なんですけれども。一般的にはどうしても簡単に話せるような状況じゃないじゃないですか。でも我々にはあたり前のようなことが、特別親しい人とでないと、うんことかって話せない。でも普通にしゃべることができないと相手に伝わらない時もあるように思うんです。【南蒲生浄化センター】

道路も"川"に
豪雨のため "河川" と化した道路。車が通るたびに雨水が波立つ＝仙台市五橋付近

仙台399ミリ

記録的豪雨 東日本襲う

村田・丸森で計4人
宮城 土砂崩れで死者

死者11人
東北・関東

ヘリ、ボートで次々救出

仙台駅

商店街

オフィス街

仙台市中央一丁目の第一ビルは地下の電気施設が雨水をかぶって故障したため、五日未明から停電となり、入居している五十余りの会社事務所の業務に影響が出た。

同ビル六階にあるアサヒビール仙台支店では、停電のためコンピューターが作動しなくなり、オンラインによる受発注ができなくなった。また、配送トラックも一部で立往生し「一年で最も忙しい時期なのに…」と社員は電話による取引先との連絡に追われていた。

小史

昭和61年8月4日から5日にかけて、台風10号から変わった温帯低気圧は三陸沖に停滞、豪雨をもたらした。関東、東北地方で洪水被害が相次いだ。

全国で十九人（東北九人）が犠牲となった。仙台の雨四〇二ミリは過去一番の記録となった。宮城県鹿島台町では、吉田川の堤防が決壊、町の約四割が泥水につかった。

仙台など都市部での浸水もひどく、都市の大雨対策が緊急課題となった。河北新報もこの問題に取り組んだ。

このころ

【昭和 61 年の八・五豪雨を報じる河北新報】

ガスを復旧させる

毎日、多くの人が消費しているガスですが、お風呂の燃料になったり、コンロの火を灯す前に、どのような工程を経てガスは私たちのもとに届けられているのでしょうか。知っている人はおそらく少数派ではないでしょうか。

巨大なタンカーで外国から運ばれてきても、ガスはそのまま出荷されるのではありません。工場で熱量が統一されたり、臭いが付けられたりしてから、ガスははじめて都市ガスになります。この仙台市のガス製造を一手に引き受けているのが、仙台港にある「仙台市ガス局港工場」です。沿岸にあった港工場は、東日本大震災の津波の大きな被害を受け、ガスを製造できなくなってしまいました。仙台市の約三六万戸にガスが届かなくなったのです。仙台市の特に中心市街地では、水や電気と比べて、もっとも復旧の遅かったライフラインがガスでした。上水道と同様に、日本各地から事業者が駆けつけて、ガスマンの方たちの手によって、都市ガスの供給再開が実現しました。

ガスは製造するもの

港工場で最も重要な施設は、都市ガスの原料となるＬＮＧ（液化天然ガス）を貯蔵しておく地下タンクで、これは地震による直接の被害はありませんでした。しかしながら、港工場の隣の製油所で火災が起きたので、その火がガスホルダー（いわゆるガスタンク）に引火することが非常に懸念されました。そのときは、消防局からも連絡がきて、その都度状況を把握していましたが、当時はかなり切迫してまして、消火活動が無事終わることをひたすら願っていました。

結果的に引火はしませんでしたが、地震発生から約一時間後に港工場を襲来した津波により、電気設備が浸水してしまったため、都市ガスの全面供給停止を余儀なくされてしまいました。地震によって復旧不可能な程度に損傷するとか、最悪の事態まではいかなかったんですが、そもそも製造停止、供給停止自体が極めて深刻な事態でした。震災前から都市ガスの供給ルートには、マレーシアからタンカーで輸送されるＬＮＧ（液化天然ガス）と、パイプラインからのＮＧ（気体の状態の天然ガス）との受け入れにより、供給ラインが二重化されていて、概ね前者が六割、後者が四割くらいを占めています。今回はそのうちまず新潟からきているパイプラインが無事だったので、ガスの供給を何とか再開することができました。

このパイプラインは平成一四年に敷設されましたもので、もともとは電力会社が新潟で揚げた天然ガスを、仙台の火力発電所で使うために敷設したパイプラインなんですが、施設の効果的な運用という観点から、仙台市ガス局でも使わせていただいています。

ガスの製造工程は、海水との熱交換でLNGを気化させ、熱量を調整して、四五メガジュールに統一します。それから付臭、ガスの臭いをつけて完成です。付臭してはじめて、都市ガスは出荷、供給ができるんですね。ご存じでない方もいらっしゃるかもしれませんが、安全のために付臭をしているから、ガス漏れ等の際にお客さまが気付くことができるようになっています。

一件一件の閉栓、開栓

港工場での製造はできなくなりましたが、点検の結果、三月二三日から新潟からのパイプラインによって再開させるめどが立ちました。ただ、一旦全面供給停止したガスを供給再開させるまでには、閉栓・修繕・開栓と三つの作業を、全てのお客さま宅で行わなければなりません。

まず第一段階目の閉栓作業ですが、二次災害を防止するため、約三六万戸ある全てのお客さま宅を一件一件回ってガスメーターを閉めていきます。

それから第二段階目の修繕作業に移ります。都市ガスを供給しているブロック単位でガス管の状況を調べるために圧力を計って、地震等によってガス管が破損している箇所が見つかれば、そこを修理します。破損した箇所をそのままにしておくと、供給再開した際にそこから漏れてしまうので、それを未然に防ぐ必要があるわけです。お宅の中でガス漏れが見つかればもちろん修繕します。

修繕が終わったら第三段階目となる開栓という流れになります。

閉栓には立ち会いは必要ありませんが、ガスメーターが外にないお宅に勝手に入るわけにはいきませんので、連絡をしてから閉めます。開栓のときには点検が必要になるため、立ち会いが必須になります。

何度も余震が続く中の作業でもあり、立ち会いは安全を周知するためでもあるんです。ガスの復旧には、すべてのお客さま宅で閉栓から開栓までの段階的な作業が必要になりますので、多くの人員が必要になり、仙台市ガス局の職員数だけではとても足りません。そのこともあって、業界団体である一般社団法人日本ガス協会（JGA）が中心となって、全国のガス事業者から応援部隊を派遣する体制が出来上がっています。多くの人員が必要になりますから、大地震のような災害発生時には相互に強力しあって、一刻も早く復旧しましょうという体制があるんですね。全国から延べ七万二千人の応援部隊に来ていただき、そうした支援のおかげで復旧作業を終えることができました。

ブロックの効果

ブロックというのは、都市ガスを供給している区域を細かく分けておいて、ガスを止めたり、再開したりする作業を部分的に行えるようにする仕組みのことで、お客さまへの影響を最小限に抑え、復旧を効果的に進められるようにするものです。

仙台市ガス局では、平成九年からの「天然ガスへの熱量変更作業」のときにブロック化を実施しました。都市ガスの種類を石油系燃料の「６Ｂ」から、天然ガスの「13Ａ」に変えたときです。ガスの種類と熱量が変わりますので、コンロや給湯器などのガス器具はそのままでは使えなくなるんですね。そのために器具についているバーナーなどの部品を交換する作業で、全国のガス事業者で実施しています。

熱量変更作業は東京や大阪の大規模な事業者が先行して、そのノウハウを中小の事業者にも提供していただきました。仙台市でも全てのお客さま宅を一件一件訪ねてガス器具の部品を交換しました。平成九年から十六年まで、七年かけて作業を完了させました。

この熱量変更作業のためにおよそ五〇〇件ごとのブロックをつくったんですね。それが基となり、震災当時は供給エリア全体を一一の単位ブロックという大きなブロックに分け、さらに単位ブロックをより細かい一五三の復旧ブロックに分けていました。これが復旧作業の際にも役に立ちました。

実際に作業する班分けは、全国から応援に来てくれたガス事業者の皆さんで分担しました。どこから復旧に着手するかについては、今回は全面的に供給が止まってしまったので、その状況でどのようなルートで復旧していくのが効果的か、検討しながら作業を進めていきました。

火葬とガス

実はすべて止まったかというとそうではなくて、圧力の高いラインで供給しているお客さまのところについては、供給が継続できていたんですね。港工場から供給するガスの圧力は三段階に分かれてまして、圧力が一番強い高圧管と、次に強い中圧管は、非常に耐性の高いガス管を使っていて、今回の地震でも被害はなく、ガスは漏れてないんですね。ですからガス管の中に残っているガスを使うことができました。その中圧管が直接つながっている施設ではガスホルダーに蓄えてあったガスも使って供給ができました。大きな病院や通信施設など、災害時に特に重要な場所へは供給を継続する必要がありましたので。

葛岡斎場（仙台市営の火葬場）については、重要な施設であることから優先してガスを送りはじめたんです。葛岡斎場が重油から天然ガスに切り替わったのは、斎場が新しくなった平成一二年（二〇〇二年）からですね。

街中のガス復旧

ガスの供給再開については、供給エリアの外周部となる郊外から始まって、中心部は順番としては後にせざるを得ませんでした。やっぱり街中は商業ビルや繁華街があって、需要が集中しているエリアなので、それだけに特殊な設備があったり、復旧させるにはある程度、高度な技術や相応の人員体制が必要になってきます。そのために準備に時間がかかってしまったことは事実ですね。宮城県沖地震でも今回の地震でも、地盤のよさにも助けられて、道路に埋設されていたガス管は、中心部では被害はなかったんですが、作業上の理由で時間を要するため、郊外から復旧を始めてきました。

ガスが止まった期間が長かったっていうことに対しては、当初は「いつから使えるんですか」っていうお問い合わせの電話が一日中鳴っていました。そのなかでいろいろとお叱りはいただいております。

復旧作業のために作業員のレベルを一気に上げるのは難しく、負荷をかけながら徐々に上げていきました。

安全上、街の中心部が危ないっていうことではなく、ガス設備の特殊性、あとは需要家の使用形態が周辺地域とは違うということでしょうか。市街地の周辺地域は、住宅地が多いので、仙台に初めて来る他事業者からの応援部隊もスムーズに入りやすい部分があったかと思います。応援部隊の方も急に人数が増やせるわけではありませんので。ある程度の数と、技術力の高い人員とが集まってから街中の復旧作業に入る必要があることを考慮して、郊外の住宅地から供給を再開していきました。

復旧までに時間を要した一番の要因は、想定をはるかに超えた大きさの津波に港工場が襲われて、全面供給停止をしてしまったことですね。ですから製造を止めないっていうことが、非常に重要になってきます。今回は新潟からのパイプライン自体には被害がありませんでしたが、その受け入れ地点である港工場が津波による被害を受けてしまったため、構内の瓦礫が撤去されるまでは敷地内に入れず、パイプラインの状態を確認できるまでに時間がかかりました。そこで、港工場での受け入れができなくなったと

東北地方に強い地震

宮城県下各地に被害

一人死に数十人重軽傷

家屋の半倒壊も続出

貨物列車脱線 小牛田―田尻

陸東、石巻線なども不通

震源地は宮城県北西部

【昭和37年5月1日河北新報】

きの備えとして、名取市にも「バックアップステーション」という緊急時の受け入れ施設を新設しています（平成二六年一二月に完成）。これで、港工場が被災した時にも供給を継続できる体制を確立できました。

ガス事業者のＤＮＡ

今回の震災は、都市ガスの製造工場が津波に襲われて、全面供給停止に追い込まれるという、全国的にも非常に深刻で、稀有な被害をもたらしました。新潟からのパイプラインがなかったら、供給停止の期間はもっと長期になったでしょうし、ブロック化や地震に強いガス管への入替えという、これまでの備えが功を奏したと言える面もあります。

こうした未曾有の災害の中で、全国から多くのガス事業者に応援に来てもらいましたが、一日でも早く、安全そして確実に供給を再開して、皆さんにガスを使っていただきたい、その一心で乗り切る事ができたと思います。これは我々ガス局の職員だけじゃなく、ガス事業者が共通して持っているＤＮＡのようなものですね。重要な施設には優先的にガスを供給したと申し上げましたが、ガス局（仙台市宮城野区幸町）では、敷地内にガスホルダーがありますから、ガスが使えたんですね。もともと二四時間体制でガス漏れなどの非常時に備えていますので、当直の職員用のお風呂が地下にあるんですが、それは使いませんでした。お客さまが入れないのに、私たち職員が入るわけにはいきませんから。

大きな災害のときには職員のモティベーションの維持が課題になると思います。自宅に帰る余裕もなく、夜も十分に眠れずに一ヶ月間復旧作業にあたっていると、肉体的、精神的にもかなり消耗してしまいます。そういった部分がありつつも、一日も早くガスを供給したいという使命感で何とかやっていました。自宅が損壊したり、津波によって家族が犠牲になった職員も中にはいましたので、本当はもっと、一人ひとりの事情に配慮できればよかったですけど、そんな余裕はなかったっていうのが正直なところです。被災者でありつつも、ライフライン事業者としていかに復旧に力を尽くせるかというところが、震災で得た教訓の一つですし、今後の課題だと思っています。【仙台市ガス局】

廃棄物のゆくえ

「ごみの日」がなくなってしまうと、毎日の生活はどうなってしまうのでしょうか。そんなことを考える暇もなく、私たちは毎日たくさんのごみを出して、そしていつの間にか自分の視界の外へと運ばれていきます。三月一一日の地震の後、膨大な量のがれきや、ごみ、あらゆる廃棄物が誰かの手によって片付けられていきました。家庭ごみの袋の中には、いつもとは違ったものが詰まっていたのかもしれません。がれきも大切な家や家具の一部だったでしょう。それでも少しずつ、修理できないもの、使えなくなったものが人の力によって掃除されていったとき、やっと今後の暮らしが垣間見えたのかもしれません。あまり自覚されないまま、多くの「静脈」に囲まれて暮らしていますが、毎日の生活に欠くことのできない、最も身近な「静脈」の一つが、数日おきにごみを処分場まで運んでくれる収集車であり、それに従事する人びとではないでしょうか。

袋の類だったら何でも収集するように

G：（仙台市）青葉区を大きく三つに分けまして、A、B、C地区があるんですれども、わたしどもはA地区を回ってまして。

F：エリア的には街の中心部ですね。

G：普段は家庭ゴミですとトラック七、八台くらいが出ています。

F：曜日で収集エリアが決まっていまして、ごみを出す曜日が月木と火金と水土と、そういう三つのエリアにさらに分かれているんですね。要するに三つのエリアを週に二回ずつ収集しているっていう。月曜のエリアには木曜日にもう一度、火曜日のところには金曜日にもう一度。水曜日のところには土曜日にもう一度。週に二回収集しています。

G：震災後はじめて家庭ごみの収集を始めたのは、一週間後くらいじゃないですかね。

F：そうですね、一度市から呼び出しがかかって。

N：それで一回見回りをして、それからですね。

N：結局、（家庭ゴミの）集積所がどういう風になっているか、通れるか通れないかがわからないと動けませんでしたので。

F：狭いところですと、塀の脇にネットだけがあって、ゴミを出してネットでかぶせたりしているんです。そういうところを車で走って歩きますので、震災で家が倒れていたりとか、塀が倒れていたりとか、入っていけないようなところがあったりしたんですね。

N：まず道が確保できるかどうか確認をして、収集はそれからでした。

G：一度水曜日あたりに全員で走ったんですよね。

N：市からは「全部集めてください」と。

F：震災の翌週の月曜日か火曜日に通達があったような気がします。家庭ごみと紙類とがありますけれども、震災のときは家庭ごみがメインになりまして、紙類は震災後、市から一時収集をストップするように伝えられました。われわれの委託部門は、家庭ごみの回収だけに全部移しますと。震災で下水処理場が大きな被害を受けましたので、どうしてもそちらの復旧作業に人手が必要になりました。でも家庭ゴミの収集に人が足りないときには、産廃のほうから何名かピックアップして応援に行く、というようにしておりました。

G：袋も何でもいいからと。仙台市指定のごみ袋がありますね。それ以外の袋で出された場合は、普段ですと警告シールを貼って、取り置きします。でも当時は「袋の類だったら何でもいいから、もう関係なく収集していくように」と。

N：震災の時はごみ袋も買えなかったですからね。普段よりも量はかなり多かったですよね。

F：収集車を家庭ごみで使うのは七、八台なんです。家庭ごみ以外に古紙の収集もあったんですが、当初から市が「それはもう後で」と、「リサイクルに回すのは後」と。まず生活のゴミが出てくるのを回収してくださいということで、今ある車は予備車も含めて全部出してくださいと伝えられました。家庭ごみの収集には一〇台くらい常置しているんですけれども、それ以外にも車に紙類の人間が乗りまして、一四台で。ですから台数は普段の倍くらいです。曜日はもう関係なく、収集したんですね。

収集車の燃料

F：焼却そのものは止まらなかったんですね。結局燃えてしまえば、ゴミを足していきますから、ドンドン燃えていくわけです。ゴミ焼却場って、一回点火してしまえば、二四時間ゴミを投入していますので。特に震災の時は物が多いくらいですから。問題は、どうやって収集するか。先ほども言ったように、車の燃料が確保できないっていう問題がありましたので。各業者では限界がありますので、仙台市さんの方で一括して燃料を確保していただきました。

N：収集車が使うのは軽油なんですが、普通の車よりは回転板を回すための装置がありますので、それを押すためにはやっぱり若干、燃料を食うんですね。

F：仙台市営バスの車庫に地下タンクがあるんですね。市が確保した燃料を私らの車が取りに行って補給してもらう、という形で。ある程度は滞りなく収集車は走りました。

G：東仙台の車庫まで夜に取りに行ったんです。一ヶ月弱くらい続いたと思います。

F：市ということで、優先的に補充してもらっていた燃料があったんです。あとはうちの方でドラム缶を用意して、車庫で燃料をドラムに移してもらって、それを今度うちの車両に移す、という感じですね。震災当時は自社のスタンドがあったんです。ちょっと古くなったので、今はもう廃止しましたけども、うちにもタンクがあって。いろいろと検査をしましたら、あちこち古くなってきてまして。漏洩事故でもあると危ないということで、震災以降は使用をやめました。

街中と海沿い

G：（収集を再開したのは）一週間後ですから、社員はみんな出勤してました。まあ私は二ヶ月間ここに泊まっていましたけれども。ちょうどここが改装前で広かったので。

F：家が遠くて、通勤ができないとか、自分の車に燃料が入れられないとか、そういう人は泊まっていました。五人くらいですかね。二ヶ月くらい。うちの社員でも亡くなったのが二人、おりまして。ちょうど蒲生地区（仙台市沿岸の津波被害が大きかった場所）に二人が住んでいたんです。一人は震災のとき、前の日に夜間作業をやっていて、明けてから帰宅して家にいたんですね。もう一人は蒲生の職場にいたんですけれども、二ヵ月くらいたってから見つかったんですね。石巻（市）にも営業所がありましたので、社員は全員無事だったんですけれども、社員の家族が亡くなったっていうこともありました。

でも仙台市の代わりにさせていただいてる仕事ですよね。そういう意味ではまぁ、自治体の会社ともいえます。仙台市とのつながりも六〇年になりますので。わたしどもの創業そのものがちょうど（二〇一三年で）六〇年になりました。そういう意味では仙台市の仕事って非常に多いんです。ここ（仙台市）が本社ですので。要請があればやらせていただいています。ですから震災の翌週にはもう「来てください」っていうことで、すぐに現状がどうで、何台出せるかを確認しました。うちの場合、収集車の車庫はほぼこちら（仙台市若林区蒲町）ですので、仙台市からの委託関係の仕事は全然問題なかったんです。海沿いにあった処理場の産廃部門で使う車両なんかもありまして、そちらの方は流されましたけども。

いらないものは、もうその時に

G：とにかく毎日収集はしているんですが、まあそれはいつもと同じですね。震災後は集める場所が違うっていう。

F：量的には、四倍くらいでしょうか。車を倍以上出して、夜遅くまでやっていたわけですから。

N：食器類がもう、多くて。そういう壊れているものが結構あったんですね。

G：食器はめちゃくちゃ多かったですね。

N：そうですよね。食器類。

G：食器以外には時計とか、掛け時計とか結構出てましたね。

F：まぁ家財とかも小さいものは、壊れたものと一緒に袋に入ってました。

G：あと電化製品は本来有料で処分しなくちゃいけないんですけど、一括して無料で、一定の場所に集めていました。

N：公園とか広場ですよね。廃家電は、また収集が別にあったんです。

F：ある程度は市で公園とか臨時の収集場所を決めて、そこに持ち込んだならば無料でした。市がとりあえず保管して、その廃家電の山を後からまた別の仕事としてトラックで処分場にまた運ぶ。この運搬も、別の仕事として発注を受けていました。

F：まあ結局は、いらないものはみんなもうそのときにっていう事になりましたよね。大掃除になってしまう。

N：すごいことになってました。本当にすごい量でしたよ。廃家電だけじゃなくて、粗大ゴミもです。タンスとかそういったものも。一応ものによって別々に分けていましたけどね。テレビはテレビ、冷蔵庫は冷蔵庫って。もう本当にすごい山になってましたね。

N：そういう措置は結構長い間続きました。もう半年くらい、半年以上ですね。すぐにそういうことに取り掛かれない人（全壊、半壊になって避難している方など）が結構いるじゃないですか。やっと二ヶ月、三ヶ月後にできるとか。

G：量としては、一日に七〇トンから多いときで八〇トン位ですかね、月曜日で。日曜日には収集がないので、その分月曜日が一番多い日です。震災のときは……。

N：一四〇トンくらい……倍くらいですかね。倍でおさまりますかね。収まらなかったかもしれないですね。

ガソリン渋滞と収集車

G：一番大変だったのが交通渋滞です。みんな燃料が入れられなくて、ガソリンスタンドに車の行列が出来ていたんですね。列ができていると、収集車が停められないんですよね。集積場の近くにもう、二重駐車みたいにして収集したっていう。もう二重駐車になってしまうんですよね、どうにもできなかったですね。本来であれば二重駐車ちゅうのはできないんですけど、もうどうにもならなくて。

N：そういう期間は一ヶ月、いや一ヶ月ではきかない、二ヶ月弱くらいかかったと思いますね。

F：燃料は市の委託に関しては全部市に確保してもらいましたけれども、それ以外の、うちの民間部門の車両については、震災復興関連の車両ということで、南署（警察）に行って緊急車両の登録をしました。その時にカードを貰って、それを前面に出してスタンドで優先的に入れてもらうと。ここですと産業道路の東インターのちょっと先にカメイのスタンドがあるんですよ、そこは緊急車両優先の指定スタンドになっていたので、そこに行って並んで入れるとかですね。

「大変だね、ご苦労さま」

N：個人的な話になってしまうと、仙台市の委託だからとにかく収集しなきゃいけないっていう気持ちと、正直いって家のこともやらなきゃいけないっていう、葛藤みたいのものはありましたね。ただ収集していて、住民の方が買ったものをくださったり、そういうことが結構ありました。たまたまスーパーが近くにありまして、そこも大行列で。近くで収集してますとね、われわれの姿を見て住民の方が「大変だねー」って。やっぱりほら、自分が食べるのもねぇ、ほっといてねぇ。やっぱりそういう風にしてまで頂けるっていうのは、嬉しかったですね。

G：そのときは「一人一品限り」とか、そういうものを貰いましたので。その人はもらってまたその足で行列に並んで。

F：普段も時々「大変だね、ご苦労さま」って、ドリンク貰ったり、夏だったらアイスクリーム一本貰ったりって、そんなようなことはあるんですけどね。

G：私は家が田んぼの方だったので、自宅がめちゃくちゃになっちゃいまして。もう家は解体したんですけれども。うちの父親とかも仕事に行かないで、全員家の片づけとかしてまして。逆に僕は市からもらってる仕事ですので、街の方の片づけをしていて。自宅の方では結構行き詰まる部分もあっので、仕事をしていて逆に良かったということもありました。結構大変でした、壊れた家にいるのは。周りは田んぼなので、地盤がちょっと緩くて、めちゃくちゃになっちゃいまして。

N：もう総動員でしたね。家もこっちの方（仕事）もね。

F：車は倍くらい出してますから、人も足りなくて他部署から出したりとかしていましたので。

N：倍くらい出しても結局、夜遅くまでかかってね。遅いときは二〇時でしたね。

F：食事については、ここに泊まってた人がいたって言いましたよね。うちの役員も一緒に泊まってまして、その役員がコメをなんとか確保してくれたりしたんです。それで奥さんが朝早ーくからご飯を炊いて、おにぎり作ってくださって。終わったら晩も食べてけって。まぁウチの社員のために役員の奥さんが動いてくれたんです。本当に朝早くから。

N：釜にして一升釜で、三つ。一日にしたらもっとですね。もう何十人、五〇人……一〇〇個くらい作ってましたからね。

F：一日中米炊いて、おにぎり作ってましたからね。

N：それも三ヶ月くらいですかね。うちには発電機がありましたからね。

F：電気は発電機でなんとか確保できたんです。

N：水道も、井戸がありましたからね。震災を予測して備蓄していたんですよ。もうカセットコンロから、米、ラジオ、水。アルカリイオン水なんかも備蓄してたんです。それでかなり助かったんですよ。

F：役員が「何かあったときに困る」と、ずーっと頭にあって。そういうものを備蓄してまして。それが功を奏したっていうかね。

N：阪神淡路大震災のときもその役員はボランティアで行ってまして、「食い物だけは確保する」と。

F：そういう意味では先見の明だね。

N：「もう来るぞ、来るぞ」ってね、話はしていたんですけれども。

F：みんなでそのうち「大っきいのが来るかもしれないな」ってね。

N：まだ備蓄して間もない、二年も三年も経ってるわけじゃなかったですよね。

苦情はなかった

G：今から振り返ったら、多少時間が遅くても、ちょっとは復旧につながってるっていう考えで、少しでも早く復旧できればなぁという思いで収集はしてましたどもね。住民の方から「遅い」とか、そういうことは一切言われたことはなかったです。

N：やっぱりなんといいますかね、みんながこう、仕事ができるようになった、食べ物を食べられるようになった、ものが片付いた、まぁそういうときですよね。

G：けっこう街の中心部で収集してたんで、中心部の移り変わりっていうんですか、そういうのがすごくわかって、最初の方は

【関東大震災後の都内のようす：東京都慰霊協会提供】

全然車も通ってなかったのが……。

N：そうですね、信号機もね、ぜんぜん稼働しなかったし。

G：ダイエーとかあの辺り大手スーパーにも行列ができていたり、そういうのがもう大分なくなって、ごみの量も落ち着いてきて。

G：直後はみんな自転車で、リュックしょって。

N：電気もついてなくてね、真っ暗闇の中でね。

G：そうですね。やっぱり早い段階から仕事で走ってて、街がシンとしてて、だんだん、時間が経つにつれて街も明かりがついてきて、そういうので「ああだんだん復興してきたなあ」と思いましたねえ。

F：そういえば苦情っていうのは、震災当時はほとんどないですね。ガスとか水道なんかは「供給されて当たり前」と思われていたんでしょうね。そういうものが止まってしまって、苦情が出たんでしょうね。私らのゴミっていうのは「出せば回収してくれる」と思われていたかもしれないですけども、震災後すぐは「車が来ないんだからしょうがない」っていう住民の方の意識があったんじゃないかと思うんですね。それが一週間なり経ってから収集していると、逆に感謝されることの方が多かったんじゃないかと思うんですけれども。ですから会社にも苦情はもう、ほとんどなかったですよね。「取り残してるみたいなんだけど」とか「通り過ぎちゃって取り残した」とかって。今だったらそういうときには苦情が来ますけれども。当時は例えば「会社にゴミが山になってるから、早く取りに来い」っていうような苦情は全くなかったですよ。逆に先ほど言ったように、運転手たちが「ご苦労さん」っていろんなものを頂いたりとかあったくらいですので。

G：普段もありますけどね。飲み物、缶ジュースとか、あとお茶菓子なんかを時々いただいたり。

F：夏とかね、暑いときに汗垂らしてやってると、集積所の掃除しようとして出てきた住民の方が「あぁご苦労さん、ジュース飲んでね」ってくださったりとかね。

F：（家庭ごみの）収集に関していえば、うちが担当しているのは街中で、海沿いは収集エリアではないので。海沿いだと、もう建物自体が全部なくなって、人もいないですからね。仙台だと荒浜とか、あそこはもうエリアがスポっとなくなっているわけですから。ウチではその地区のエリアの「農集下水」、農業集落下水というんですけど、そのメンテナンスを請け負ってきたんです。何軒かのお宅は残っていますので、その点検をしに行くんですね。そちらの方はまだまだ、街とは違った状態なんですが。【青葉環境保全】

もうひとつの災害

地震に遭ってから、身近な人の安否確認や、ライフラインの確保の他に、懸念しなければならないことがありました。ここでの語りにもっともよく登場するのは、地震に伴って生じる火災です。地震の二次災害としては多くの人が思いつくことかもしれません。しかし停電、ガスの供給停止、そして断水が生じた街での二次災害は、それだけに留まりませんでした。ここにある語りは、多様な「二次災害」がありえたことを伝えています。実践的な戒めも兼ねた、貴重な伝言です。

入ろうと思えば誰でも入れる

（商品の店頭在庫は）もう相当な数がありますし、相当な金額になると思います。はっきりとは分からないんですけどね。あのときはすぐに停電になりましたよね。停電になったということは、このシャッターが下りなくなったんですよね。もう今のまんまの状態で。みんなが帰った後は、この辺も真っ暗じゃないですか。だから入ろうと思えば、誰でも入れたわけです。あのとき、私たちは先に帰らせてもらって、その後に店長がシャッターの代わりに大きい布を持ってきて、それを上に掛けていました。シャッターが下りないから、しょうがないですよね。そして荷造り紐みたいなロープで「ここは入れません」っていう感じで仕切りを作って。売り物は全部、できるだけ奥にやったんですね。でも入ろうと思えば誰でも入れるわけですよ。もう「物がなくなってもしょうがない」って思ったらしいです。一応、お金だけはね、金庫とかレジのお金だけは、当時の店長が自分の家まで歩いて持って帰ったったんです。そして次の日にまたお店に来てみたら、（街の）中心部でしたから、翌日の夕方くらいにはもう電気がついたんですよ。だから店長が店の中を電気をつけてよく見たっていうんですけど、何にもなくなってなかったって、びっくりしました

ね。【クリスロード商店街店舗】

火事が起きなかったから残った

いろは（横丁）って言ったけど、あれ昔は「中央市場」って言ったんだよ。私の会社は最初はあそこだったの。だから昔から知ってる人いらっしゃるし。あそこはね、言ってみれば建物としては貧弱ですけど、火事が起きなかったから残ったの。しかも密集して、寄せ合って造ってあるから、全部揺れただけでなんとか残ったんです。もしあそこで火事があったら、相当な数の人が亡くなってたかもしれない。昔の長屋で、私、あそこで小さいとき遊んだんだもん。私の父があそこに店持ってて、特別親しみがあるんだけども。昔は住んでる人がいたの。それこそ江戸時代みたいな長屋の商売だったからね。店舗の坪数で言ったらせいぜい一坪とか二坪とかで、ラーメン屋っていっても、カウンターだけのラーメン屋とかさ。でも逆にああいう雰囲気が若い人にとったらいいみたい。屋台の延長みたいな感じで飲めるし、食べられるし、安いし。話の面白いおじさんはいるし。これが商売の原点ですよ。何も綺麗なブランドショップだけが商店じゃないでしょ。そういう意味では仙台の街中って、それぞれの地区に特徴があって、それを守りきれてる人が残ってる。【クリスロード商店街振興組合】

ABCDのDランク

いろは横丁の被害はこの通り、古すぎてね、どこが痛んでるんだか、全然わからないんです。基礎がなくて、当時は下に八百屋さんの冷蔵庫がびっちりあったけど、潰れることはなかったんです。下に大っきい冷蔵庫があって、倉庫代わりに使っていました。それで潰れなかった。仙台市の建物の調査が毎年あるんだけど、ABCDのDランクでいつでも「建て替えなさい」っていわれてきました。「もう、何かあったらだめですよ、潰れますよ」って。でも今でも残っているんです。昭和二〇年にできたから、終戦後からだから、もう七〇年以上。

避難するっていうよりも、この建物が怖いのは、火。一四時四六分っていうのは、飲食店が夜の仕込みに入るでしょ。（三月一一日は）金曜日でしょ。やっぱりそういう時期は火を使ってるから、ガスの元栓を止めてブレーカーを止めないといけません。ここは一軒燃えたらもう全部燃えちゃうの。密集してるし、古いしね。だからそのガス止める、火止めるとか、そして高齢者が多いから残ってる人がいないかの確認です。この近辺を回ってて、逃げ遅れた人がいないか確認していました。その後いろは横丁の中は、通行止めにしました。だってもう、どこが崩れるか分からない状況で、人をいれてそこで余震とかあったら、人命に関わりますし。その甲斐あってかどうかは分からないけど、一応ケガ人とかそういったものはなくて、済んだんだよね。

自衛消防隊

ここ（いろは横丁）は年に二回、一応避難訓練、火災訓練、消火訓練、消防訓練をやってるんです。でも普段の消防訓練と、本当の震災の時の避難は、なんていうかもう全然違いますね。危機感が全然違う。普通の訓練だと「いずれ起こるかもしれない」って感じで、まあどうせ起こらないだろうって思ってる。実際に生きるか死ぬかじゃないけど、そういう瀬戸際に立った時に背に腹はかえられないのと一緒で、逃げ方にしろ、誰よりも先にって人は行っちゃったし、人がいるから助けるっていう人もいっぱいいたし。やっぱり普通の訓練とはちょっと違うと思います。

ここではもちろんお店同士が連携をとっていて、一応この下がうちの執行部の対策本部になっていて「何もないか」とか、「電気・ガス消せー」とかって点検はやっていましたけどね。もう直接ガス止めるようにって回ったんだよね。お店の人は残ってる人、残ってない人、もうびっくりして逃げてった人、いろいろでした。お店が開いてて電気もついてるけど、誰もいなかったり。もちろん声を掛けて入ってって、火がついてないかだけは確認して。ここはいいことに、店が広いわけじゃないし、狭い店ばっかりだから。厨房がどこにあるのかは、だいたい誰が見ても分かるようになってるんで。

地震の当時、ここで横丁の会議をやってたの。一〇名ぐらいで会議の二次会をやってて。その一〇名ぐらいで手分けして、いろは横丁回って。あとここには自衛消防隊ってあって。若い人間が協力しながら、こっちオーケイ、あっちオーケイって声掛け合っていました。

一応、いろは横丁で商売してる人はみんな自衛消防隊です。やっぱりあんときはみんなで協力したね。誰も。女、子供、若い男、女、関係なくみんな。普段は消火訓練と消防訓練でアナウンスして人を集めて、実際に消防署からは水消火器を借りてきて、それで先頭立って声をかけて、訓練してって。ここは年に一回大掃除をするから、終わった後にみんなで消火訓練、消防訓練をやるんです。そういったものを中心になってやってる。

震災後に揃えたのは、懐中電灯と、あと布のガムテープ。布のガムテープはね、色んなもんに使ったんだよなぁ。あとヘルメット。そこにもあるんだけど、あれ自衛消防隊のなんだ。高齢者のいるところには、各店にも置いた。ヘルメットは恐いっていうよりやっぱりね、人命だよね。変な話、若い方は良いよ。やっぱりここには、皆さんのおじいちゃん、おばあちゃんくらいの年齢の方がいて、まだその人も現役で頑張っているので。申し訳ないけど、転んだら骨が折れるかもしれないし。みなさんは転んでも大丈夫だけど、そういう人は転んだら歩けなくなることもあるし。だからやっぱり防具は必要だったね。今も必要だと思っています。【仙台睦商業協同組合・中央市場商業協同組合】

何回付けたり消したりしたことか

私はもうここに泊まりましょうと。（友人）彼女と一緒に。ストーブもたまたま石油ストーブだったから、ここで暖をとって。それで上の事務長さん、あの方も古川から通っていて、電車止まってましたからここで皆で避難して。そこにロウソクがあったから、明かりはそのロウソクで。でも余震があったでしょう。その度にストーブ消して、ロウソク消して。何回付けたり消したりしたことか。付けたり消したりね。そういうことでまあ、火の元も不安だったんですけど、まあ皆がいたからなんとなく、安心は安心だったね。【菅原園】

電気が通った瞬間の火事

（三月）一三日に、うちの会社（藤崎）としては電気がつきました。震災から三日目ですね。ただこの時って、建物としては非常に怖いことがありまして。仙台市内とか他でも結構あったかと思うんですけど、電気が通った瞬間に火事になってしまう。ドーンと停電になったので、停電になった後に突然電気が繋がると、火事になってしまうという。そういう事も起こる可能性がありましたので、うちの従業員が店舗の中に入って、各所で確認をしてから、徐々に電気を入れていくという手順で、点灯するようにしました。【藤崎】

ごみの警備

印象的だったのは、ごみの警備ですね。震災ごみ。例えば、流された畳とか、流されたもの全般。車もそうですね。そういったごみを、公園とか駐車場の一箇所に集めて、そのごみを管理するという警備がありましたね。

津波で流されたものとはいえ、例えばストーブに灯油が入ったままで、それに電気コードから燃えやすい畳なんかに引火すると、大きな火事になることがあるらしいんですよ。それを防ぐために、震災ごみを管理・警備する必要があったんです。小さい電池からでも、発火する可能性はあるらしいですからね。

二四時間、警備が途切れないように警備員を送って繋げられたということは、警備会社としては震災中でしたがなんとか対応できていたんじゃないかなと思います。実際にわたしが当日夜勤で向かったのは、八幡の道路工事の警備でした。もしこちらに行けていなかったら、車は相当混雑していたんじゃないかなって思います。

簡単に言うと、道路工事の警備だったんです。工事中の道路の車両誘導ですね。片側通行でね。夜勤だけど、会社から早く来てくださいって言われて、本来は二〇時からのところ、その日は一八時に到着して、朝の六時まで働きました。すごかったですよ、渋滞は。全部の車が担当していた場所を通ろうとしていましたからね。高速道路も止まっていたわけですし。夜中までずっと混雑していました。錦ヶ丘方面は、仙台市のベッドタウンですので。結局そっちに向かうときには、愛子方面に行く道路を使わなくてはいけないですからね。運転している人もピリピリしてて「なんでこんな時に工事やってるんだ」とかっていう声はよくありましたね。ただ、結局その工事中の場所も、片側が崩れていますからね。震災前からずっとやってる工事だったので。道路を半分つぶして、また新しい道路を作っている状況でしたから。そういった工事とかで、道路が片側つぶれてる場合とかは絶対に警備員が必要になりますからね。

今回の反省としては、「防災意識」ですかね。誰でも共通することなんでしょうけど、震災は起こってみないと「こういう事案」っていうのは分からないですから。大丈夫だろうと思ってしまいますから。宮城県沖地震が来る、来るって言ってて、実際に大きい地震が何回も来てました。でも会社としても個人としても、「充分に備えていた」とはいえなかったので。結局、意識的な部分を改善する必要があるなって思わされました。例えば今回みたいな大きい地震が来たら、どうやって連絡を取るのか、とか。今回はネットワークが全然働いてないなって。インターネットも電気なので、電気が流れてないと何もできないですし。ケータイも同じですよね、充電がなくなったら、必要とするのは電気ですし。

【青葉区国分町警備会社】

死活問題だったんです

一番町四丁目商店街の青年会の仕事をしてまして、（地震の）二日目にその人達と会いました。まあみんな飲食店だろうが、物販だろうが、百貨店だろうが、お店ができる状況では全然なかったんです。でも一番町なら何か情報があるんじゃないかって、やたらと人が集まってきていたんですよ。二日目、三日目、四日目なんて、もちろん普段通りの仕事をする人はいなくて、みんな暇

【関東大震災後に線路づたいに帰宅する人たち：東京都慰霊協会提供】

ではないですけど、歩いて行けるところに情報を取りにいくような状況でした。それで「みんな来るけど、何にもない」っていうのも、あんまりよくないよねって話をしまして。街の中で水を配ることになるとは思ってなかったですけど、とりあえず飲料水とか、大丈夫だった井戸水を提供しました。三越前とか、ロッテリア前とかに長机を出して。

四日目ぐらいから早い人は何かもう売り始めていたんですよ、いろんな物を。高い値段だったりとか、良心的な値段だったりとか、いろいろなんですけど。おにぎりとか、あとは冷凍食品が一番町、国分町の飲食店の分だけでも、総量で考えたらすごい量があるわけです。でも冷凍庫が動かないときに、解凍しちゃったものは調理して売るしかなかったんです。不安定な状況だったので、正直あんまり良心的じゃないもの売りが、一番町にものすごく多くなって。どこかから出てきた人達が、売れるものを売ったりとか。それで一番町としては、なるべく元に戻さないといけない状況だったので、通常営業できる人から営業するようにしました。それから、そういう人達の商売をとにかく止めさせる。そもそも勝手にお店を出しちゃいけないんです。無許可ですから。実際は物を売るにしろ、飲食物を売るにしろ、許可って営業する場合は全て必要ですので。それは当たり前のことなんです。売っていたのも道路でしたので。我々としては結局「一番町に来たらぼったくられた」とか、「一番町に来て食べ物を食べたらあたった」とかっていうのは、一切止めさせたかったので。逆にいうと死活問題だったんです。あんまり腹が立ったときには、強く言ってましたけど。だからそういう人達を「許可取ってますか」みたいな感じで、しらみつぶしに一人ずつ尋ねて回ったりして。でも難しいんですよね。みなさん、食べ物なくて一番町まで来てる人もいましたから、喜んでいた方もいますので。

（許可が必要なことを）知らないで働いてるアルバイトさんもいました。違法行為になることを知らない人もいましたので。でも中には会社ぐるみでやっているところもあって、それに関しては「いい加減にしてくださいよ」と。許可を取るか、店の中でやる分には、別にわたしどもは文句言わないんですけど。【隠空】

定員オーバー

東六学校では、地域の人たちが避難してくるだろうということで数百人を想定してたんですけども、実際にはこれが一番問題だったんです。仙台駅が完全に壊れてしまって、中が危険な状態になったために、人は全部、仙台駅の駅構内から外に出したわけですね。列車から降りてきた人も、仙台駅の中じゃなくて、ペデストリアンデッキとか、駅前広場の方とか、全員に外に出て貰ったと。それから当然、周辺のホテルだとかデパートからも、みんなびっくりして外に出てきてますから。一六時から一七時頃にはもう、駅周辺は黒山の人だかり。数千人の人がたむろしていたわけですね。だけどもＪＲが動かない、それから地下鉄も動かない、バスも走らない。動いてるのは自家用車とタクシーくらいで、にっちもさっちもいかないわけです。信号も止まってましたから。

そのときにＪＲさんが、駅から出た人に「家に帰れない人は、近くの指定避難所に行ってください」と、ＪＲの職員が一緒になって道案内をして、東六小学校まで連れてきたんですね。結果的にいうとその数が、地域の人も含めて約二〇〇〇名くらい。これは東六小学校だけではなくて、一部は榴ヶ岡小学校にも行きました。一部は東二番丁小学校、一部は五橋中学校かな。だから仙台駅を中心にして、周辺の小・中学校にはかなりの人が分散して行きました。私たち東六小学校の方は、学校の先生方が中心となって、校庭に避難してきた人たちの対応をして、同時に子どもさんの引き渡しをしました。一方で手の空いた先生から、外にいたのでは寒いからということで、一六時ごろから体育館を開けて中に入れました。でも体育館の中なんて、三、四〇〇人入ったらもういっぱいになりますから。そこは校長先生の判断でもって、いくつかの教室を開けて入ってもらって。実際には廊下から昇降口の入口から、空いている所には一階も二階もみんな座り込んで。そうい

う状況になったわけですね。【東六地区連合町内会】

ちょうど卒業式の前日だったんですよね。三年生は帰って、一、二年生だけが残って、卒業式の準備をしている最中でした。それでもう全員を避難させて。同時に近隣のマンションとか会社の方たちかな、そういう方達が次々に校庭に入ってこられました。普通の地震だとそこまでではないんですが、地震も大きかったこともあって、周りの人達がガーっと校庭に溢れ出てきて「これは大変だな」って、「大きな地震だったんだな」って感覚がしました。

しばらくしたら学校にどんどんどんどん人が入ってこられました。それは帰宅困難者っていうんですか。ここ（駅前）だと仙台駅が封鎖されたので、結局「どこか避難できる場所ありませんか」っていう事で駅で案内されたんですね。近隣のホテルも全部断られて、学校しかないってことでこられた方たちです。

この周辺だと片平小学校とか、東二番丁小学校にも行ったみたいです。結局旅行者の方ですとか、要は仙台駅を利用する方たちが回されてきたんですね。それから近隣の住民の方たち。高層階にいる方がエレベーターも止まって、上には上がれない、階段はあるんだけど、余震が怖くてまた上がる気もしないと。それで結局そういう人達が次々と流れ込んでこられました。その時は仙台市とも体制は取れてないので、随分と戸惑ったんですよ。それで仙台市に問い合わせてみたら、特に避難所の指定はしていないと。でも次々来られる。寒くなってくるし、夕方で暗くなってくるし、このまま外に出しておけないだろうっていうことで。一六時か一七時ぐらいかな、武道場をまず開けたんですね。ところが武道場がすぐいっぱいになりました。これではダメだっていうことで、体育館を開けたんですよ。体育館開けてもまたすぐにいっぱいになったんです。武道場と体育館がいっぱいになったので、これはダメだっていうことで、校舎を、教室を開けろしかないって。それで一階を開けて、でもまた満杯になって、二階を開けて、また満杯になって、三階を開けてまた満杯になって、四階開けて……と。それで初日の時は約二〇〇〇人位の方たちが避難しましたね、ここに。

ここ五橋はそうなんですけど、町内会がないんですよ。ちょっと仙台駅を離れて、沿線に行けば行くほど地元の方たちが避難所に来て、お世話をしたり、炊き出しをしたり。普通は災害のときにみんなのお世話をしたりする町内会みたいなものがあるじゃないですか。ところが五橋はそういうものがないので、一〇〇パーセント学校の先生がやらなくちゃいけないんです。それが一番大変でしたね。二週間くらいしてからかな、先生方もこれでは倒れるってことで、当番を決めました。二四時間体制でしたので日勤と夜勤みたいなシフトをつくって。徐々に減ってきたんですけれ

ども、二〇〇〇人近くの朝食とか。要は食事とかの世話を全部先生たちがやるしかなかったんですね。【五橋中学校】

医療・福祉の現場で

災害弱者ということばがあります。災害が生じたときに、避難や、その後の避難生活が、並大抵ではないくらいに難しくなってしまう人のことです。たとえば一人暮らしの高齢者や乳幼児、子ども、身体障害者、知的障害者、日常的に薬品や医療機器に頼らなければならない人は、自分の力だけではいかんともしがたい状況に置かれてしまいます。そもそも誰を頼るべきかを探らなければなりません。電話もつながりにくい状況で、助けを呼ぶこと事態が難しくなっていたでしょう。震災のダメージは、何倍にも増幅されてしまいます。周りの人も、誰もがみな被災者と化しています。ここには限られた場面しかありませんが、医療や福祉の現場では、そんな災害弱者への対応と、その難しさとが語られています。

連絡なくやってきた救急車

病院の中は非常用電源の自家発電で電源は取れていて、水が出てたのかな……というような状況だったんですけど。それで救急センターの建物の方は、診察ができないっていうような状態ではなかったので、誰でも受け入れる状況になっていました。

皆さんも経験されたと思うんですけど、電話は全然つながらないような状況だったんですね。普段の市立病院では、連絡が入ってから「救急患者を受け入れますよ」って状況確認をしたうえで、患者さんを搬送してもらって中で診療を始めるんです。でも電話が通じない状況で、救急隊と直接やりとりをする方法もあるんですけど、それも通じない状況だったので、どんどん連絡無しに救急車が運ばれてきたんですね。救急車の中にも、基本的に一台に対して患者さんが一人っていうことにはなっているんですけど、何人も連れてきていたり、ただただ運んでくるしかないっていうような、状況でしたね。

スタッフと患者の防寒

お湯は出せなかったので、正直スタッフたちも何日かここに滞在する形になる覚悟だったので、電気をもらってですね、電気ポットでお湯を作ったりはしていました。でも患者さんの体を洗うとか、身体を拭くっていうようなケアにお湯を回せていたかというと、そうではなかったと思います。傷を洗うためとか、処置にぬるま湯を使ったりしていたと思います。洗浄には滅菌された水を使いますので、保温庫に入ってまだ保温が効いているものを使ったりもしていたんですが。

家が停電しちゃって、ガスも無いし、赤ちゃんのミルクを作るお湯がないので、何とかならないかという話がきました。ルール上それをやってしまうと、全員にそういう対応をしないといけなくなって、パンクしてしまうんですけどね。そのときは「ちょっとだけお湯入れてくるから」といって、こっそり渡したことはありました。そういう事もちょっとありました。

寒さですけども、室内にいるスタッフは基本的に走り回っているので、寒いというより暑いくらいです。ただ外でトリアージという、来た人がどれだけ具合悪いのか、すぐに処置・手当てしなければいけないのか、むしろ手当てしてもらって、帰ってもらうのがいいんじゃないかっていう人を見分ける作業があるんです。それをする人たちは、玄関で待っているのですごく寒いです。そういう人たちは、医療関係者が着ているような防寒具を借りて着たりだとか。病院のスタッフって、医療関係だけじゃなくて、作業されたり、機械の点検する方々がいるんですよ。あとは救急ステーションがすぐ隣にあるんですけれども、救急隊とは常にコミュニケーションを取ってますので、救急隊の人が羽織っている水色のジャケットみたいなの。そういうのも何個かストックしてあるのを外の人たちはね、借りて。黄色いガウンを着ている人の写真があるんですけど、これってケガをした人に、処置をする人が血液とか浴びないように用意をしてる服なんだけども、これもけっこう防寒の役割があって、これを着て外で待機している人とか、あとは中にカーディガン着て上にこれを羽織って対応している人とかもいましたね。あとその奥にごっそり、左下のところにたぶん救急隊員が、ぴかっと光ってる水色のものを持ってきてもらって着たりしてる人もいました。ただ全員にこれは配れないので、一部っていうことですね。

患者さんたちに対しては、基本的には毛布で対応していました。中にはやっぱり低体温症っていって、体温がぐーっと下がって意識が悪いとか、あとは水に濡れちゃったりしている方もいました。そういう方々には、病院の電気毛布とか、そういった物を準備して必要なときに必要な分だけ集中させて。ただどうしても全員に回せない場合も考えていましたので、あるだけの物で間に合わなければ、少し状況が良くなった人には他の物で我慢してもらうとか。そういうことは常に考えて動くように意識していました。

水に濡れた患者さんは、そうですね、大体は津波ですね。あの時、雪も降っている状態でしたので、それで濡れてるということもありましたけど。でも大抵の場合、雪で濡れる程度では低体温症で体温がぐーっと下がることはないです。そこまで下がっちゃうのは、津波で水に晒されて、体が濡れた状態で外に助けられるまでいたので、体が冷え切ってしまったと。そういう方が何人か来ましたね。本当にあと三〇分以内に改善できなかったら、死んでしまうというような程度の酷い低体温症の患者さんも来ていました。そういう方にはすぐに対応して、しっかり意識も回復したところまで確認できたときは、(内心) ガッツポーズですよね。

スタッフも被災者であること

(私は) DMAT (Disaster Medical Assistance Team) ですので、災害に関するトレーニングだとか知識や考え方は、一応意識して身につけようとしているつもりなんです。DMATという資格を持っている人たちは、災害がなくても年に何回か、最低でも一年に一回、定期的に知識や技術を維持するために訓練を行っているんですよ。そういう事をやりながら、ある程度のレベルは維持するという取り組みはあります。あとは災害が起きたら、こういう事をしなくちゃいけないだろうなって、常に頭の隅には置いているといいますか。

基本的にここ (仙台市民病院) は災害時の拠点病院に指定されているんですけれども、そういった病院は、ある程度の災害の規模、特に地震だったら「震度がどのくらいだったら、どのくらいの人が来なければいけない」とか、「震度がどれ以上になったら、来られる人は全員来ないといけない」っていうルールが決まっています。今回の地震は「全員召集」に該当するものだったので、来られる人は全員来るということになってました。

個人的にいえば、誰でもそうだったと思いますが、妻も子供もいる状況で、ここに来るのは少し覚悟が必要でした。全員に会えないまま病院に向かいましたので。そういうところは正直、心配が残っていました。あとは、三日間くらい病院にいましたけれども、たぶん寝た時間って三日間合わせて二、三時間くらいだったかもしれないですね、七二時間の間で。ただ眠いとはあんまり思わなかったですし、みんなで「二時間くらい仮眠取っておこうか」って休む時間を調整していたんですけれども、興奮していて眠れないんですね。スタッフも「家族や親戚は大丈夫かな」って、心配でも本当に連絡がつかないところがありましたし。連絡が取れないけど、仕事で帰れる状況じゃないっていう、泣きそうになりながら仕事してるスタッフもいました。やっぱりそう考えると、みんな被災者だったっていうのは、やっぱり考えなきゃいけないのかなっていう思いはあります。【仙台市立病院】

「公助」を頼るまでの間

　災害の時の「自助・公助・共助」っていいますよね。「自助」は自分を助けるって書きますけど、まずは自分の周りが大丈夫か、自分自身が大丈夫かっていう事を、自分で確かめなきゃいけない。自分自身の事は、自分でやりましょうと。それが出来なかったら、周りの人に助けを求めましょうというのが「共助」。要するに近所の人とか、そういった人たちと協力して乗り切りましょうと。それでもだめな時は「公助」。要するに公的なところ、病院だったり消防、警察とか、そういったものにお願いしようっていう。要するに公的なものっていうのは、確かに大きな柱ではあるんですけれども、一気に全てに対して手が届くわけではないと思うんです。ですから「公助」を頼るまでの間、なんとか周りの小さい集団といいますか、そういうところでも助け合っていかなければ、災害って乗り切れないのかなと思っています。

　場所によっては水が二、三日来なかったとかありますでしょ。多分、二、三日では給水車は来れなくて、夜とか翌日には来るかもしれないけど、数時間とか数日、場合によってはもっと来ない場所もありますよね。確かにね、皆が欲しいところですから、どうしても全てに回らないっていうところが現実だと思うんです。自衛隊も市の水道局も、急いでやろうとがんばっても、酷い場合は一日二日、来ない場合がありえますので。その場合にはやっぱり、自分たちでも水はストックしておく必要があるのかな、と。それは自助ですよね。そういうことを意識するのも、大事かなと思います。

院外、院内との連絡手段

　意外と役に立つのが、やっぱりラジオ。基本的に自分は病院の中で働いていましたけれども、わたしの仕事は、主に搬送されてきた患者さんが、どういう状態なのかということを判断して、その人たちがどのくらい来ていて、それをどの診察に運んでいくかを管理することだったんです。それと一緒に、外がどういう情報になっているのか情報が欲しいですから、ラジオをそばに置いて、聞きながらやっていました。あとはテレビもつけられる状況であれば見て。

　びっくりしたのは仙台空港が水浸しになっている映像。あれを見たときは驚きましたね。もうすぐそこまで津波が来ているんだなって。あとは荒井の方なんかも、車で行ったら（市民病院から）そうかからないで着いてしまいますよね。あんな近くまで水が来ていて、被害を受けているんだってわかった時には、やっぱりぞっとしました。情報として衝撃を受けるのは映像でした。ただ逐一情報が流れてくるのは、ラジオ放送。

連絡手段でいえば、病院の中の施設同士、消防とか、災害対応の体制ができている病院なんかは、非常時用の無線機を用意していて、無線でやり取りしていました。でもそれは本当に災害対策本部とか、病院の幹部の人たちが情報をやり取りするときに使っていたんです。病院の中の連絡については、病院内専用のＰＨＳが全く問題なく使えました。それで「こういう状態だから」とか、「人が足りないからこれだけ欲しい」とか、そういうやり取りはＰＨＳで行っていました。【仙台市立病院】

他県から救急車でくるDMAT

DMATとしては、初日は自分たち、施設のスタッフだけで頑張っていたんです。でもやはりこういう状況では、外から応援に来てもらう必要があるということで、翌日から他県のDMATって、隊員が来ることになりました。ただ他県のDMATの、行ったことのない場所にぽんと行って、そこですぐに働かないといけないんです。やはりそれでは一〇〇パーセントの能力を発揮できるわけではないんです。ですからオリエンテーションって、重要なんですよね。「こういうことをお願いしたいです」とか、「こういう状況で使えるのはこういうものです」とか「主に診察する場所はこういうところです」とか「みなさんたちには、こういうことをやってほしい」って伝えなくてはいけません。あとは救急のスタッフとDMATが、ちゃんと繋がるように間に入るとか。そういう役割がありましたね。

他県のDMATは、翌日からもう来ているんですよ。翌日の午後から来てくださったんですけど、山形とか隣県の人たちだけではなくて、例えば広島から来てくれた人たちもいたんですよ。こういう方たちが来て活動するとなると、勝手も違うんですね。しかも長時間かけて車で来てくれていますので。DMATって、機材を積んでくるので、大抵車です。飛行機の場合もありますけれども、荷物があまり積めないですし、身体だけで来るような形になってしまいますので。たぶん広島県の方たちも、自分たちの救急車に乗って来てくださったと思います。DMATのルールに「行き先で迷惑をかけない」ということがありまして、要するに必要なものは自己完結できるようにしていなければいけないんです。ですから基本的に二日から三日続けて活動していただくんですけど、その間の水、食べ物、寝るところ、そういったことは全部、自分たちで確保してから行くいう原則がありますので。例えばですけど、「その辺のコンビニで買っていこうか」なんて、被災地でそんな迷惑なことはできないですよね。ですから提供する物資と兼ねて、自分の分は持っていくんですよ。特に日赤の人たちって、こういうことにすごく慣れておられて。みなさん、ありがたいことに、去り際に「これ食べてください」って、いろいろ備蓄していたものを置いていってくださったり。そういうありがたいこともありましたね。飲料水とか、保存食を置いていってくださったので、もう感謝感謝ですよね。

絶対に見捨ててはいけない状況

私はDMAT隊員ですが、救急看護認定看護師っていう資格も持っていまして。その資格をとるために行っていた学校の教員が、震災とか災害のプロフェッショナルの方で。その方が見た状況っていうのは、やっぱり凄まじいもので。あの衛生環境とか、そういったものが無視されているような。とくに問題だったのが、排泄物。大変な状況が普通にあったそうで、(避難所になっていた)学校の中でも、水が流れないから、排泄はするけど拭くものもない。排泄物も次々と乗っかっていくから、もうトイレはとんでもないような状況なっていたと。それで高齢者の方たちは、なかなか一人でトイレには行けないので、自らオムツをはいて、部屋の隅っこに行って、排泄をして。周りもそれも知らないふりをして、こっそりそのまま横になって寝ているとかっていう。そういうあってはいけないこと、特に看護師として、絶対に見捨ててはいけないような、ありえない状況が起こっていたと。

ニュースで問題になっていたの、聞いたことないですか。オムツが必要だろうっていうことで、被災地に膨大なオムツの提供があって。でも本当に必要なのは、オムツだけじゃないんですよ、っていう。逆にオムツだけいっぱい余っちゃったっていうニュースもあったんですけどね。実際、ここでもそれに近いような状況で、今はもう全部使い終わったんですけど。ですが、ご支援をいただいたことに対しては、本当に感謝しています。

非常時の看護師として

やっぱり病気を治す、怪我を治すっていうのが医療だとは思うんですけど、看護師っていうのはプラス、生活っていうものも見なきゃいけないんですね。その人が、こういった状況でちゃんと生活ができるのかとか、普通の生活に帰れるのかとか。そのまま放置していたら、この人はどうなっちゃうんだろうかっていうこと。それをちゃんと考えて、生活と医療を結びつけていくっていうのが看護師の仕事だと思っています。災害が発生した状況から考えると、やっぱり命の救命っていうのが第一優先。でもそれが少しずつ解除されていくにつれて、可能であれば、この方がちゃんと最終的に自分で生活空間を見つけて、自分を守れるような、帰る場所、戻る避難所っていうのも考えないといけないと思います。誰か案内できる人に相談しようとか、そういったところまで本当は考えないといけない。それが看護師の役目かなって。中にはヘリコプターで遠くから救助されて運ばれてきた人がいましたが、実際どこに患者が来ているのかっていうのを、（患者さんの）周りの人があんまり知らなかったりするんです。そういうところはちゃんと「こういう人が来ている」そして「この人がここを出たら、どう動けばいいんだろう」っていうところまで、意識しておかなきゃいけないんですね。そういった、その人の生活、価値観っていうところも意識して動くのが、看護師の役割だと思いますね。

【関東大震災後の医療活動のようす：東京都慰霊協会提供】

　そういう患者さんの生活にもちゃんとバランスを考えて、自分がどう動くべきかって考えなければいけないです。ただ非常時ですので、力を入れれば入れるほど時間がかかってしまうということもあります。場合によっては、それに関してはここまで、あとは次の方の対応をしないと、その人を助けられないので。普段からなるべくそういうことができれば、しっかりやらなきゃいけないんですけれども。災害の現場でそればっかりに重きをおいてしまうと、実際にはもっと多くの人が助けられたのに、救出救命することに制限がかかってしまいます。そのときはやっぱりバランスを考えて、自分はどうすればいいかって、考えなければいけないですね。【仙台市立病院】

きっとこのまま落ちるんだろう

　当院はベッド数が一〇床の産婦人科医院です。その日は五人の入院患者さんがおりました。当日のお昼にお産した方がお一人、そして分娩進行中の方がお一人の五人でしたね。入院病棟は三階にありました。

進行中の方は、陣痛促進剤の点滴をしておりまして、地震発生のときは大変でした。突然ガタガタと揺れるし、点滴に繋がれているし。その方にはご主人とおばさまが付き添っていましたが、とても怖かったし心配と不安でいっぱいだったと思います。

病棟は二人体制で見ておりました。自分がリーダー、もう一人がサブリーダーと役割がありましたので、まずは各お部屋を見回り、安全確認をしました。

お昼過ぎにお産された方はまだ点滴中でした。ご主人が一旦帰りかけて外に出ましたが、地震ですぐに戻ってきてくださいました。とても心強かったです。

まずは各部屋のドアを開けておこうと思い、各部屋のドアを開放しました。余震も頻発してベッドもガタガタ動くし「押さえないと」と思い押さえておりましたが、押えている自分がどこかに行ってしまいそうでした。患者さんには「じきにおさまるから大丈夫ですから」と必死に声かけをしておりました。気丈にふるまいながらも、内心では少し前のニュージーランドの地震を思い出し「きっとこのまま落ちるんだろうな」と思いました。

「テーブルの下に入ってもらおうか、でも点滴しているし」「いや、建物は頑丈だしまだどこも壊れていないし、大丈夫かな」といろんな思いが巡りました。二回目の揺れもすごく怖かったのですが、とりあえず落ち着いて見回りに行きました。外来のスタッフも駆けつけてくれて、点滴をしていた方の点滴はすぐ動けるようにと抜いてくれました。みんなが協力し合って一体感がありましたね。

病棟の両サイドにある防火扉もボーンと締まり、その間の空間なら大丈夫だろうと。そこで全員に赤ちゃんを抱っこしながらホールに集まってもらいました。帝王切開の方はご主人もおられましたので、お部屋にいていただきましたね。他の方は余震が来ると怖いので、ドアを開放しながら、みんなでホールにお布団を敷いてまとまって過ごしました。みんなで一体になっていると安心でしたね。ご主人たちも心配で病院に来てくれましたので、一緒に泊まり込んでいただきましたね。知らないご主人の前で、みんなおっぱい出して赤ちゃんに飲ませておりましたね。そんなこと気にしていられない、赤ちゃんを守ることで必死な状況でしたからね。院長の「ここの建物は安全だから、逆に外に出ると危険。ここにいよう」という指揮のもと、院内のホールに集まってそこで朝を迎えました。避難訓練は毎年やっておりますが、とっさの判断、役割分担、指揮命令系統をはっきりさせておくことの大切さを感じましたね。

非常灯がついているうちにお産しよう

進行中だったお産の方は、初産の方で地震後まだかかりました。ガタガタしたと思ったら、今度は停電になったんですよ。ただ、非常灯はありましたのでね。停電になり薄暗くなったのですが、まだお産には至っていない。陣痛が弱かったので促進剤を使っておりました。無痛分娩希望の方でしたので、背中から痛み止めのチューブを入れていましたね。

幸いにも痛み止めが入っていたので、あまり痛みも酷くはなく、二階の分娩室まで歩きました。エレベーターは使えないので、重たい点滴を持ちながら階段を下りましたね。一時間に数ミリリットルしか落とせない点滴でしたので、そのための器械付きの点滴で重いんですよ。これにもバッテリーがついているので停電時も少しの間は使えました。非常灯はあまり長くはもたないので、非常灯がついているうちに頑張ってお産しようねと励ましながら頑張りました。

分娩台も電動なのですが、停電で動かないし、ポジションをとるのに苦労しました。お産の体勢って、足を開き加減にして背中をちょっと上げた状態なんですが、それどころじゃないですからね。とりあえずしょうがないので足だけは足台に載せて、なんとか工夫をしながらやり終えましたよ。今あるものだけでどうするか、工夫と発想が大事ですね。

昔のお産みたい

無影灯もつかないし、大きな懐中電灯を照らしながらやりました。お産の時は、スタッフがたくさん集まってきてくれて、患者さんもスタッフ、ご主人、おばさんに励まされながら頑張りました。みんながいると患者さんも我々も心強かったんですね。そんな停電のなかで、陣痛の間隔や強さを診たり、赤ちゃんの心音を診るためのモニターも使えず、ドップラー（電池式の心音を聞く器械）で赤ちゃんの元気な心音を聞き、「赤ちゃんも頑張っているよ」と患者さんを励ましながら頑張ってもらいましたね。

お産は鉗子分娩でした。赤ちゃんがすぐそこまで下がってきていたのですが、頑張ってもなかなか進まず、ちょっとお手伝いしましょうということになりました。その後すぐに元気な赤ちゃんが生まれました。

生まれた直後に赤ちゃんのお口などにある羊水を吸い取るのですが、電動の器械が使えず、旧式の口吸いタイプでやりましたね。赤ちゃんを保温する器械も使えず、十分に水分を拭き取って計測し、保温用のアルミシートで包み、低体温にならないようにしました。非常用のセットの中に入れてましたからね。後は携帯ガスコンロでお湯を沸かして湯たんぽを入れました。
お産の時は清潔に扱わなければならないので、消毒液の入った洗面器が必要なのですがスタッフが事前にお湯を沸かしてくれて、消毒液を準備する人、赤ちゃん用の湯たんぽを作る人、といつ産まれてもいいように準備をしてくれました。他にもお湯が必要になるだろうと、非常用のポットにたくさん入れてくれていましたね。ありがたかったです。

今では電気さえあれば便利な器械とかたくさんありますけど、あの時は器械がほとんど使えず旧式の吸引で羊水を吸ったりして、昔のお産みたいでした。分娩台も動かなくて、畳でお産をするような感じでしたから。今でも畳でのお産をしているところはありますけど、ここではしていませんから戸惑いましたね。でもスタッフがすぐに来てくれて、それぞれ指示のもとに自分の役割をしてくれていたので助かりました。

何よりもあの状況の中で、恐怖と不安でいっぱいだったと思いますが、無事に元気な赤ちゃんを産んでくれたお母さんにも本当に頑張ったねと言ってあげたいです。私たちも本当にホッとした瞬間でしたね。一人の力は微々たるものだけど、みんなが力を合わせれば、どんな時でも乗り越えられると実感したものです。

【長池産婦人科】

午前零時に終わった送迎

こちらには入所サービスと通所サービスがあります。ご入所されているのは、基本的には在宅復帰するのを目的に、リハビリをしている方たちです。ベッド数は八四床で、大体九五パーセント程度が埋まっています。

職員はおよそ三五から多くて四〇人くらいいたでしょうか。ちょっと詳しい数字はここでは確認できないですけれども。それから通所サービスもありまして、この七階部分には通ってきてリハビリをする方もいます。定員は四〇名ですが、震災当時……その時は三二名か三三名ってところだったかな、ご利用されいました。

（三月一一日の）入所の方々は、まあお部屋にいらっしゃる方もいたんですけれども、確かおやつがあるということで、少しずつお部屋から出てきてホールで皆さん過ごしている状況でした。かたや通所（施設）はといいますと、七階の機能訓練室でリハビリを行っている皆様と、それから浴室で入浴している皆様と、それからホールでレクリエーションをしている皆様と、それぞれがそういった活動をしているという状況でしたね。当然大きな揺れが発生した時には、職員がそれぞれ対応して。入所（サービス）

の方は、皆さんある程度の数は一ヶ所でまとまっていたし、浴槽に浸かっていた方も幸いにもいなかった。体を洗う準備をしている人だったり、脱衣場で入浴の準備をしていたり、上がった方々が着替えをしていたんですね。一番心配だったのがお風呂だったんですけれども、お風呂まで駆けつけようとしたら、たかだか一〇メートルくらいの距離なんですけども、左右に揺られて壁に打たれながら、なんとかかんとかたどり着いたんですよ。

お部屋にいた若干名の方もホールまで誘導して過ごしてもらいました。それから七階にいた通所の方々にも、お風呂や機能訓練室から誘導して、一ヶ所のホールに集まって過ごしてもらいました。職員の数にも限りがあるので、あまり分散してしまうと対応もおぼつかないということで。ちょっと狭かったんですけれども、同じ場所に集まってもらったということですね。正直なところ、こんなに大きな地震や災害を想定した訓練はほとんどしていませんでした。法律上決められてる年に二回の防火訓練だったり、災害時の避難訓練は実施していたのですが。避難訓練では、職員一人が仮想患者になって、避難誘導を実施していました。ここにいる全ての利用者を、一気に外に誘導するっていう訓練は、実施していなかったんです。

余震も結構ありましたので、職員ができるだけそばにいて注意するようにしていました。一番大変だったことは、通所の方々をご自宅にお送りするということで、七階部分から一階まで、階段をつかって誘導させたこと。これが一番大変でした。エレベーターも使えない状況でしたので、車いすの方々はとにかく、職員が四人がかりで抱えて誘導したんです。それから担架を使って一階まで誘導する。それにはかなり時間を要しました。とにかくお一人をご案内するのに、そうですね、測ったわけではないですけれども、階段一段一段、慎重にご案内しなければいけないので、一〇分位はゆうにかかったんじゃないかと思いますね。通所のお客様をご自宅までお送りするのも、停電して外の信号も止まっていましたし、相当な時間がかかりましたね。当日お返しした最後の方が家に着いたのは、夜中の一二時ちょっと手前くらいですね。

【介護老人保健施設トラスト】

入所サービスは休みなく

入所サービスは継続させてもらっていたので、そのままステイしている感じでいました。当然ご家族も、ご自宅で介護するのが難しい方々でしたので、地震があったからといって、家に連れ戻すということはなかったです。逆に「こういうところにいたほうが安心なんです」と言ってくださるご家族もいましたね。あとは震災から数日後、それまで利用されてなかった方で、「とてもじゃないけど家で生活を続けるのは難しいから」といって、ご入所していただいた方も一人いましたね。

（泊まっていた職員は）全員ではなかったです。職員も当然被災していますので、できるだけシフトのローテーションは、帰れるものは帰って、交代で勤務するという形をとりました。私を含め、管理する人たちは、ここで泊まりながら、サービスを続けていました。あとは、いろんな方面と連絡をとるために、待機していたということですね。私が家に帰ったのは一週間後……かな、という感じでしたね。出勤できなくなった者もいました。やっぱり塩釜（仙台市の東北側沿岸部）だったり、向こう（沿岸）から通っていた人は数名でしたけれども、なかなか安否は確認できないということで、シフトは組んでいても来れない人もいました。あとは自宅の被害が激しくて、一回戻ったけれども、出勤できなくなった者もいました。それ以外の職員は、やはり何かしらの手段を使って仕事に来てましたね。自転車だったり、近くだったら徒歩だったり。あとガソリンは不足していましたが、自家用車で来ている人だったり。

通常は送迎車のガソリンが不足しないように、いつも満タンにしているんですけれども、やっぱり数日するとなくなりましたので。この辺のガソリンスタンドもいっぱいだし、並んでもいつになるかわからないということで、一台か二台くらいは、山形まで行って入れてきました。ガソリンだけを入れてくるんじゃなくて、食料の調達という意味でも、山形県に行って、食料もガソリンも積んでくるということもしていました。

正直な話、なくなる前に備えていたものも結構ありました。私たちがなくなって困るものは、やっぱりおむつ類だったり、介護に必要なものだったので。おむつについては、それまでの業者さんも動かなくなりましたし、あとは物流も止まってしまっているので、もしかしたらこの先入らないかもしれない状況でした。多少のストックはあっても、いつなくなるかわからなかったので、近隣のドラッグストアに求めに行ったり、あとはこの近隣の大学病院におむつがあるか問い合わせて譲ってもらったり、周りから助けてもらったことはたくさんありましたね。食料の備蓄は、二週間分、お客様に三食提供できるくらいはありました。煮炊きしなくてもすむような食料品はありましたので、不足はしていませんでした。ただそれこそ「この先危ないよね」という状況だったので、泊まり込みをしている職員の分も併せて、できるだけ栄養をとってもらおうと、野菜やお米については、とにかく調達してまわったんですね。【介護老人保健施設トラスト】

すごく寒いです

なんとか買い集めたり、備蓄していたもので、約一ヶ月弱、三週間くらいはもった、という感じでしたね。その間実は、避難所から「どうしても介護が必要で……」ということで、新たに入所してくる方もいらしたので。でもなんとか一ヶ月弱はもたせることができたかな、という。ここに調理場があるんですけど、ガスがストップしてしまったのが一番痛くて。入所している方八〇人、またこの下の病院には八四床ベッドがありますので、その方々の食事を調理器だけで三食作るっていうのは、相当大変でしたので。ですから即席でできるものとか、備蓄食料でなんとかやりくりする、というような状況でしたね。

支援物資については、地震発生の次の日にはもう市役所の職員さんたち、介護保険課の人たちが、施設を一軒一軒回ってくれて「足りないものは何か」と尋ねてくれたんです。うちはガスが止まったら、暖がとれないんですよね。「すごく寒いです」ということで、布団だとかそういったもの、三日目くらいの真夜中に届けてもらいました。あとは食料なんかも「パンとかありますよ」ということで、届けてくれたりだとか。いつだったか、ちょっとバタバタしていて覚えてないんですけど、仙台市に支援物資がたくさん集まってきているから、取りに来てくださいということで、シルバーセンター（仙台駅北側）に缶詰類なんかを取りに伺って、自分たちが買ってきた食料以外にも、そちらで食料を調達させてもらいました。

うちは水が止まってなかったですし、電気も発生時は止まりましたが、非常電源のおかげで、とりあえず必要な電気は取れていました。あとは私たちの情報を取るためのパソコン、インターネットの環境も、とりあえずは落ちないでいきました。あとは電話もＰＨＳがたくさんありましたので、外部と連絡をとったり、情報をとるときには使えていたんですね。そのうち電気も回復してきました。結局ライフラインで一番困ったのは、ガスということですね。暖房をガスで回していたので、ダメだったんですね。ですから暖をとるために、職員がストーブを持ち寄ったり、支援物資として「とにかくストーブが欲しい」と依頼をしたら、大きなストーブを数台届けていただいたりもしたので。それに灯油を入れて。でも灯油も需要が高かったので、近くにガソリンスタンドに相当並んだなっていう思い出はありますね。震災発生から一週間の時点では、特別に優先してもらえるというようなことはなかったですね。一般の方々も困っていると。そういう状況でしたから「病院だから」、「施設だから」って、優先することはできないということで。でもその後仙台市の方から、優先券のようなものが病院とか施設に配られて、それを使って入れさせてもらったということはありましたけれども。でも落ち着いてからですね。ガソリンが海から入ってくるようになってから、私たちも優先してもらえた、ということですね。

悲惨なニュースとレクリエーション

情報が錯綜していたということもあったと思います。私たちも、少し揺れが落ち着いて、テレビをつけたんですが、そういうときに仙台空港に押し寄せる津波の映像があったり、その映像を見る前には、電話だったり人の話から聞く情報でも、「若林区役所まで津波が来ているぞ」(来ていなかった）とか、そんなひどい情報といいますか、まあ、嘘ではなくて誤報でしょうかね、そんな情報も飛び交っていましたね。そういう情報を整理するのも大変だったな、っていう印象はありますね。覚えているのは、とにかくこの街が、もう賑やかだったのに、一気に死んだ街になってしまった。一週間泊まっていましたが、もう明かりがほとんどない。何だろう、普段の、営業活動っていうのかな、この辺のビルのサラリーマンもいなくなりましたし、そういう、ゴーストタウンまでは言いませんが、明かりが消えちゃった、っていう印象はすごく残っています。

テレビ、ラジオ、あとはネットの環境がとにかく生きていた、ということです。まあそれをとにかく駆使していた、ということですね。で、当然テレビも、悲惨な映像は流れるんですね。ただ入所者、通所者の方々も、知りたいわけですよね。いくらサービスを受けているとはいえ、どうなってるのか知りたいということもあったので。そんなに隠したりする必要もないですから。現状を理解するために、テレビは流させてもらっていましたね。ですから福島の映像も映れば、津波の映像も映ると。火事も映ります。だけどもそういう中で混乱させないために、職員は結構、お客さんの精神的な支えにならなきゃいけないよね、っていうことで、話を聞いたりもしましたし。あとは、ちょっと落ち着いてからというか、四、五日してからは、ただただ黙って悲惨な映像を見ているわけにはいかないので、何の楽しみもなくなっちゃった、ということのないように、早めにレクリエーションを始めましたね。一緒に歌を歌ったりだとか、あと何かちょっとしたゲームをしたりだとか。そういったことも、職員が分担して実施していました。まあそれ以外は、裏方で食料を集めたり、いろんなところを直したりとか、そういうところは動きながらだったんですけれども。できるだけ入所者の方々には、そういう楽しみの時間を設ける、いうことは、させてもらっていましたね。

「助けてもらっていいんだな」って

また震災が起きた時に備えて、年二回の避難訓練とは別に、自分たちがあの時どう行動したのかを振り返る「災害に対する職員研修会」という勉強会を開くようになりました。そうしていないとやっぱり、「喉元過ぎれば……」という言葉どおりで。新しい職員さんも入ってきていますので、自分たちが思い出して、その人たちにも「実際にあんな災害が起きて、こう行動したんだよ」とか、「こういう風に行動しようね」と、指導する意味でも。それから備蓄食料も、二週間分の備蓄の他に、お米とか、それ以外のインスタントのもの、野菜なんかはなかなか備蓄していられないので、非常食をさらにプラスアルファで、という感じですね。そうすると期限がきますので、期限が近づいた時には職員と食事を作ってみて、食べてみると。それも一つの勉強になるかな、ということで。災害の備蓄食品を、賞味期限がきたら自分たちで作ってみる、ということもやっています。

宮城県沖は「来るかもしれない」といっていたものの、「まあ、大丈夫でしょ」というようなちょっと楽観的なところがありました。ただ予想外だったことは、ガスが止まって供給に時間がかかったことですね。一ヶ月かかりましたもんね。そういった時に、うちの施設は、暖をとれないんだと。またはもし、次（地震が）きたときに夏だったら、冷房もきかなくなるかもしれないですよね。そういったことは勉強になりましたね。そのために何を準備しておかなければいけないのか、っていうのも、改めて思い知らされました。

それから痛感したのは、震災があったときに、職員とか、職員の家族もそうだし、入所者の家族の方もそうなんですけど、大変協力的になって、みんなで助け合えたな、助け合えるんだな、って。うん。そういうことを初めて感じました。逆に「助けてもらっていいんだな」ってわかりました。「自分たちで何とかしよう」としても、出来ない状況になりましたので。大学病院からおむつを譲っていただいたという話もしましたけれども、自分たちに無いものが、他のところにあるかもしれないですし、逆に他のところにないものを、自分たちが持っているかもしれないので。そういう意味で自分たちの情報も提供しなきゃいけないですし、困った時には助けを求めるのもありなんだな、ということが分かりました。そういう意味では、予想外というか、まったくの全部が予想外でしたので、そこから学ばせてもらいましたね。【介護老人保健施設トラスト】

高齢の方々へ伝言

私たちは高齢者サービスに携わっているので、この前の地震で、施設に入っている方、それから在宅で介護を受けながら生活している方、また、介護をしている家族だったりの状況を見させてもらいました。伝えたいことは、とにかく「協力をしてもらおう」というか、「助けを求めていいんだよ」ということです。どうしても自分たちで介護をしていると、「自分たちで何とかしなきゃ」っていう思いが強く働くと思うんです。でもそういった災害のときには、遠慮せずに周りに助けを求めてください。声を出せば、必ず誰か助けてくれる人が近くにいるかもしれないですし、物資もくるかもしれないです。あとは高齢者の方たちに、脱水症には気をつけましょう。よく「水を飲んじゃうとトイレが近くなるから」とか言いますし、災害の時なんかは、トイレも使えなかったと思うんです。でも水を飲むことをやめてしまうと、健康状態が悪化してしまいますので、水の備蓄をきちんとして、災害が起きた時でも、しっかりマメに水分をとりましょう。我慢しないでくださいね、ってことです。助けを求めることも、それから水も。【介護老人保健施設トラスト】

二十歳になったこまくさ苑

この施設（社会福祉法人なのはな会・こまくさ苑：障害福祉サービス・指定生活介護事業所）自体は今、二一年目です。ちょうど二〇周年記念の式典を先日やりまして。「こまくさ苑も二十歳（はたち）だね」って会話をちょうどしました（二〇一四年当時）。利用者の皆さんはだいたい、高等部を卒業されてくる方が多いので、一八で入ってくると、二〇年でだいたい三〇の中盤から四〇代くらいの方が今多いですね。職員は、何人でしょう、施設長を入れて二五人くらいですかね。制度的には、三障害、身体、精神、知的問わずに「みなさんどの施設でも使ってください」という制度にはなっているんですが、やっぱりそれぞれの施設に歴史がありますので。得意分野があるんですよね。「なのはな会」に関しては、知的障害の方がほとんどですね。法人の前身が知的障害の方から始まっていますので。合併的（合併症として）に身体（障害）を持ってますよ、とか精神（障害）もちょっとありますよ、という方もいるんですけれども。

当日は、はっきり覚えているんですが、みなさんちょうど帰る支度をする時間だったんですね。一五時前ということで、一五時半にみなさん帰られるので、まさに帰る支度をする時間だったんです。比較的利用者のみなさんは冷静だったかな、と思うんです。びっくりしたこともあったと思うんですが、避難訓練も年に四回やってましたので。地震を想定した訓練もしていましたので、みなさんこう机に隠れて、自発的に隠れる方もいましたし、職員の誘導で「隠れるよ」っていって、抵抗なく机の下に入った方がほとんどでした。普段の訓練は大事だなぁって感じたところはありました。ただどうしても、テーブルの下に隠れるっていうことが苦手な方もいますので、そういう方には毛布を被せたりとか、職員が利用者の頭部を守ったりしてサポートしていましたね。地震の後、雪が降ってきましたよね。地震の怖さと寒さとで、みんなだんだん不安になっていたなぁって。ここは一応、通所（施設）なので泊まる機能はないんですね。ちょうど帰る時間っていうこともあったので、家に帰すのかどうかっていう判断も迷ったんですよ。もちろんそのとき津波がきているなんて情報はまったくなかったですし、ラジオしか頼れるものがなかったので、津波に関する情報はほとんどなかったように記憶しています。職員で「帰すか、帰さないか」っていう判断をしたんですが、当時の施設長が、「まず帰れる人は帰しましょう」と判断して、可能な方には帰ってもらいました。家庭に連絡がつかない方には、待機をしてもらいました。

自転車で家庭訪問

A：固定電話はかけてもつながらなかったんです。法人（社会福祉法人なのはな会）の各施設（こまくさ苑を含めた七事業所）で帰れない方は他にもいらっしゃったので、皆さんに一箇所に集まっていただいて、そこで支援をするというか、一緒に過ごしていたんです。やっぱり電気もなくて、水もなくって、ガスもなくて、あとはガソリンもなくて、っていう、利用者さんを迎えたい気持ちはあっても、設備がぜんぜん整ってなかったということで、復旧作業とか被害状況の確認とか、あとその、どのお店が開いているかっていう情報の確認が始まりました。同時に安否確認ですね。電話では難しかったので、直接職員が自転車とか車で赴いて、確認をとるということをしていました。自転車で結構遠くまで行きましたね。ガソリンはやっぱなるべく使いたくないっていう思いが職員にありましたので。自転車でがんばってもらいました（笑）地震当日の送迎でも長時間車を走らせたので、だいぶ減っていたんですよね。もう残り少なかったんですね。

もちろん、こまくさ苑の利用者さんについては、こまくさ苑の職員で掌握しましょうということで動いていました。こまくさ苑の場合、だいたい職員一人で五名を担当しているんですね。その担当ごとに、各家庭の安否確認とか、あとは施設に来られない方もいたので、自転車で家庭訪問をしてましたね。かなり広範囲で。それも効率よく回るっていうことで、車に自転車を積んで、ある程度まで行ったら、そこからある人は自転車で、ある人は車で、っていう風に、ルート毎に決めてやっていました。基本的に全員の家庭を回ろうってことで行ってましたので。朝出勤したらすぐ出かけて、昼過ぎに帰ってくるとか、夕方までかかったりとかしていたと思いますねぇ。まぁ一人だいたい一日三、四軒くらいだったんですけれども。それと物資調達する人とで分けてやっていたんですね。女性職員を遠くの利用者宅の訪問に行かせるわけにはいかなかったので、男性職員がメインでいろいろ回って、女性職員は調達係っていう形で役割を分担していたんです。近場には女性職員も行ってもらったんですけど、遠くに行くときには、男性職員の体力を信じて（笑）一日でも早く施設を開けたいということで、食料の確保とか、飲料水の確保ですとか、色々ありましたので。まずはできることを、復旧状況を常時確認しながらやっていたんですが。電気は比較的早く復旧したんですよ、市の中心部が近いってこともあるとは思うんですけども、あと水も、まわりに比べたら早かったですね。何日後くらいだったか、記憶がちょっと曖昧なんですが。

三月一一日はちょうど金曜日だったので、土日はここが休みなんですね、ですからその土日は職員も出勤して、そういった安否確認とか、食料の調達をしていたんですけれども、利用者さん自体はもともと来る予定ではなかったので、まず環境を整えましょうってことで、注力していたんですね。多分受け入れができたのが三日後くらいだったと思うんですけれども。週明けの水曜日とか、そのあたりから始めたような気はするんです。

自宅から自力で来れる方しか来れなかったんですね。お母さんたちも、送ってくるのにやっぱりガソリンがなかったりと、環境が整っていなかったので。来るのはだいたい近場の方か、どうしても家で見られない方に限られていたので、人数は少なかったんです。

近隣の方々のご協力

食料はですね、厨房の方に給食に使うお米があったんですね。缶詰とか。あとはスーパーが開けば「一人何点まで」って限定でしたので、出勤してくる人間全員で並んで買ったりですとか。なんとか足で調達できたっていう形です。ある八百屋さんに行って話をしたときに、気を遣って下さって「ちょっと取っといたから」みたいな感じのご協力があったんですね。あまり表立っては言えないっていう感じだったんですけれども、行くと「取っといたから」って。それはそれでとても助かったんですね。普段そんなにお付き合いがあったわけではなんですけれども。そのときに行って、たまたまお店の方とそんな話になったんです。「実は施設に何人か通所者が来ているんですが、食料がなくてお昼が提供できないんです」と話したら「大変ねー」っていう。それで次の日行ったら、ご協力いただいて。おかげさまですごく助かったっていうことがあったんですね。

（通所者の人たちは）全然家庭も状況が違いましたし、苑も状況が違ったで、やっぱり何かが違うんだな、って思っていたと思います。ごはんも満足に出せなかったので、我慢してもらうしかなかったんですけれども、（通所者の方は）慣れてくれたってていうか。「そういうもんだ」って受け入れてくれたので、非常時ということであんまり苦労はしなかったんですが。でも準備が一番大変でしたね。食料はあっても、調理するものがないというか、ガスがなかったので。時期的に寒かったので、やっぱりあったかいものを食べさせたいと思ってはいたんですが。電気はあっても、お湯を沸かせるのはポットくらいしかなくて。ですから職員の伝でガス屋さん（個人商店）にちょっとお願いして、特別にプロパンガスのような、よく屋台で使うようなタイプのものを譲って貰ったり。根白石にそういったお店があったので、そこまでこちらで出向いていって、ガスを譲ってもらったり。そうしているうちに、普段取引しているガス屋さんの方も「大丈夫だよ」って言ってくれて、優先的に融通してくれたんです。施設には行事用として設備はあるんです。たとえばコンロだったりバーベキューセットだったり、綿あめを作る機械だったりとか（笑）。

そういう意味では、車両のガソリンも同じような形でご協力いただきました。普段使ってるスタンドさんの方から「何リッターなら譲れるから」って。ただ一般の人たちにはまだちょっと足りないので、この時間にこそっと来てね、というようなお力添えをいただいたりとか。普段の繋がりだとかお付き合いというのが、こういうときに大事なんだなって痛感しましたね。ただお金と品物のやりとりだけじゃなくて、いかにこちらの状況を普段の会話で伝えていくというかっていう、その繋がり方も大事なんだなっていうことは、すごく感じました。

あとは職員の方で、例えば実家が山形とか秋田とかっていう人は、実家からいろいろと送って貰ったということもありました。私も実家が山形市なので、直接カセットコンロのガスボンベとか調理器具、あと缶詰なんかは調達してきたんですね。カセットコンロのガスはやっぱり品薄で、山形でも同じような状況だったんです。でもまだこっちよりは手に入りやすかったので、もう震災起きてその日ですね。もう公衆電話もバーって人が並んでいて、ギリギリ自分まで使えたんですね。そのときに自分の安否よりもまず「食料とガスボンベ買っといて！」ってお願いして、「買えるだけ買っておいて！」ってお願いしたんですよ。そんな仕入れ活動もありましたね。【社会福祉法人なのはな会　まくさ苑】

業務命令が出せない状況

職員の個々人のプライベートな努力というか、業務としてお願いはしてないんですけれども、職員の意識の中で「自分にできることはないか」って、職員が動いていたことがすごく記憶に残っていますね。やっぱりそれだけ大変な事態なんだって思っていましたし、法人としても、電話連絡等で業務命令が出せる状況ではなかったので。でも自分たちの意志で「大変だ」って来てくれた職員がたくさんいました。職員たちの自発的な動きに頼るところがすごく大きかったです。逆に「大丈夫だからあなたは帰っていいよ」とこっちが催促しなきゃいけないぐらいの動きがとれたのは、すごく良かったなぁって思っています。復旧するまでは、交代交代で泊まって夜も見ていましたし。中にはもうずーっといた職員もいるんです。「家に帰っても一人暮らしでやることないし、ここにいたほうが気が紛れるから」っていうことで。でも、泊まって明けて、「休んでいいよ」って言っても、「いやこの時間もったいないから、ガソリン買ってくるわ」とか、みんなそんな風に動いてくれていたのので。

「迷惑かけられない」

たとえばここに一八歳で入ってきても、四〇近く五〇近くなってきますと、ご両親の方もそれなりに高齢になっています。すると家庭で介護っていうのは、できなくなってしまうんですね。

そうですね。保護者の方がまず自分自身の健康を保つっていうところでも精一杯ですし、自分の生活を守るというので精一杯になっている方がやっぱり出てきているので。やっぱり世代といいますか、こう、年配のお母さんになればなるほど「自分の子供は自分で看られるうちは看なきゃいけない」って思っている方が多いので。自分が看られなくなってから「ああ、手放さなきゃ」って思われると、やっぱお互いに辛いんですよね。ですから私たちとしては、お母さんが元気なうちに、ちょっとずつ話をしていって、お互いの生活を普段から自立してやれるようになるのが理想だとは思うんですが。やっぱり家族の思いっていうのは、そんなに単純じゃなくて。なかなか複雑なものだなと思っています。こちらもそういう状況をどう支援したらいいのかなって、いつも思うんですけれどもね。

子供（利用者）の方には「自立したい」っていう気持ちが芽生えていても、親御さんが「人さまに迷惑かけられない」とか、「自分で看なきゃいけない」とか、強く思っておられるように思います。年配の方であればあるほど、その思いが強くて。こちらとしても「もうちょっと任せていただいてもいいんですよ」ってお話しはするんです。でも親御さんには葛藤がすごく、ありますね。震災のときもたぶん大変だったと思うんですけれども、やっぱり「家族で看なきゃいけない」って。大変だからこそ自分たちで看なきゃいけないって思われている親御さんがとても多くて。自分たちとしては「大変だからこそこっちに託して欲しい」と話もするんですが、「いやいやいや、迷惑かけられない」っていう方がとても多かったですね。【社会福祉法人なのはな会こまくさ苑】

避難所と知的障害

強い自閉症の方は、いつもと違うというだけでパニックになったりするんです。中には震災でいつもと雰囲気が違うから、施設の館内に入れなかったり。普段は普通に入れるんですけれども、「なんか違う、入らない」っていう方々もいました。ですから公用車の中で一日中過ごしたりした方もいました。そういった特別な対応っていうのは、家族ではやっぱり難しいところもあると思います。そういった場合も職員が交代して、代わる代わる対応していましたね。

例えばかんぱん、みなさん結構食べないんですよ、こだわりで。パンは食べないとか、ご飯しか食べないとか、逆にご飯は食べないとか。いろんなこだわりをみなさん持っていますので、そのニーズに沿った準備をするというところは、たぶん他の高齢者施設とは違う所かな、って思います。冷たいと食べないとか、それは震災時には対応できなかったので、どこまでこっちが準備できるか、あとどれだけ本人に受け入れてもらえるか、折り合いの付け方でもあるんでしょうけど。

あと結構、自閉の方は水にもこだわるんですよね。手の洗い方が何回までとか、これやったら次はちょっと水を飲んで、次にコレに移る、とかって段取りを決めていたりしますので。水が出ないっていう状況になると、やっぱり最初は不安定になるんですよね。それでも慣れてずーっと不安であるわけではないんですけれども。やっぱりないだけで、ちょっとこう不安を抱えてっていうのがあるんです。そもそも普段と生活が変わるっていうことが大っきなことですし、特に自閉の方にしてみれば、食事とかトイレで大きく変化があると、生活がどんどん乱れていっちゃう方が多いんですね。だからその乱れが定着しちゃうと、ごはんを食べないことが定着してしまったりとか、寝なくなったりしてしまうんです。そういう二次的な影響も発生してしまうんですね。

去年まで私は「はまなす苑」っていうところにいたんですが、今二〇一四年ですよね。もう震災から二、三年経っていますけれども、まだそういう影響はあるんです。当時の行動の乱れが、まだ続いている方がいるんです。震災が起きてから、いつもと状況が変わって、パニックだとか他害、自傷行為が出てきてしまった方ですね。それがいまだに定着したままだったり、あとちょっとした揺れ、地震だとか、あと救急車の音だとか、あと当時を思い出す雪が降ってくるとか、そういうことがあると、当時をフラッシュバックで思い出すって。そういう意味でも震災の影響っていうのは、まだまだ残っている方がいますね。やっぱり不安感が強くって、もう一回あの条件が揃ったときに、自分の生活はどうなるんだろうと、不安を抱えてしまうので。

　水が出る出ないとか、環境面でどうしようもないことってあると思うんですけれども、そういうときに本人に落ち着ける環境があるかどうかは、大きいと思うんですね。避難所はあったとしても、障害者は行けなかったとか、そういうこともあると思うんです。不安を抱えたときに、一人でこう、気を静める場所っていうのがあれば、多少は乗り切れると思うんですけれども。個室はいいと思います。全ての方にそうだとはいえないですけれども。でもどうしても他の人がいるとか、他の人の視線があるとか、刺激が入ってくると、そっちに気持ちが行ってしまって、さらに不安になってしまう方が多いので。個室を希望する方は多いでしょうね。

（避難所は）難しい環境だと思います。皆さんがストレスを抱えていると思いますし、赤ちゃんの泣き声が聞こえてきたりとか、常に話し声が聞こえてきたりっていうのは、かなりストレスになりやすい人たちなので。現実としては、避難所とはいっても、なかなか避難しづらい環境だと思います。障害を持った人に合った環境が、少しでもあればいいよねとは言っていましたね。そうなってくると、かなり個別的な対応が必要になってしまうんですが。完璧を求めるのは難しいかもしれないですけど、そういった配慮があるだけで、状況は違ってくると思うんですよね。

　あとは人とのやりとりも結構大事でして、周りの人が「大丈夫？」とか、「どうしたの？」とかって、優しく対応してくれると、ちょっと安心にも繋がったりですとか、そういう場合もありますね。でもそれも個人個人によりますので、一概には言えないんですが。

　普段からも支援員と利用者の間に、個人的な信頼関係が成り立たないと、活動できないんですね。本当に個人的な信頼関係ですね。仲間意識でうまくいく人もいるでしょうし、師弟関係みたいな人もいるでしょうし。何かあったときに、障害をもった方から地域地域に入っていくのは、なかなか難しいので。やっぱり周りの方の配慮があると、それだけですごくありがたいと思うんですけれども。【社会福祉法人なのはな会こまくさ苑】

生徒は七歳から五〇代まで

いわゆるよその学校と違うところは、小学一年生から五〇歳までの生徒がいるところです。小学部、中学部、高等部ってありますよね。それから専攻科って。ここは学校を卒業した人たちが、あんまマッサージ指圧師、はり師灸師とかの資格を取るために通ってきているんです。今だと大人の人たちが二六人いて、高校生までの子どもたちが二四人ってことで、半分は大人たちなんですよ。ですから全校集会は小一の子供から五〇代の方までずらっと並んでいます。

大人の方々には、途中で目の状況が悪くなったりして中途で視覚障害者になった方々もいらっしゃいます。視力別ということになると、ほとんど見えない方が当時……大体ですと二五人くらいいたんですね。〇．〇二くらいまでの視力の人たちです。それ以外の方は、ある程度は視力のある人で「弱視」って、我々は弱い視力っていう言い方で「弱視の方」って区分しているんです。でも弱視の方の見え方は色々です。本当に片目の一部が見える人もいれば、ある程度見えるんだけれども、見える範囲が狭かったりとか。逆に目の濁りとかで、周りに物があるのは分かるんだけれども、把握ができない人ですとか。本当に様々で、一〇〇人いれば一〇〇通りの見え方がありますので、「どのような視力で」という括りが弱視の方はできません。一人一人の見え方なので。でもそういう人たちが集まっているときの震災だったんですね。

そしてうちのような学校は宮城県に一つしかないんですよ、視覚支援学校（旧称盲学校）が。どこから来ているかっていうとね、気仙沼からの人もいました。もちろん毎日通えないので、この学校の寄宿舎に入って生活している人たちです。その人たちは金曜日に学校が終わってから自分の家に帰って、また日曜の夜なり月曜日の朝に、学校に登校してくるっていう生活をしているんです。だから寄宿舎の人たちにとっては、震災があった時はまさにその日、家に帰ろうする数時間前の出来事だったんです。そういう人たちがあの当時はね、いました。【宮城県立視覚支援学校】

視覚障害者にとっての「避難所」

そういう学校ですので、地震のときはみんな一緒のことはやっていないんですよ。小学生は卒業式が終わってみんな家に帰ったところだったんですね。中学生は校外学習に行っていました。その時はモールで映画を見ていたんですが、天井が落ちてきて頭の上に。でも隠れていたところに落ちて、間一髪すり抜けて、モールから歩いてここまでね、帰ってきたりして。その他には高校生も外に出ていたんですが、とにかく帰ろうとしていた人たちも、残っていた人たちは集まって、学校の方で待機することにしました。

我々も出られる範囲は回って、心当たりのあるところは車でもまわったりして、子供たちの安全確保をしたんです。でも全く状況がつかめなかったんですよね。交通機関が止まっていたりして。そういう状況では家に帰せないので、まずは学校の方できちんとした体制をつくって、安全確保をした上で一斉に寄宿舎に避難をしました。さっきもお話ししましたけれども、大人の方も来ているんですね。必ずしも子供だけが学んでるんじゃなくて、お父さん、お母さんの年代の人が生徒だったりするんです。だから子供たちだけが自宅で避難・被災しているっていう方もいたかもしれないんです。連絡が取れるまでは待機と思ったんですが、「心配だから子供たちの様子を見に帰りたい」っていう生徒さんについては、学校の先生が一緒に付き添ってね、愛子まで歩いて帰った生徒さんもいらっしゃいました。もちろん夕方になってきて暗いから、視覚障害の人たちにとっては特に見えにくくなるんです。とっても危険な歩行ルートなんです。

視覚障害者の方がホームから転落する事故とか、車にはねられる事故のニュースをよく見たことがあると思うんですけれども、視覚障害者の方にとって、移動するっていうのはそれぐらい大変なことなんですね。本当に神経を使いますので。だから我々が付き添えるうちに、家に帰って子供たちの様子を見たいと向かったお母さんもいました。その他の人たちは、とにかく家族と連絡が取れるまで待機っていうことで。最終的に、寄宿舎にいる人たちも含めて家族の無事が確認できたのは、三日以上かかったんじゃなかったかな。県内でも遠くの方は、お迎えに来てもらえる交通機関がなくて。中学生だったかな、三日後にやっと親が迎えに来られたっていう生徒もいました。

あとはもちろん、沿岸部の市町村から来ていた生徒さんもいるんですね。実際にここにいる間に家が流されてしまった生徒さんたちもいます。しばらく帰るところがなくて、二週間くらいでしょうか、学校に残って状況を考えていた生徒さんたちもいました。

ただここは避難所じゃないんですよ。避難所に指定されていないんです。隣りは付属（宮城教育大学付属小中学校）で国立なので、避難所には指定されていないんです。隣の（仙台市立）上杉山中学校が指定避難所なんですね。本校は指定されていないので原則、備蓄の食料がないんですよ。ただそういう障害のある人たちが、なかなか他のところに避難できない状態で。上杉山中学校なんて、当時は一〇〇〇人くらい（避難者が）いましたからね。だからここでは自分の学校の生徒と卒業生で来たいっていう人とか、希望があればやってきた人たちを受け入れるという感じで、避難を続けていたっていう状況だったんですね。

行政的にはここは県立なんですよ。隣りが国立（宮城教育大学付属小中学校）と仙台市立（上杉山中学校）で、本当はそうでないといけないんでしょうけど、実際には宮城県と仙台市とで、やり取りを計画していたわけではないです。仙台市は仙台市で町内会とも結びついて、広域的な避難体制を検討していたと思うんですけれども。ちょっと県立ということも、支援学校ということもあって、独立して動いていたんですよね。でもこちらの方からは仙台市にお願いをするために、上杉（上杉山中学校）の避難所に「こっちに何人います」っていう情報をお伝えして、向こうからも協力していただきました。こちらからも水タンクが屋根にあったので、水の供給とか少しお手伝いして。停電しても、タンクに入っていた水は使えたんですね。当時はそういう連携を独自にね、やっていたんです。

ここの近所の方々も、昔から学校の周りに住んでいる人たちなので、非常に理解のある方々で。学校の様子を心配して声をかけにきてくれた人たちもいましたし。あとは水が出ていたので、必要な方には水を分けたりというようなこともありました。そういう意味では、日頃から子供たちが道を歩いていても見守って声をかけてくれる地域ですね。【宮城県立視覚支援学校】

生活に欠かせない機器の破損

ここは多分地盤がいいんですね。四月七日の大きな余震でも、人形一個落ちただけです。ただし横揺れが結構大きかったので、(三月一一日には) いろんなものが壊れたりはしています。一番困ったことは、彼らが生活していく上で欠かすことのできない、色んな機器があるんですが、これがかなり破損しました。拡大してものを見るルーペですとか、杖というような。あとは拡大読書器ですとか、点字のタイプライターといった学習用具があるんです。そういった物品の被害は、かなり大きかったです。ただ、全国に必ず盲学校がありますので、震災後はすぐに盲学校や色んな協会さんの方から、物品の援助が届きました。学校が始まるまでには、かなりの物が寄贈されていましたね。拡大読書器もタイプライターも、音声式の腕時計も。それこそ白杖も、壊したり失くしたり、流されたりした人たちのため、五〇本ぐらい届けられていましたね。生活物資もですが、色んなところから寄付をいただいていました。

白杖は使っている人も、使っていない人もいます。慣れた場所で覚えていれば、全盲の人たちでも大体歩けるんですよ。学校の中だとか。もちろんそれは歩行の訓練っていうのを、大分小さい時から彼らはしていますので。彼らにとって歩行は命綱ですので、小さい時から歩行の学習は続けています。高校生なんかも、十何年間歩行学習をやっているわけなので、一人で旅行に行ったりする人たちだっています。全盲でね、知らない土地にね。そういった人たちもいますし、なかなかそうはいかない、歩くのが苦手な人だっています。これも人それぞれなので。ですから二五人って言ったんですが、二五人が全盲ということではないです。若干の視力はあったりします。いろんなものを活用しながら、歩いている人たちもいるんですね。ただ避難訓練となったらね、周りの状況が分からないと、当時も実際そうでしたけれども、ああいう状態での避難ですので、原則的に見えない人たちが一人で行きなさいってことはしないです。みんな先生たちとか、見える友だちとか、お互いに連携し合って避難していましたね。

錯綜した情報

我々はね、津波の映像をリアルタイムで見てないんですよ。海以外の人たちって。だから一番大変だったのは、何が起きているかわからなかったことですね。どうなっているのかが分からない。職員にも何十人と、家が壊されたり、流されたりっていうことがありました。でもいつまで経ってもどういう状況なのか、ラジオから聞こえることくらいしか分からないんですよね。自分の家族がどうなってるのかも分からない状況で避難しているんですよね。やっぱり物よりも何よりも、一番知りたいのはどうしているんだろう、どうなっていくんだろうということで。とにかく状況が掴めないっていう大変さがありました。もう全体の機能が麻痺していましたので、教育委員会（県庁）がたまたま近かったので、校長が直接行きまして、一六階まで階段を上っていって、指示を受けたりしていましたけれども。でもここ独自の判断でもう、やっていかなくちゃいけないわけですよね。持病を持っている生徒さんたちも多いですし。それに病院だって、この先薬が手に入るのかどうなるのか分からない。そういう状態で過ごしていましたので。

視覚障害の人って「情報の障害」とも言われるくらいに、状況を理解するのが大変なんですよ。職員にも全盲の方がいるんですけれども、たまたま外にいるときに地震にあって。彼らにとっては音がしないもの、触れられないものは、その先がどうなっているのか分からないんですね。道端であの揺れに遭って、「どうしよう」ってことで、とにかく手探りで手に触れたものを頭にかぶって。ビールケースだったらしいんですけれども、とにかく身を守ったんですね。周りの状況がどうなっているか分からないですから。電柱が倒れてくるかもしれない、物が降ってくるかもしれないっていう状態で、耐えなくちゃいけない人たちなんですよ、視覚障害の人たちって。そういった状況で情報が分からなくって、その後の生活に苦労している人たちは、いっぱいいました。

学校の外では、何を支援してもらえるかの情報も少なかったと思うんです。それこそ「水がどこそこで出ました」っていう情報の中に、視覚障害者という、少数の方へのサービスがありますっていう情報は流れていたわけではなかったので。我々もそうですけれども、とにかくどんなニーズであって困っているのか、おそらく言えない人たちがたくさんいたと思います。だからしてあげればよかった、してあげるっていうのは、「支援」とは若干考え方が違うとは思うんですけれども、必要なサポートは結び付けていくっていうところが私たちの支援でね。困っている人がいれば、困り続けないように、と当時は力を入れていいました。さっきも言ったように、色んな名簿を持っているネットワークを使って、支援が出来ますっていう情報発信をしたり、あとはラジオを通じてお知らせをしたりっていうことをやりまして、とにかく困っている視覚障害者の方が、その状態で孤立しないようにっていうことを目指していいました。【宮城県立視覚支援学校】

避難所と視覚障害

うちの学校って、生徒さんたちだけじゃなくて、宮城県内の視覚障害の子供たちから大人の方までサポートさせてもらっているんですよ。年間ですと、四〇〇件以上の相談を受けているんです。赤ちゃんから大人まで。そういう人たちが一番大変だったのは、避難所生活だったんですね。視覚障害への配慮が無いわけですから、すごく大変。トイレに行こうとしても、トイレの場所が分からない。夜とか寝ている時に歩くと、人を踏んじゃうし、白杖も失くなってしまっていたり。実際我々が新しい場所に行くときには、見えない方にはトイレの状態を説明して、トイレットペーパーの状態とかも話しているんですけど、さすがにそんなこともやってもらえないんですね。でもトイレに入ったって、トイレがどうなっているのか分からない。もしかしたらね、うんちとかも溢れてるかもしれない状況で。もう生活しにくいから、壊れた家に戻りましょうっていう方もいたわけですよ。ですから学校は、ラジオで視覚障害のある方々への支援を呼びかけていたんです。やっぱり色んなところで県内に避難している障害者の方から、「白杖を流したのでください」とか「拡大メガネが無くなったのでください」とか「避難所の中の様子を説明しに来てください」っていうような要望が伝えられていました。うちに避難している人たちよりも、かなり大変な状況で避難所生活を送っていたはずです。そういう見えない人たちが、県内のあちこちにいたんですね。そういう人たちのところにもそれこそ七ヶ浜とか、学校の先生たちが出向いていって、うちの学校の生徒さんと同じようにお手伝いをしていました。見えない人たちが、地域の中で震災後の避難生活をしていくのは、多分私たちが想像している以上の大変さが、いっぱい出てきていたんでしょうね。

うち（学校）が良かったのは、寄宿舎っていう生活の場があったから、長期的に過ごすにしても、それこそお布団があったので、食堂に布団を敷いて寝ることができたんですね。食料についても我々みんなね、家のもの持ってきたりして、対応したりということをやってました。そういった意味では、避難訓練では予想していなかったですけれども、寄宿舎の機能が活用できたのは、助かったなあと、よかったですね。

視覚障害者の避難訓練

大きな避難訓練は、全校で年に二回やっていました。ただそれも一時避難のところまでだったので、校庭に避難するまでをやっている状態でしたね。あとは寄宿舎がありますので、お風呂に入っているときに地震がくるかもしれないですし、そういった生活時間帯を想定した避難訓練は、寄宿舎の先生たちのシミュレーション訓練ということで、独自にやってましたね。

震災後、避難訓練の回数は増えていないですけれども、色々なシミュレーションを加えてやってますね。揺れに合わせて防災扉が廊下を塞ぎますよね。バタンバタンって、ものすごい音を立てて、ぶつかったり開いたりを繰り返してるわけですよ。見えない人たちにとっては、何が起きているのか分からないので、とても不安ですよね。実際にそういう状況があったので、防災扉を閉じた状態の避難訓練をやったりしましたね。避難訓練って、小学校のときからみんな「ダラダラすんな」って怒られたりね、してきたと思うんです。でもあれはね、当日何をすればいいのか、身体が覚えているっていうことが大事なことだと思うんですね。原則として、みんな「安全に避難する、戻らない、残さずに見て回る。」っていうことをきちんとできていました。うちの学校では、見えない人たちを安全に避難させる訓練を、徹底的にイメージしていましたので。ですから避難訓練は大事でしたね。

ただ予想しなかったことは必ず起きるんですね。急に雪が降ったり、余震もあれだけ地面がゴーゴーって音立てながら鳴っていたり。衣類も持ち出せなかったんです。あの場では基本的なことの他に、臨機応変な対応はいっぱいありました。

例えば電気が消えました。今は投光器とか発電機を備品として学校が用意しているんですが、当時はどうやって灯りをとったかというと、ちょっと虫取りが好きな教員がいまして、色々な明るいライトでね、虫を呼び寄せる照明を車に積んでいたんです。車のバッテリーから食堂まで、全部電源コードを引っ張っていって、一晩中車のエンジンをつけたまま、とにかく見えない人たちが暗がりで転んだり、やけどしたり、事故にあったりしないようにっていうことで、一晩中発電していました。二日目は他の車のバッテリーから引っ張ってきて発電して。おかげでガソリンが半分なくなって大変だったんですけど（笑）でもそんな風に、あるもので対応するっていう形をとっていました。ですからまあ、一回震災に遭えばね、あれもできる、これもできるって準備ができますけれども。でも次の震災が来たら、必ず準備どおりに行くとは限らないですからね。やっぱりないものは必ず生じてくると思います。そのときにどうやって対応していくかを考えることが、一番の備えだと思いますね。ないから出来ないっていう発想では、震災は乗り切れないだろうなって思いますね。【宮城県立視覚支援学校】

必ず元の生活に戻っていける

我々が震災後に一番大事だと思ったのは、やっぱり日頃から学校内外の方々とのネットワークを備えておくことかと。これはものすごく大事だなって思います。視覚障害者の学校が他にないということもあって、うちは色々な機関と結びついているんです。そういったこともあって、割とニーズに対して「すぐに動こう」といえるネットワークが震災前から出来ていたんですね。そこに関わっていた人たちには、支援については相談できていたのかなと思います。ただ県内にも、そういったネットワークに入っていない方々が実際にいるんですね。そういった方たちに、「どこにいても、こういうことが出来ます。」ということを知っておいてもらうのは、ある意味震災を経験した者としては、必要なことなのかなって思います。災害のためだけじゃなくて、今宮城県では、学校も眼科のお医者さんも支援機関も、みんなまとめて視覚障害者のためのネットワークを作りましょうっていう動きが始まっています。今までは行政は行政、ＮＰＯはＮＰＯっていう部分があったんですが、その枠を外して。そういう網の目がどんどん広がっていったら、今度何かあった時にも、一人で困っている人っていうのがもっともっと少なくなってくるのかなあっていう思いがありますけれども。これはまだ実現に向けての話ですけどね。

震災の後に絆っていう言葉が流行りましたけれども、やはり乗り切るために一番必要なのは、人と人とのかかわりですよね。それは障害のあるなしに関わらずです。実際にそうやって乗り越えてきましたから。視覚障害については、さっきも言ったように私たちの想像できない大変さっていうのはいっぱいありますし、学校にいればね、ある程度守られることはあるんです。でもやっぱり家に帰ったり、地域の中に帰ったりすると、視覚障害者って一人なんですよね。同じような障害の方が一緒に暮らしてるっていうのは、ご夫婦の方とかいますけれども、少ないわけですよ。すると分かってもらいにくいっていうことがあるんですね。だから有事の場合に一番苦しいのがね、一人で「分かってもらえない」と思って我慢したり、孤立しちゃったりっていうことになるわけです。必ずね、私たちも含めて色々な支援をしてくれる組織が、必ずありますのでね。そういった人たちと一緒になりながら、大変さを乗り切ってもらえればなと思います。時間はかかるけれども、必ず元の生活に戻っていけるわけですから。大変なところを我慢しないで、一緒に乗り切っていきましょうっていうことが、一人一人の視覚障害の方々に伝われば、私たちも安心ですかね。最後は個人的な感想ですけれども。【宮城県立視覚支援学校】

インシュリンがダメになるかもしれません

お店は一一日に一度閉めましたね。わたしが八階の事務所に一人でいたんですが、キャビネットとか全部倒れたんですよ。倉庫の商品ももう、めちゃくちゃになってしまって。その状態で「とりあえず何をしなきゃならないんだろう」って思って。それで「まず安否確認だ」と。下まで階段で降りてきて、それで真っ先にこの店の方に来たら、従業員が「ああ専務〜。」ってね、泣きそうな顔をして。「大丈夫だった?よかった、よかった」って。でもとにかく店がもうめちゃくちゃだっていうから、「店のことはもういいから」って、とにかくまず施錠してお店を閉めて。今日はとてもじゃないけど営業なんてできないから、もう閉めてみんな帰って自分のことやりなさいって。ここを閉めてからね、次は調剤の方の東ビルの薬局に行ったら、そっちの方もみんな外に出ていて、「落下物がありますけど、全員無事です」って。「じゃあみんな帰って自分のことが落ち着いたら、会社に出社してくださいね」って伝えて。

それから今度は一番町の向こうまで歩いて行って、そこでも同じようにして。でも一番町が一番ひどかったんですけどね。それで「もう帰っていいよ、みんなに余裕ができたら、その時に出社してくださいね」って言ったんです。そうしたらね、「インシュリンがあるんですけど」って。冷蔵庫の中にインシュリンっていう薬があるんですよね。それで「どのくらいあるの」って言ったら、約一〇〇万（円分）ありますって言われて。インシュリンっていうのは温度でダメになっちゃうんですよ。だから冷蔵庫で保管するんですよ。でも停電しましたよね。だから「このまま帰ったら、インシュリンが全部ダメになるかもしれません」って。正直「ガーン」ってきましたけど、しょうがない、そいつはもうしょうがないって。「後で何とでもなっから、放っとけばいい」って。「まず皆さんの家族の安否ね」って言って別れました。

薬（インシュリン）そのものは高いんです。糖尿病の人のための注射なんですよね。一応その日は元栓も閉めて帰ったんですけど、翌々日行ってみたら薬局が水浸しになっていまして。公済病院のところね、古いところだったからそこの水道管が破裂したんですよね。じゃあまず水を掻き出せって。全部下に落ちた物が水に浮いちゃってるっていう状況はもう、めまいがしました。それからでもねえ、結構社員はみんな早く戻って来てくれて。それで手の空いた人は、みんな調剤の方の薬局（公済病院）に行ってくれって言って、一〇人くらいが行ってきたのかな。二日後ですね。とにかくね、みんなうちの社員の人たち、「自分の家のこと落ち着いたら来てね」って言ったのに、たいして落ち着いてないのに来てくれたんだ。うん。それはすごくありがたかったんです。

（公済病院のほうは）幸いにも、水がコンセントよりも下だったんですよね。だから漏電の心配もないから、コンピュータの電源のコードを取り替えたくらいで済んだんですね。でもその後一年経たないかな。数か月経ってから、下水管が地震でずれてたんですね。配水管が。それで水が流れなくて、だんだん水が上がってきて、気が付いたときにはもう、溢れる寸前だったたていうこともあって。そういうこともあったんですね。【ミドリ薬局】

お客さんは来るわけないと思ってた

町内の調剤のところ（薬局）は、天井から水が落ちてきて、コンピュータの上に落下したんです。ですから、コンピュータがダメになりまして。でもその時たまたまコンピュータ会社に電話したら、予備が一台あるって言うから、すぐに持って来てもらったんです。それで営業が再開できまして。震災があった翌日に片付けて、翌々日からです。電気がきたのはたしか翌日の昼くらいなんですよ。中心部って電気の復旧が早かったですから。電気さえつけば後片付けができるっていうことで、その日は復旧作業に全部当てて、翌々日の一三日から営業を始めました。公済病院のそばの調剤薬局も、日吉ビルの調剤薬局もほぼ同じです。みんな休まずに営業を続けました。

一部水に浸かってしまった薬なんかは、メーカーさんに補償してもらったりしたものもありました。要は普段からのお付き合いなんでしょうね。まぁ特殊な時でもありましたから、ダメになった薬はメーカーさんの方で「取り替えますよ」って提供してくれたところが結構あったりしまして。各調剤の方で、薬自体の損害は特にないと思います。

流通についても、そんなに不自由はなかったと思います。一般薬にしても、処方調剤のお薬にしても。うちの場合だけかもしれませんが、とにかく問屋さんがすごく一生懸命やってくれましたので。それにメーカーさんも必死でしたからね。うちはそこそこ在庫も持っていたので、欠品もなく済みました。

お客さんはまさかね、来るわけないと思っていたんです。ここのお店に限っては、かもしれませんけどね。だけどまず薬局を開けてみたら、その日の午前中にお客さんが来て、「開けてくれたのね！本当にありがとう」ってね。それで薬を買っていってくれたんです。なんというかね、うちの方がありがたいって思ってるのに、なんでそんな風にお客さんが言ってくれるのかな思ってね。ありがたかったんです。例えば漢方の滋養強壮剤とかですね。これをずーっと飲んでる方がいるんですよね。それでそういう時(震災時)だからね、逆に自分のことを守んなきゃっていう風に、うちのお客様は考える人が多かったんです。この地震があったら、とてもじゃないけどこういう物を買ってね、お金を使ってってていう風にはなんないだろうなって思ってたんです。だけどね、お客さんのことを分かっていなかったのは僕自身でしたね。お客さん自身は、健康を守りたいんだっていう気持をしっかり持ってた人が多かった。こういう時だからこそって言って来てくださってね。

「この薬、何とかならないですか」

病院が開いてなければ調剤薬局にも処方箋は来ないんですけど、いつも飲んでる薬をもとめて「この薬、何とかならないですか」って言って、お薬手帳とか持って来る人たちが結構いらっしゃったんですね。調剤業務をやっている薬局の方(公済病院と日吉ビルの二店舗)です。本来は病院からの指示書と処方箋がなければ、薬は出しちゃいけない法律になっているんです。でもその時は例外的に非常時だっていうことで処方してもいいことになってたんですよね。それでうちの調剤薬局に、結構患者さんがいらっしゃったんです。今までうちに来たことがなかった方も来られて。「何とか薬、揃いませんか」ということで。

だからうちらにとって大事なのは、今思えば少しでも早く店を開けることだったんですね。お客さんが来るか来ないかわからないですけど、商売してる以上、求める人のために少しでも、一刻も早く店を開ける努力をするべきなんですね。すごくそれは思いました。とりあえず自分がやるべきことをやんなきゃねっていう風に考えましたね。

この町内でもね、真っ先にお弁当とかみなさん売ってたよね、道路のところで。行列もできてましたよね。ここでも下の「ひがしやま」さんとかあと上の「喜助」さんだっけ、牛タンの。そういうところでもお弁当を出したりとかして、一生懸命やってたよね。少しでも早く店再開しなきゃっていう気持ちでみなさんやってたと思うよ。やっぱりうちらは店を開けることで、お客さんの役に立つんだからね。閉めてたらなんの役にも立てないからね。

調剤薬局じゃなくても、滋養強壮剤とかね、いつも自分の健康を守るために飲んでるものってあるんですよ。若いうちはあんまりわからないかもしれないですけど、年をとるとね、身体の弱い所とかだんだん出てくるんですよ。少しでもそういうところが楽になるようにとか、予防のためにとか、健康食品を摂ってる方って結構いらっしゃるのね。そういう方がね、地震をきっかけに飲むのやめたって方って、うちではほとんどいないと思います。

薬屋としてやるべきことは、やっぱり非常時はお金うんぬんじゃなくて、人として会社として、できることは何でもしなきゃって。わたしの先輩が南三陸町にいて薬屋やっててお店を流されたんですよ。てっきり死んでしまったと思ってたら、電話がかかってきたからもう涙出て止まんなかったです。その先輩が「コバエが出て大変だ」っていうんで、殺虫剤を送ったりしてましたね。結局（大切なことは）わたしは人だと思いますね、人とのつながりだと思いますよ。あとはね、感謝の気持ちを忘れないこと。

震災後変わったことは、わたしは（郊外である）泉区の家から出て、街中にマンションを借りて住むようになりました。なんかあった時にすぐ動けるようでないと困りますし、車が使えないようなことがあった時にも、会社にすぐ来れるようでないとまずいなぁと思いまして。この店のことでいえば、とりあえず非常用に懐中電灯と電池を備えるようにしました。【ミドリ薬局】

だんだんそういう記憶がなくなっていく

すごく言っちゃいけないことかもしれないんですけど、三月一一日の地震、また起きればいいのにって言うのを聞いたことがあるんですね。でもそれはね、あのときってなんだかんだいって、みんな助け合ったっていうことを懐かしんでるんですね。でもだんだんそういう記憶がなくなっていくような感じが、しますね。そのときはすごく一生懸命で充実してたっていうと変なんですけれども。でもそういうことという人が実際にいたんですよ。自分のことも守らなきゃって思ってましたけど、やっぱりあなたも誰かのことを気にかけてた訳じゃないですか。それに助けを求められれば、何とかしてあげたい気持ちになりましたよね。そういう気持ちを忘れちゃいけないっていうことじゃないかなと思うんです。そこはすごく外国のメディアから賞賛されたりもしましたよね。でもああいう風な文化って、この町内にもあったりしたんです。そういう気持ちを持ち続けるのも大事なんじゃないのって。人ってやっぱり、一人で生きてるわけじゃないんだぞっていう。情けは人の為じゃなくて自分の為なんだぞっていうね。だって落ちてたものをかっさらって逃げた人も、火事場泥棒みたいな人もいたじゃない。だけど寒い中じっと耐えて、おにぎり一個で凌いだ人もいましたからね。【ミドリ薬局】

「物がない、買えない」という疑心暗鬼の気持ち

ロ：とにかく、「物がない」「物が買えない」という疑心暗鬼の気持ちをみんなが持っていたんですよね。そのために、うちもこういう店ですけれども、パニックになるくらいに人が来ました。胃腸薬から、鎮痛剤から、風邪薬から、目薬から、下痢止め、皮膚の薬、消毒薬、いろんなものが売れて、売れるものがなくなりました。商品の仕入れもできないし、三日、四日したら入ってくる商品もあったんですけれど、それも一部ですから。物が入ってきたのは一〇日くらいしてからですかね。

イ：そうですね。ちょぼちょぼしか入ってこなくて、注文しても入ってこない具合でしたね。

ロ：うちだけじゃなくて、薬局、ドラッグストアに人が押し寄せて、みんな買い漁っていったんですよ、みなさん不安でしたから。ちょうど花粉症の時期でもあったし、目薬とか、シュッとするようなものとか花粉症関連の商品はすぐになくなりました。

イ：ふだん売れないようなものまで売れましたよね。うちみたいなお店はドラッグストアとは違うので、ふだんちょこっとしたものを買いにくる人はあんまりいないんですね。でも、そういうものまで売れていました。あとは、「ドラッグストアでは売り切れていたから」といって来る人もいらっしゃいましたし。列をなしてましたね、もうここの店いっぱいに人が入ったんですよ。三日間は一〇時に開店して、昼の一時には閉店していたんです。スタッフ三人でしたので。レジも動かないから電卓で計算したりして。そんな状況でしたから、普段よりもいろんなことを聞かれました。「あれはあります」「これはありません」というような対応をしていました。

この店に買う人も買わない人も入れたら、三時間の間に八〇〇人以上が来てたんじゃないでしょうか。買った人だけで四〇〇人ぐらいいましたから。もう奪い合うように、皆さんが商品を求めておられました。【ペンギン薬局】

増えてきた「要援護者」

面倒見なきゃいけない高齢者の方が四〇〇人くらい（町内会

に）いるというのは分かっていました。何かあった時に「助けてほしい」っていう方の要援護者の登録のお願いをしていたんです。でも四〇〇人のうち、八〇人くらいしか登録していなかったんです。その方たちには、一人につきお手伝いする人が三人ずつ付くっていうことにしていたんですよ。だからその登録をしていた人の所には、その日（三月一一日）から、三人は行けなかったけど、一人か二人はずっとお手伝いに行ってました。だからまあよかったんですよ。登録していなかった人も、いらっしゃることは分かってますからね。だからその人たちの所には三日後とか一週間後とかに民生委員の人たちが行ってました。民生委員の方たちは高齢者の方々を伺ていうのかな、自分たちで順位付けをしてるんだね。「この人の所だと早く行かなきゃダメだろう」とか、「この人には家族がいるから少しは行かなくたって大丈夫」とか。だから登録してなかった人のところにも、一週間後に少し様子を見に行ったとか、そういう話はありますよ。そういう面では民生委員とか福祉委員の人たちは一生懸命やってくれました。登録していなかった人たちも、訪ねたら涙流して喜んでくれたとか、やっぱりそういうこともあった。それを行政とも話して、なかなかわれわれだけで登録した人を助けに行くのは難しいと伝えました。それで仙台市に直接「要援護者」として登録するっていう制度が一昨年からできてるんですよ。それを逆に行政から情報をわれわれがもらうっていう。要援護者自体がだんだん増えてきたから、支援する側の人、一人に対して三人付けるってことなんだけど、それをできなくなってるのね。支援する側が足んなくなって。たとえば要援護者が四〇〇人だと、一二〇〇人っていうことになる。だからそれを何とかしなきゃって問題があって、とりあえず安否確認のためになるべく全世帯まわるっていうのが基本だからね。でも私のところは大丈夫ですからっていう自己申告してもらった方がいい人たちがきっといるはずですよね。そういう人たちのために白いハンカチだとか、今黄色い傘だとか、いろんなところでいろんなことやってますけど。マンションだと、入口のところにマグネット貼って「大丈夫だよ」って伝えたりするようにしてるところがあるようですけどね。だから、いちいちお伺いをたてなくてもいい人と、やっぱり面倒見なきゃいけない人とがあるんだよね。

宮城県沖地震をふまえて、三月一一日以前から、ここは九九パーセントの確率で地震がきますよって言われてきてまして。三〇年前（一九七八年）、実際に片平地区で亡くなった人がいるんですね。やっぱりなんとかしなくちゃねということで、片平全体で街づくりをしましょうという話をしてきたんですよ。街づくりの一番根本は、やっぱり「安心して暮らせる街にしたいですね」っていうこと。もうひとつは片平学区でコミュニケーションがなかなかとれてないですねってことで。昔はお年寄りの人が若くて、一生懸命頑張って盆踊りやったりなんだりってあったんだけど、ここ一〇年運動会しかやってなくて。それだと結局災害というのは、常日頃の顔見知りの関係が凄く大事なんだから、そういうのを大切にしていきましょうよって。やっぱり都市部でも、ものすごく問題があったんだよってことを認識してもらいたい。マンションが多くて、さらに高齢者やひとり暮らしも比較的多い町ですよ。学生さん、留学生も多く住んでます。【花壇大手町町内会】

尊厳をもって弔うために

東日本大震災の発災後、多くの尊い命が失われました。仙台市や近接する市町村にも沿岸部があり、仙台市の火葬場にも、多くのご遺体が集まっていました。でもガスの供給が止まった仙台市では、一時的に火葬場の稼働もできなくなってしまいました。

日々生まれる命があれば、弔われる命もあるのが日常です。災害発生によるライフラインの中断は、尊厳をもって人間を弔うことを難しくしていました。

身元がわかった方の安置所

葬祭会館って、簡単にいうと葬儀と、その場所を提供するところなんです。会社の状況としては、あの時間帯（一四時四七分）はお通夜を控えていたお客様がいました。葬儀は一三時くらいに始まることが多いんですけれども、葬儀が終わった後だった方たちもいらっしゃいましたね。実際に通夜を控えていた会館が（仙台市内に全八会館）「セレモール太白」、太白区にあるんですけれども。もちろん停電で、すべてが止まっていた状態でした。でも葬儀屋ですから、ろうそくだけはいっぱいありましたので、ろうそくを灯してお通夜を最後まで行ったんですね。次の日もたしか葬儀をしたはずなんです。会葬者の方たちが来るかたちではなかったんですけれども。ただ葬儀までで、火葬はできないっていう。ガスが止まったので、もうその日からしばらくは、火葬場が動かないままでしたので。

実際に（仙台市の火葬場である葛岡斎場が）止まっていたのは……曖昧なんですが、完全に止まっていたのはそんなに長くなかったように記憶しています（一二日から三日間完全停止）。でも無理を押して、件数を減らしながらも、稼働を少しずつ始めていたんですよね。ただ震災で亡くなった人の数が、やはり普通ではなかったので。

次の日から津波で流された人たちのご遺体の収容が沿岸部で始まって、そういう方々の収容先がまず、宮城県内で数十箇所つくられました。この近くですと「グランディ21」(利府町)っていう、仙台市の近郊では一番大きい収容所がありました。そういう方々が一旦は収容されるんですが、身元の確認が取れると、各葬儀社さんに移動が始まるんですね。そのまま置いてはおけませんので。

仮にもう、「間違いなくうちの家族です」って身元がわかって、手続きも済んだとしますよね。でもその方々がふと我にかえると、「じゃあどこに行けばいいの」ということになるわけですね。まだ連れて帰れる家が存在していればいいですけど、家を流されてしまった人もかなりの数いらっしゃいます。流されるまでいかなくても、この地震で家がかなりの被害を受けてしまって、入れない人もいたでしょうから。そうなると葬儀屋さんにお願いするしかない。それで仙台市内の葬儀屋さんは、ほとんどのところが安置所、「第二の安置所」というかたちになったんですね。要するに、火葬が出来るまでの間の、身元がわかった方の安置所っていうかね。普通はもう葬祭会館っていうと、一人二人ぐらいの入室が当たり前なんですけれども、棺を置ける場所があればとにかく、もう全て埋まっていったという状況でした。ここもそうだったんですけれども。

徹夜で並んで火葬の順番取り

さらに火葬が出来ない状況が二週間以上続いたので、もう最後は県外の方にお連れして、山形とかで火葬はしていました。葛岡(仙台市)に火葬場があるんですけれども、仙台市民の方は葛岡火葬場を基本的に使うんです。でもあそこはガスで焼くんですよ。震災でガスが止まりっぱなしだったので、火葬ができなかったんですね。ただ、非常用の重油で動かしたり、少しずつは火葬していたそうですけれども、とてもじゃないけど追いつかない人数でしたのでね。しばらく経ってからですね、落ち着いたっていうのは。火葬が全部終わったのは、一ヶ月、二ヶ月はかかっていましたね。ですからその間は、なんとかドライアイスでご遺体をもたせていましたけれども、やっぱり限界はありますからね。

ですからうちの各会館(八館)も、すべて安置所と化したかたちです。すぐに火葬できるわけではなかったので、とにかくもう空いている場所は全て棺で埋まった状態でした。(会社で)一番大きな会館はセレモール仙台だったんですが(青葉区葛岡郷六)、基本的にご依頼のあった方々は、一旦全てそちらに安置をさせていただきました。大きな会館なんですが、そこに入りきらないくらいでした。人数にしたら、一番多い時で確か六〇〜八〇人くらい安置されていたと思います。結局あとはもう、火葬ができる順番待ちといいますか、待つしかありませんでした。

葛岡火葬場で火葬できる数も限られていますし（平常時は一日約二〇件）、葬祭業者もうちだけではないですからね。各葬儀社さんが集まってきますので。最初は早い者順みたいなかたちで、各葬儀社さんが順番で火葬場に並んで、早い者順で場所取りをしていたんです。でも「それはおかしい」ということになって、行政の方で割り当てが入りました。「この葬儀社さんは今日何回」みたいなかたちで、割り当てられるようになったんですね。それまでは、まあ結局「早い者順」でしたから、火葬場が閉まった瞬間から並び始めていたんです。次の火葬の順番が取れるように。ですから「徹夜で並んで火葬（の順番）を取る」ということが、しばらく続いていましたね。でももう、受け入れてくれる数は決まっていますから。そんなに多く、一度にできるわけではないですので。そのうち、県外まで火葬に行くようにもなりました。そっちの方が確実に火葬場が確保できるということで。それも道が動けるようになってからになるんですけれども、火葬場はそういう状態でした。

（ライフラインで）一番復旧が遅かったのがガスなんですよね。昔の火葬場って、重油で火葬をしていたんですが。結局窯がダメになってしまうということもあって、活動にも制限があったらしいですね。ちゃんとガスがきて動くようになるまでは、他県の火葬場を使ったり……全然火葬が進まないっていう状況が続いてましたね。【セレモール小田原】

儀式っていうものは、ほとんどやれない

結局そうなると、亡くなった人のご遺体が傷んでくるんですね。それを止めるためにどうするかというと、通常だとドライアイスで傷みの進行を少しでも遅らせる処置をするんです。でも「ドライアイスはどこから入手するの？」っていうことになったんですね。電気がないと作れないですし、実際に仙台では、ドライアイスをまともに作っている会社って限られているんです。もともとそんなに需要があるわけではないですから。ですからドライアイスももう、すぐ底をついて。業者さん炭酸ガスの供給を受けないと製造できないですし、それを運ぶ高速道路も、一時期通行できませんでした。幹線道路がダメになって、物が入ってこない状況になってしまっていたんですよね。ですからドライアイスが入ってくるまでにも、かなり時間がかかりましたし、その間にやっぱりご遺体も傷みが進んでしまいますし、どうしようもない状況といいますか、そういう時期はありましたね。

火葬だけは一番最後まで影響がありました。でもその頃の葬儀もまだ、そんなに人が集まってくる葬儀ではなくて、身内だけの

【関東大震災の犠牲者を弔う人たち：東京都慰霊協会提供】

葬儀がほとんどでした。もちろん、震災で亡くなった方は多かったんですが、震災とは関係なく亡くなる方もいたわけです。そういった場合、どちらかが優先っていうものでもありませんしね。

待っていた方の火葬が全て終わったのは、確か五月に入っていました。まあ五月に入った時点では、安置状態というのはもうなくなっていたんですけれども。ただ完全にいなくなってしまったのは、五月に入っていたと思います。（こちらでは）五月前半ぐらいまでかなと記憶してますね。

ですから儀式として行えたのは、震災があった日、そして次の日。唯一通夜と葬儀をして、あとはもう火葬を待つだけのところまでです。もう完全に、その次の日からはとりあえず安置をして、まずはどれだけ早く火葬をしてあげられるか、っていうことだけでしたね。ですからもう、その時点では儀式っていうものは、ほとんどやれない。とにかく火葬するのを最優先。

でも火葬ができるようになって、すぐに葬儀ができたかというと、そうではなかったんです。火葬できたご遺族も、お骨を一旦ご自宅なり、安置できる場所に持ち帰ります。それから改めて葬儀をした方も、もちろんいらっしゃいました。でも全て復旧しても、もういいかなって、大掛かりなお葬儀ではなくて、もう自分たちだけでお寺さんに行って、御勤めだけしてもらうっていう、簡素なものになる人は多かったですね。でも震災で亡くなった方たちのお葬儀の挙げ方は、もう御家庭によって様々で。ちゃんとやりたいという方もいれば、最終的に葬儀は挙げずに、お骨をお墓に収めて終わるっていう方も中にはいらっしゃいました。「身元が分かっただけでいい」っていう状況でしたので。いまだにね、身元不明の方も実際にいらっしゃいますから。ご遺体が上がってこないっていうご遺族の方がいれば、上がってきても、なんでしょう、引き取り手がいらっしゃらない場合もあったんです。結局家族全員が流されちゃっているケースですとか、もしくは一人暮らしで、身寄りがない方もいらっしゃったんでしょうし。そういう状況を思えばね、お墓に入れた人はもう、確かにそれでいいのかなっていう風にも思います。

時間が経つにつれて、県外からの支援が入ってくるようになって、徐々に良くなっていきましたけれども、大変だったのはやっぱガソリンですね。ガソリン問題。結局何をするにしても、車がないと何もできない状況が続きました。一気にガソリンがなくなってしまって、あのガソリンスタンドの長打の列、それがずっと続いている状態で。ただ緊急車両だけは優先してガソリンを入れられたんです。例えば警察、消防、自衛隊とかですね。自衛隊は当然なんですけれども、あとは救急車ですとか。最後の方で緊急車両としてやっと認められたのが、霊柩関係の車両です。優先して入れさせてもらえるようにはなったんですね。その車で、亡くなられた方を搬送して、っていうことが続いたんです。でもそれ以外の、普段一般的に使う会社の車については、苦労しましたね。ですから動かす車を限定させて、とにかくガソリンを無駄に使わないようにするしかなかったですね。結構苦労したところです。【セレモール小田原】

畳まれて届いた棺桶

亡くなった方を各安置所に移動させるのは、大概は自衛隊の仕事なんです。自衛隊の人たちが、亡くなった方を例えばヘリでね、連れてきまして、そこで一旦亡くなったかどうか、一応そういう検死をしまして。その後はもう、安置所にずらーっとご遺体を安置していくんですね。でもその寝かせたまんまの状態では、さっきも言いましたが、傷んでいくだけなので、棺に入れなくちゃいけないわけですね。

これはもう、何千体っていう数になってきます。その棺が一気に集まるかというと、もちろんそうではないんですね。各葬儀社さんが持っていた棺だけでは、すぐに底をついてしまいますので、棺桶に関しては、県外からの支援で運び込まれることになったんです。ただ、量を運んでくるためには、出来合いの棺といいますか、完成体の棺ですと嵩を取りますので、多くの数を一気に持って来られないんです。ですからバラの状態といいますか、組み立てキットみたいな、そういう状態の棺がなるだけたくさんトラックに積みこまれて、運ばれてきたんです。それが随時入ってくるようになったんです。ただそれを組み立てる必要が出てきます。それは各葬儀社さんから何名かずつ、全員集まるわけにはいかないので、集まってきて組み立ててました。その時点では会社っていうよりも、いろんな葬儀社さんと一緒になって支援に回っていたという状況ですね。

もう経験したくない

とにかくもう、ひたすら棺作りが続きました。出来上がったらそれを、一〇トントラック、四トントラックにとにかくどんどん積み込んで、各安置所に運びます。その延々の繰り返しでした。それで、行ったら今度は、棺にご遺体を納めないといけません。それは自衛隊とか警察の方がやるわけではなくて、葬儀社の人たちの仕事でした。水で（溺死した故人の）汚れは流してくださっていたんですが、そのままの状態だったんですね。ただそれではあんまりでしたので、仏衣といって、白い衣装、わかりますよね。できる限りそれを着せて、棺に入れて。棺には通常、体液が漏れないようにビニールが中に張ってあるんです。でも状態に応じて、納体袋といって、寝袋みたいにすぽっと入るビニールがあるんですが、損傷が激しいご遺体にはそれが必要でした。仏衣を着せられる状態ではなかった方も結構おられましたので、そういう方には上から仏衣を掛けて差し上げていました。道具もそんなになかったですから、できることは限られていたんですけれども。やっぱりその、そのあとで遺族が、本人確認に来るわけです。身元確認のためにね。そのときには、やっぱり汚れている状態よりも、見てもそんなに違和感のない状態にまでしてあげたいじゃないですか。できるだけまあ、そういうことをひたすらやっていましたね。延々と、その繰り返しでした。棺を作って運んで、納棺して。また戻って棺を作って運んで、納棺して。私が行ったのは女川とか石巻、南の方は角田ですか。ほとんどは海沿いの方の安置所で、どこ行っても悲惨な状況でしたね。

グランディ21にも、あの広いコートに全面、もうこれ以上入らないだろうというくらいにご遺体が並んでいましたね。石巻（市）では学校の体育館もいっぱいでした。閉鎖された学校の教室も安置所になっていました。どこへいっても、亡くなった人のところに遺族が来ればね、泣き崩れるわけですよ。そういう状況を延々と見つつ……。うん、なんでしょうね。こういう仕事に就きながらも、異常だと思いましたよ。もう、ありえない状況っていいますか。普段もご遺族とか、亡くなった人を相手に仕事をするわけなんですけれども、そういう感覚とはもう全然違って、実際はもう、経験したくないですね。運ばれてくる方たちには、もちろんお年寄りだけじゃなくて、若い人もいれば、小さい赤ちゃんもいて。やりきれないですよね。でもやらなくてはいけないっていうか、今はもうこれをやるしかないって思っていました。きっとそこに居た人はみんな。「いつ終わるのかな」って思うくらい、延々と。

私が手伝っていたのは三月の一一日から四月半ばくらいだったでしょうか。だいたい終わったのが、四月の半ばくらいだったと思います。

仏衣もそうですし棺、納体袋、ビニール、そういうものがセットになって、県外からあるものが送られてくるっていう（状況でした）。そこで非常に嬉しかったのが、そういうものと一緒に、物資としてカップめんとか食べものなんかを一緒に運んでくれて。わざわざガソリンないだろうからって、トラックで運んできてくれた所もありましたし、メッセージを書いた色紙を持ってきてくれたりとか。とても励みになりましたね。【セレモール小田原】

知ってる道にしか逃げない

南海トラフですとか、首都直下型ですとか、また起こるっていわれていますよね。そういう時はやっぱり、こういうことを経験したからこそ、少しでも助けにならなければっていう思いにはなりますね。起こらないのが一番なんですけど。

県からの要請で葬儀屋全体が動いた部分と、それとは別の、通常のお客様からの依頼とは、別の動き方をしていたんです。私は主に県の支援に回っていましたので、こういう仕事を普段からしているとはいえ、やっぱり亡くなる数にしても、亡くなった環境にしても、普通ではない状況だったんですね。それをうまく取り回すっていうことが、非常に難しかったです。普段は物品も頼めばすぐ手に入りますし、なければ買って来れば済むわけですけれども、そういうことがほとんどできない状態。電気、水道、ガス、そういったライフラインが滞った状況で、何ができるのかということになると、本当に今の生活って、幸せなんだなっていうことを実感しましたね。その状態でなにが出来るかって必死で考えて、あるもので凌がなければいけませんでした。それを会社で見出していくのは大変でしたね。いろんな人の協力があって、乗り越えてきたという感じですね。

今も常に意識しているのが「このタイミングで（地震が）来たら……」っていうことなんです。「今来たらどうするか」って。例えばデパートに買い物に行ったとして、その時に「もし今来たら」って。そういうシミュレーションっていうか、いつもそういうことを考えるようにしているんです。初めて行った場所では、必ず非常階段っていうか、裏階段を上り下りするんです。エレベーターってあんまり使わなくて。人って慌てて逃げる時、知ってる道にしか逃げないんですよ。通った道にしか逃げられませんので、必ず裏階段を見るんです。そういうことを意識していると、いいのかなって思いますね。逃げる時は人間、知らない道には絶対逃げないんです。だから非常階段を一回見ておくっていうのは、助かるためには有効だと思いますね。【セレモール小田原】

キリスト教でもいいという人にお祈りを

翌日の土曜日は事務所が休みだったので、職員には来なくていいと前日に伝えていました。でもちょうど土曜日だったので、日曜日の教会のミサをどうするのか、他の神父さん方と話し合いました。「なんとかできるかねぇ」ということになりました。

そして、その日の晩に、電気が通りました。電気が通ったので、電話がしきりに鳴りはじめました。一番最初の電話が、日本にあるカナダの大使館からの電話でした。私がとったわけじゃありませんが、その電話はR神父（塩釜の教会の神父）が亡くなられたという連絡でした。それを聞いて「大変だ」ということになり、次の日、日曜日にミサが終わった後、利府のグランディ21に遺体の収容所があるということだったので、遺体の確認と引き取りにいきました。ご遺体を確認して、確かにR神父ということを確認して、葬儀屋さんに連絡をして、日曜日は過ごしました。

日曜日にミサを行ったのは、大変な状況でしたけれども、通常教会のミサは、神父が「行います」と、電話やメールで連絡をして人が来るわけではないんです。日曜日になると人が自然と来るんですね。電話もつながらなかったので、「行わない」という連絡もできませんでしたし、来られる人たちもいるはずなので、行うことになりました。

教会にかかってきた電話のほとんどは「大丈夫ですか？」という安否確認でした。日曜日はそこまでじゃなかったですが、月曜日になると電話は鳴り止まなかったですね。夕方五時になると、イタリアやフランスなどのヨーロッパから電話がかかってきました。かけて来た人は日本人ではなく、外国の方でした。教会関係の人でした。それも内容は安否確認だったのですが、英語だったので、しっかり英語ができる司教さんに電話をほとんど応対していただきました。私もある程度は対応できるのですが、あんまり難しい話をされると答えられませんので、途中からみんな電話を取らなくなってしまいました。「また外国かな」ということで。知らない方からもよくかかってきました。日本の方の電話も、存じ上げない人ばかりでした。「長崎の○○神父ですがどうなって

います か？」という、それまでお付き合いのなかった方からも、安否確認の電話をいただくことがありました。

あのとき覚えていますか。近くの人がたくさんかけてくるものだから、電話が繋がらなくて、でも遠くの人とは繋がっていたのですよ。遠くの人とはよくしゃべっていました。だから、電話ができるようになると、（沿岸部にある）塩釜教会や大船渡教会に電話をするわけなんだけども繋がらないわけね。でもようやく繋がったら、この神父大丈夫だ、この神父大丈夫だと、一人一人確認をしていきながら安否を把握して。パソコンは生きていたのでメールが使えたのですが、メールを使っている神父さんはいないので、電話で確認するしかなかったんです。

一〇日目くらいにプロテスタントの牧師さんから連絡がありました。火葬場（葛岡火葬場）に、毎日毎日津波で亡くなった人が運ばれてきて、火葬してお葬式をしての繰り返しになっていると。僧侶さんも追いつかない状況だったようで、でもみんなお祈りはしてもらいたいと思っておられて。いろいろと悲しい状況を体験されているので、そういう方々のために、火葬場にデスクを置いて、宗教上で困ったことを相談する場を作られたんですね。ですから「そこに神父さんも派遣してください」と言われました。カトリック教会のキリスト教のブースに座って、仏教ではできないので、お祈りをしてもらいたいという人に、キリスト教でいいという人にお祈りをしていました。それが二週間くらい続きました。

【カトリック元寺小路教会】

ガスが止まったら火葬できない

三月一一日は幸運といいますか、友引で「友を引く」と言うことで火葬を避ける方が多い日でした。ですから火葬の件数自体はそれほど多くなかったんですね。時間的にも通常の日ですと午後四時ころまで火葬が行われているのですが、午後三時頃には最終の火葬が間もなく終わるという状況でした。

もしこれが朝だったり、件数の多い日だったら、もっと対応は違っていたと思うんですが、その日は、最後まで無事に火葬を終わらせることができました。

ガスが止まりましたが、地震の発生時には火葬自体は終わっていましたので。あとは収骨ということで、その間も揺れたりはしていたのですが、揺れの収まるのを確認してから何とか収骨を終え、ご遺骨を持って帰って頂くことができました。

ご遺族の方はもちろん怖かったと思います。乗ってきたバスなどに一時避難をしてもらい、揺れが収まったのを確認してから収骨をして頂いたので、大変ご迷惑をお掛けしたかと思います。

今の斎場は平成一四年の建物なので、しっかりとした耐震（構造）になっています。また、ここはわりと地盤も固いので何かが落ちてきたりっていうことは無かったようです。

その日ですが、斎場職員も市職員と同様に震度階級により、家族の安否を確認した後、直ちに職場に集まるということになっています。全員が集まったのは、信号も止まっていましたし、家が被害を受けた者もいたので、なかには二時間も三時間もかかって到着した者もいました。職員だけに限ると一七名でしょうか。

その時点では、津波でこんなに人が亡くなっているっていうことは、わかっていなかったんです。全員が集まったあたりで、携帯のテレビを見ていた者が「これはとんでもないことになっている」との一言から、皆が被害の状況を知ることになったのです。

次に考えたのは、明日からの業務のことです。運営ができないと大変なことになりますので。火葬をするには、火葬炉の制御コンピューターと排風機を動かすための電力と燃料となる中圧ガスが必要となります。そのとき非常用電源は作動したんですけれども、ガスの供給が停止していたのでガスによる火葬は無理になってしまいました。

今の火葬システムは、地震等の災害や事故を想定し、ガスが止まった場合の代替設備として、軽油バーナーを用意していますが、それはあくまで炉の故障や災害があったときに、短期間の稼働を想定してのものです。

ここの電気自体は、葛岡の清掃工場から送電してもらっているので工場に状況を確認したところ「電気の復旧の見通しが立たない」という話があったので、こちらからも（仙台市）生活衛生課に経緯を含め報告しました。生活衛生課からは、「復旧するまで休場する」との回答をもらったので、ひとまず「明日は無理」であると判断しました。その後、改めてライフラインや火葬炉設備を含め他の設備点検、軽油バーナーをテストしその日は終了としました。

生活衛生課から斎場が市の重点施設なので優先的にガスや軽油の割り当てをしてもらえるとのことで、市と再開に向けた打ち合わせをおこないました。その結果を受けて、応援に来てくれていた協会職員や斎場職員全員で各葬儀社に火葬開始の日時などを知らせることになりました。

電話が不通の地域も多く、一部携帯電話で通じたところもありましたが、連絡が取れない葬儀社には直接職員が出向いて伝えました。また、不在のところには貼り紙をするなど周知を図りました。

しかし、供給されるガス量や軽油の供給量には制限があったので、しばらくの間はガスと軽油の併用で火葬を行うことになりました。

震災死と自然死と

震災三日目の一三日には電気が復旧し、再開の目途がたったので、市と葬儀社の代表による協議がおこなわれました。

一五日より火葬を再開するので、震災以前に予約が入っていて、休場していたため出来なかった一二、一三、一四日の自然死による火葬をして欲しいとの知らせを受けました。

当初、市では、震災死による身元不明のご遺体が多数あるのではないかと考え、葛岡に土葬の準備を進めていたようです。遺体安置所としてプレハブも作ったのですが、実際に土葬はおこなわれずに済みました。今は火葬しないと納骨ができないことになっているので、とりあえず、一度、土葬し、その後に火葬することを前提としていたのですが、市はそれを回避することができたのですよね。

火葬予約に関しては、電話が不通で連絡がとれない多くの葬儀社の方もいたので、ご不便をおかけしたとは思いますが、受付での混乱を防ぎ、公平性を図るため、直接、斎場の窓口のみの受付とし、葬祭業者の方にもご理解とご協力をいただいたところです。

基本的に予約は一〇日先までを上限とし、一回の受付で一葬儀社三件までの割り当てとし、順に受付しましたが、すぐに予約が埋まってしまう状況が四月末まで続いたと思います。

いつもとは違う火葬場

多い日には一日六〇件の火葬をおこないました。葛岡斎場の火葬炉数は二〇基あり、一日当たり最大の火葬件数は四八件、火葬炉の使用回数は三回転を目安にしています。通常の平均火葬数は二五件程度で、火葬炉の使用回数は二回が普通ですね。

震災後の一日当たりの火葬件数については、市との話し合いの中で、隣接市町村の斎場の被災状況や震災死者数などがはっきりしていないこと、さらに、市に一ヶ所しかない斎場を長期間継続して稼働するために、火葬炉の機能維持についても相当検討したものと思います。

市民の方でも近県に火葬をお願いしたケースもあったようですが、葛岡斎場でも多くの市外の方や県外の方の火葬もおこないました。また、市を通して名取市、山元町、亘理町からの火葬依頼にも応えました。

山元町、亘理町からの火葬依頼は仮埋葬したご遺体を改葬し、葛岡斎場で火葬するというものでした。大型バスで毎日何体ものご遺体が運ばれる中、喪服の準備もできないままお別れをされるご遺族を見て、改めて今回の震災の大きさを感じずにはいられませんでした。

個人での火葬依頼も多くお引き受けしましたが、寒い中、被災された方自らが、リュックサックに長靴姿で、予約を取るため朝早くから並ばれていたり、霊柩車の手配も間に合わず、トラックの荷台にご遺体を乗せて運んでこられたご遺族もいらっしゃいました。

市からは、なるべく普段通りの流れで告別等をして欲しいとの要請を受けてはいましたが、やはりいつもと違った火葬場の風景がありました。

お別れの時間を

一日の火葬六〇件という数は、単純に普段の三倍の仕事量となるので実際には大変なことでした。

でも、お別れや収骨は、可能な限り普段と変わらない対応を採りましたので、ご遺族の方たちからはかえって感謝されたことが多かったと記憶しています。「こんな風にお別れできると思っていなかった」って言ってくださったりとか。とにかく「震災に遭われた人のために」と職員皆がひとつの気持ちになって業務に当たりました。

最後のお別れに、宗教関係者を立ち会わせることができないご遺族がいることを知った、仙台仏教会や日本キリスト教団の方などが中心となり葛岡斎場内でご好意により読経やお祈りをしてもらっていました。身元不明の方は、どの宗教かわからないので、仏教式をやって、キリスト教式、神道式と三回位やっているのも見受けることができました。そのような状況は約一ヶ月半くらいあったかと覚えています。

今回は、震災を通して、職員個々が斎場の重要性や、業務への誇りを改めて確信することができた機会でもありました。【仙台市葛岡斎場】

思いがけない場所で

最後の章は「思いがけない場所」からの伝言です。おおよそ震災とは関係のなさそうな場所にも、被災した人のために心を砕いていた人たちがいました。些細にも思えるような出来事のなかに、災害に遭った街の人の息遣いが色濃く残されています。「こんなところに」と思えるようなことこそ、災害時の人間を映し出しているのかもしれません。普段とは全く違ったお客さんのために、力を尽くしていた人たちの逡巡や葛藤も伝わってきます。

仙台駅から、とにかく早く出さなきゃなんない

仙台駅のタクシープールが避難場所でしたので、タクシーの乗務員さんたちは全部出るようにという指示があったと思うんですね。まあタクシーで帰る人がそのまま乗ってったというのもありますでしょうしね。私と前の所長なんですが、（駅二階の外部に出る）ドアを開けて、二階のドアのところに段差ができちゃったんですよ。ドアが閉まっちゃったら開かないのは分かっていたので、もう二人でドアをバーッと開けて、そして駅の中にいたお客様たちを誘導したんですね。ドアを開けながら、下のまず広いところに誘導しました。「地震ですから、避難してください」ということで。私たちも詳しくは分からなかったんですけれども、JR仙台駅の指示でした。「まず駅からお客様を早く出すように」と、そういう指示があったものですから。

東二番丁小学校にかなりの人が集まってしまったというのは、私たちも聞いております。それで、翌日も私は勤務だったんですが、やはり避難場所がそこでしたので、そちらに誘導したんですね。多分、榴ヶ岡小学校っていう指定避難所が近くにもう一つあるんですけれども、そちらの方にもかなりの人が避難して、先生方や地域の方は対応が大変だったんじゃないかと思います。県外の方がたくさんいらっしゃいましたね。たぶん皆さん、避難所の

方に行かれたと思いますね。

まず誰もケガをした方がおられなかったということは幸いでした。自分たちがいる案内所（二階）の前の階段に、三階から水が流れてきたんですよ。上からダーッと水がきて、案内所の前が水浸しになっちゃったんですよ。ガラスの破片はあるしで、本当に危険でしたね、駅の中もね。ちょっと転んでしまって、絆創膏を差し上げた方もいらしたんですけど、幸い大きなケガをした人が一人もいなかったということで。

とにかく駅の中にはいられなかったので、ＪＲの方と一緒に、どこに避難したらいいかっていうことを下の方でお教えした記憶がありますね。寒かったですね、その日はね。もう外も真っ黒になって、そしてもう、大粒の雪が降ってきましたしね。雨も降ってきてね。もうあの日は本当に、一番町、二番丁の人の流れがすごかったですね。近くの方たちが炊き出しをして、それを二番丁小学校に届けたという話も聞いています。

（仙台市中央案内所に）その時は四、五人いましたね。いったんおさまってから所長の指示があって、「それじゃあ今日は帰ってください」ということで。夕方五時前後でしたかね。仙台市に住んでいる人は、自宅まで歩いて帰れますけれども、大変なのは県外のお客様ですよね。そういう方たちはやっぱり、まず電話が通じないので、公衆電話にかなり並ばれていたんじゃないでしょうか。公衆電話にかなりの人が並んでいた記憶はありますね。駅の下にも公衆電話があるんですけど、そこにもずーっと人が並んでましたね。

近くのお店の方だと思うんですけども「寒い方は段ボールをどうぞ」って持って来てくださったんですね。そういうこともありましたね。下が冷たいのでね。「段ボール敷いてください」って。本当にあの日は寒かったですからね。

たぶん駅の中に入ってはいけないことになったので、特別な人しか入れなかっと思うんですね。私たちはもう、とにかく「中には入れない」と言われたので、とりあえずお客様を誘導したあと、一回戻って貴重品だけ持って出たという状況なんですね。当時は「お客様をとにかく早く出さなきゃなんない」っていうので、必死でしたからね。

「一番二番って、番号は付けられないです」

観光のお客さまは、一時はやっぱり減りましたね。ここに「来れないんじゃないか」っていうお客様のイメージもあって。交通機関もダメだし、あとは被災地にも行けないだろうっていうね。かなりもう、大変な状況でした。あの状況を見たら、やはりお客さんも「行っちゃいけないんだ」っていうね、そういう心境になったんだそうです。ようやく二年経った、三年経った、四年経ったっていうので、ぼちぼち出てきた方もいらっしゃいます。「旅行したところはどうなったんだろう」って、最初のころに来られて、また震災から何年か経ってからね、「またあそこに行ってみたい」という方もいらっしゃいましたね。あとは「昔泊まってお世話になったところは、どうなったんだろう」って心配されてこられたり。「自分が前に仕事していたところがどうなったんだろうか」って心配されて来た方もいらっしゃいましたね。

震災後は「どの辺まで行っても大丈夫ですか」とお尋ねがありましたね。あとはまあ「被害状況が一番酷かったところは、どういうところですか」っていうものも。でもどこも大変だったんですよね、考えればね。だから「一番二番って、そういう番号は付けられないですよ」って。被災した場所もそうですが、人の気落ちもね、大変だったので。そういう順番は付けられませんと、私たちはいつもお話ししておりますね。「はい、分かりました」ということでね。あとは例えば「復興応援で何かを買って帰りたい」っていうお客様ですとか、「前に来た思い出の場所にもう一回行きたい」とかですね。皆さんいろんな思いでいらっしゃるわけですよね。ですからお客様の思いを聞いて、そして私たちはお客様の行きたいところに、どれだけ行けるのかって、交通情報をお調べして案内していたんですね。当時だとたとえば石巻とかね。あとは松島が一番早く観光を再開したので、松島の方に宿泊を兼ねて来られたお客様もたくさんいらっしゃいましたね。電車が開通してからは、駅の案内所も開設されましたので、もう心配なかったんですよね、はい。あとは臨時バスも次々出ましたので。そういうバスで行けるところは、バスもご案内をしたりね。石巻でも宮城交通の高速バスがすぐに出ましたのでね。バスで石巻方面のご案内もさせていただきました。

被災した方も観光案内所に

観光のお客様だけじゃなくて、被災した方も観光案内所にいらっしゃるんですよね。そういう方たちを見分けることも必要でした。おそらく気持ちが大変な状態の方も、たくさんいらしたんですね。そういう方たちの応対には、心を開いてお話しをしたと思います。家族を亡くされたとか、家が流されたとか、親戚が亡くなったとかね。そういう方がまず声を出した時には、その言葉遣いにも気を使いました。いろんなことをね、お話しできないというかね。まずはお話し聞いて差し上げる。少しでもお話しを聞くことができたので、それは良かったかなと思いますね。本当に家族を亡くした方、お家を流された方、そういう方がいっぱい来られましたね。たとえばどこか静かなところに行きたいとか、そういう方も実際にいらっしゃいましたね。どこか温泉に入って気持ちを癒したいっていう方もいっぱい来られましたね。

そういうお客様、最初はちょっと分からないんですよね。でも少し表情が暗かったり、沈んでいたりね。やっぱり無言で入って来られるので、「ああこの方もそうなのかな」って、自分でこう判断していました。それで世間話から始まってね、そうしたら家が被災してどうのこうのっていう話になって、「聞いてもらえますか」って。私たちもね、少しでも聞いて差し上げて、それで少しでもお客様の気が済むんだったらっていう思いでした。もしここに来てよかったなって、少しでもそういう気持になっていただければ、私たちの役目もね、少しは果たせたのかなと思いますね。

普段だと五分十分でお客様をね、入れ替えて応対しなければいけないところなんですけども、そういう時はこう、時間をちょっと長くとって、お話を聞いていたっていうことがありました。本当に、旦那さん亡くした、息子さん亡くしたっていうね、話ができないくらい胸に詰まっちゃうこともあってね。その人にしか分からない気持ちってありますからね。だから少しでもこう、話しに来る場所があってね、ちょっと良かったかなという気もしますね。何回も同じ方が訪ねてくれたのが、ちょっと嬉しかったですね、うん。まあ何年経っても心の傷は消えないと思うのでね。その人にしか気持ちが分かりませんからね。だからあとは見守っていこうっていう感じですね、はい。私が気にしているのは、本当に一人でも二人でもね、早くご遺体が見つかって、ご家族の元にご遺体が帰れるといいなって思っているんですけどね。行方不明の方の情報が毎日新聞に載っていました。私毎日目を通しているんです。

自分の足で行かないと、お客様にもお話しできない

現場に行って見てこないと、お客様にお話ができないので、実際に自分の足で行ってみましたね。相馬（福島県）、それから（宮城県）山元町、亘理、名取、あとは松島、野蒜、奥松島、石巻、気仙沼。あと岩手県の高田、大船渡。その辺りは自分の足で行ってきました。やっぱりお客様に現状を伝えるためには、自分でできる範囲でね、お伝えできればいいのかなと思いまして。あの風景を見た時には、自分でもね、風景って目で分かるので、ショックでしたね。自分が知ってる街並みが、すっかり消えてしまったっていうかね。でもお客様に伝えるためには、自分の目で見ていないと、現実をお話しできないですし、どこまで行けるのかっていうことも、自分の足で行かないとお話しできないので。ここまでは行けますけど、ここからは行けないですよって、お客様に伝えなければならなかったので、実際に自分で行ってみたん

です。

多くのお客様は被災地を映像でしか見ていないので、たぶんその映像の記憶と、実際に行ったところとでは、かなり違うと思うんですね。お客様は前の景色が分からないので、まあ不思議な気持ちでお帰りになると思うんですよね。

個人的にも（自分の）知人が亡くなりましたし、遠い親戚の者も亡くなりましたので、やっぱりしばらくは笑顔が出なかったですね。職場に来れば笑顔で応対していましたけれども、やっぱりしばらくはね、本当の笑いっていうのができなかったですね。災害に遭った人と遭ってない人の差って、大きいですから。やっぱり現場に行っていただくのが、一番いいと思うんですけどね。だから行ける範囲内で、お客様の持ち時間がどれくらいなのかを聞いて、そして、行けるところを案内はしているんですけどね、もう四年何ヶ月も経っていますからね。だいぶ復興はしてきましたけれども、でもまだまだですよね。

何でもそうですけど、やっぱり忘れないようにするためには、新聞とか（テレビの）ニュースとか、いろんな状況をずーっと流してほしいなとは思いますね。ある時、報道の方がいらしたので「有名なところだけではなくて、人が生活しているところをちゃんと取材していってくださいね」ってお願いしたんですね。有名な所でなくても、被災している方はたくさんいますからって。たぶんその時は全国からいろんなメディアの方がいらしてたと思うんですよね。でもお客様は名乗りませんから、どんなメディアの方かは私たちには分からないんですけれども。でもその方は名乗られたんですね。放送局の者ですって。だからお願いしたんですね。

本当になかなかない経験ですけれども、いい経験をさせていただいたっていうかね、うん。こういう時って人の気持ちを考えますからね。言葉遣いも神経を使いましたね。きつい言葉じゃなくて、やっぱりやさしい言葉遣いですかね。ゆっくりしたお話の仕方っていうかね、ちょっと呼吸を取りながら。

何か伝えるとしたら、やっぱり忘れないことですね。一人一人の思いがね、ずっとこう残っていけるようになればいいなと思います。一人の力って、何ができるんだろうって思うと、何もできないですけどね。でも仕事を通じて、被災状況を伝えるっていうことがね、私たちの仕事だなと思います。個人的なことですけど。

【仙台市総合観光案内所（現）仙台市観光情報センター】

一人親方のネットワーク

わたしどもはですね、軽運送事業者の許可をもらって、一人親方っていうかね、一人一人が事業主の組合ですね。ですから運送業で荷物を運んでいる人たちの集まりです。宮城には今二四〇人くらいいまして、仙台、塩釜、石巻、気仙沼、栗原、佐沼、古川、黒川、仙南、本部の全部で一〇拠点あります。主に緊急の荷物輸送とか、宅配関係とか、お客さんのニーズに合わせて荷物を運ぶ仕事をしています。

震災の時、わたしは東京にいたんですね。でこれは大変だってことで次の日に車を借りて帰ってきました。栃木県の日光から山形に入って、山形から宮城県に入ってきたんですね、だからここに到着したのは次の日の12時くらいでしたね。東北道とか四号線とか、主要な幹線道路はほとんど使えなかったので。

事務所の中は滅茶滅茶でした。でも荷物を仕分けするスペースに、お客さんから預かった荷物がいっぱいあったので、震災の次の日の夜から、ここに車で泊まりこんで、荷物の監視、まあ当然個人情報とかもありますし、荷物なんかも監視するために泊まり込んで対応しましたね。三日目の朝になって組合さんが駆けつけてくれて、みんなで片付けをして、ある程度シャッターで中に入れないようにしました。やっぱり荷物が盗まれることを気にしていましたね。

最終的に全員の安否確認が出来たのが、それから一週間後でしたね。その時に役に立ったのは、携帯電話よりもメールですね。東北六県に赤帽がありますので、連携をとって「何か困ってることがあったら言ってくれ」って言ってくれていましたので、そういう情報発信もメールで行っていました。五月の連休くらいになると、もうそれぞれ落ち着いてきて。そういったときに兵庫県とかね、阪神淡路の時に大変だった人たちが応援にきてくれましたね。ガスとか食料とか寝袋とか持ってきてくれましたね。

あと嬉しかったのは、あの時はガソリンが手に入らなかったので、山形県からガソリンを分けてもらって仕事をさせてもらったことですね。もちろん山形の赤帽も来てくれました。当然赤帽は軽車両ですけどね、そこにガソリンとか水とかティッシュとか入れて、運んでくれましたね。

あとは新潟、北陸関係。太平洋側はライフラインとか道路とか結構やられてましたから、山形とか新潟の日本海側から入ってくるものが多かったんですね。ダイエー仙台店ってありますけど、そこもですね、震災から二日後にお店を開けたんですよ。それも新潟経由、北陸経由で荷物を入れたということがあって、早く開けられたそうなんですね。一番はどの道路を物流に使うかっていうことだったのかと思いますね。とくに新潟、山形、兵庫の皆さんにはね、応援していただきましたね。

毛細血管まで届ける小さい車

例えばですけど、物を工場で作って、車で運んで中継点が一箇所あります、二箇所ありますって、中継点を辿りながらお客様のところに届くわけですよね。最後の中継地点からお客様のところまで届くところは、自社でやるところもあれば、我々のような業者を利用して行くこともありますから。必ずしも自社でというわけではないんですね。我々はその末端までいく、一業者っていう捉え方ですね。

一番多かったのはやっぱり水と食料ですね。ダンボールの中に入っているので、中身まではチェックできないですが。でも伝票に書いてある品名を見ると、水とか食料が多かったです。たとえば緊急で、自宅で透析をしている人なんかもおられるわけですよね。そういう人に緊急で医薬品を届けたりっていうこともありましたね。一、二件あったと思います。保守部品っていうのをうちで預かっていますので、そういうものを緊急で患者さんのところに持って行くっていう仕事もありましたね。

結局自分たちの車もね、まあ向こうの事情は分かんないですけどね、佐川さんが仙台にあっても、被災地の応援にまわっていて、人がいないわけですよね、するとターミナルまでは来られるんだけど、そこから先が配達できないっていうことがあったんじゃないかなって思いますね。まあ全部が全部じゃないですけどね。お客さんとのやり取りの中で、「日数がかかってもいいよ」っていうのはうちには来ないんです。でも緊急性のある水だとか食料を早く被災地に届けたいっていうことになれば、佐川さんもヤマトさんもその拠点までは来るんです。中継点までは来るんですけど、そこから先っていうのがどうしても手配できなかったっていう事情があったと思いますね。

中継点に荷物があるわけですよね、そこから届けるとなると、当日のうちにたぶん二、三時間以内でお客さんのところには届けられますね。ところが遠くのお客さんが送っても、（震災時）佐川さんやヤマトさんは、ひとまずここまでですよと、ここから先は今は配達できませんということになっていたので、受け取るお客さんが自分で拠点に来て、受け取っていたんです。それを受け取り手の会社さんとか個人さんとかに、配送してほしいっていう内容だったんですよね。

津波の浸水区域にも行きました。やっぱり「行ってみたらなかった」っていうことも、石巻なんかではありましたね。そういう時はこっちで預かって、お客さんに電話をして、出し主さんにもう一度返すっていう作業になりますね。行ってみないとわからないですよね。ここでは確認できないので。

この震災で得た教訓……ですか。全国からたくさん協力してもらったんですけれども、情報伝達の方法は勉強させてもらいましたね。全国四七都道府県に赤帽はありますので、一斉に電話をいただいたら、対応ができないんですね。情報の窓口は連合会一本にして、そこから各県に持って行ってくださいっていう風にしましたね。情報が錯綜してしまうと、混乱が起きてしまうので。情報の窓口っていうのは、やっぱり一本にした方がいいのかなっていうことは、非常に実感しましたね。まあこういう全国組織なので。そういう教訓は今後にも生かしていきたいと思いますね。

あとは本当に全国から支援していただいたので、ここのターミナルが全部直った後に、ティッシュとか飲料水とかマスクとかお米とか、いただいた物をここにストックしておいて、ここから沿岸の亘理とか塩釜、石巻、気仙沼に支援物資として運び出すということもさせてもらいましたね。瓦礫だらけの被災地を訪ねて行くっていうのも、小さい車だからできたのでね。例えば石巻だと、赤帽車に水とか食料とか積んで、被災したところの後片付けをしに来た方たちに、「食べ物いりませんか」って聞いて差し上げるっていうこともさせてもらいました。気仙沼では赤帽車に看護師さんを乗っけて、高齢者のお宅を訪ねてまわって、健康状態を確かめるっていうこともさせてもらいましたし。やはり小さい車でしか入れないところって、ありますので。細い部分の仕事っていうのは、やらせていただきましたね。人間の身体と同じで、血の流れ、血管は道路だと思ってもらっていいんです。指先とかね、大型の車では行けないからね。小さい車で行かないと、末端まで届かないので。物の流れっていうのは、そういうものだと思います。どこかで詰まっちゃうと、荷物が滞ってしまって、動かなくなるんです。毛細血管まで届ける、我々の小さい車の持っている力を発揮できたのではないかと思いましたね。【赤帽宮城県軽自動車運送協同組合】

仙台にいたダイエーさん

うち（クリスロード商店街）にはダイエーさんがありました。ダイエーさんがね、三日目には販売開始してくれたんですね。阪神大震災ってありましたよね。ダイエーの発祥の地っていうのが向こう（神戸市）なんだよね。亡くなりましたけど、カリスマ創業者の中内さんっていうのが向こうの方で、小さいスーパーから始めて拡大していったと。で、阪神大震災のああいう大被害があって、ダイエーさんはいかに被災地にそった形で、被災者の立場に立って、商売人として、スーパーとして、何をやれるかっていうノウハウを持ってらっしゃったの。幸いなことに、ダイエー仙台店の支配人さん（東日本大震災当時）は、それを（阪神淡路大震災）経験した方だったんです。ですから震災前に何回かお会いした時に、その頃のお話も聞いていたんです。

宮城県沖地震が来るよね来るよねっていうのがあの頃だったの。まさかそれが東日本だとは思ってないわけです。東日本大震災っていうのは、宮城県沖地震とは言わないですよね。規模が違いますので。でも我々からすると、一回目の宮城県沖地震があった後、あとそろそろで、九〇パーセント以上の確率で来るぞって言ってて、仙台市の資料を基に建物の補強をしたり、防災のグッズを揃えたりっていうのは、自主的にはやっていたんです。ですから幸いなことには、そのインターバルの時間があったっていうことで、中心部の揺れに関しては、覚悟があったんですね。

ダイエーさんと話している時に、阪神の時の話を聞かせてもらっていました。ダイエーさんがシステムとして経験していたのは、流通をどうするかということで、要するにどうやって運ぶかっていうことをものすごく考えておられたようなんですね。東北道（高速道路）はしばらく閉鎖されたから、日本海の山形の方から入ってくるルートだったんですね。あの時ね、高速道路は国の災害派遣、あるいは自衛隊を一〇万人体制で被災地に送り込むっていうことで、そっち優先で一般車両しめ出したんですよ。だから早く被災地の方に公的なパワーで人や物を運び込めたんでしょうね。ただそこから先、被災地の方で何がほしいかっていう情報がなかった。

仙台の場合はね、やっぱり二日くらいたったら大体見えてきたんだよね。建物の被害はあんまりなかったから。ダイエーさんが三日目くらいに店を開けて、もちろん便乗値上げも一切なし、ちゃんと普通の値段で提供してくれたんですね。とにかく並んだんだから。並ばなかったですか？二番丁の通りからね、仙台市の市役所の方まで行列ができたんだよ。アーケードから、何万人って人が並んだんです。【クリスロード商店街振興組合】

アウトドアショップからの防寒着

まず三月一六日付で被災三県の災害対策本部に義援金を寄付をしています。併せて四月二〇日時点で、製品を寄贈したんです。被災地に防寒用として、それから被災地で活動する人の作業用として。アクションが迅速で、この時はうれしかったです。この他にも、関東のストアにも情報をシェアしていて、目白の店舗に関東スタッフが集めた物資を集約して、静岡から船で石巻と松島に物資を送ってもらったんです。

会社とは別に力を借りたところもあって、私の知り合いに静岡の浜で船を持っている人がいて。その人に頼んで、石巻に直接物資を運んでもらったことがあったんです。一回につきだいたい一〇トンくらい。色々と生活に必要な物資です。その知り合いが他の人にも声をかけてくれて、最終的に船を四つ動かしてくれたんですね。本当に人の力っていいますか、感じましたね。そのあと石巻の知り合いに窓口になってもらって、そこに静岡からの物資やら防寒着やらを送って届けるという形が最終的にはできました。

「防寒着の意味がないだろう」

支援物資としては、防寒着としてダウンジャケットだったり、中綿入りの物だったりです。私も現地に行ったときには寒く感じましたし、それに手伝ったりしている人も、寒そうにしてましたので。実は最初の支援物資も、私の独断で店にあったジャケットとか、タグを引きちぎって勝手に持って行ったんです。それで当時のマネージャーともの凄い喧嘩をしたりして。その時は「寒い思いしてる人がいるのに、そういう人が着なかったら防寒着の意味がないだろう」と。おかげさまでというか、その時に防寒着をもらった人で「もうここのしか着ない」っていう人もいらっしゃって、今でもよくお店に来てくれるんです。

でもダウンを配るときは、最初は本当にばら撒きみたいにして、寒そうにしている人に配るだけでした。だから本当の本当に必要としていた人に、届いていたかはわからないです。困ってる人、全員に行き渡ればよかったんですけど、どうしても均等にはいかなかったです。それはもし今度次に何かあったら、その時への課題だと思います。そのときはもう無我夢中だったし、あんまり当時の感情の記憶とかないんですけれども。今冷静になってみると、なかなか激しいことをやっていたのかもしれない、とは思いますね。勝手に商品を配るっていうのも、うちの会社だったからよかったですけど、他の会社だったらもう、どうなっていたでしょうね。【青葉区アウトドアショップ】

怪獣が来たって対応できる

地震が起きたからといって、何か特別なことをしたっていうわけではなく、普段のお付き合いの、その繋がりが広がって現在があるように思います。広がったといえば、山形の鮭川村の方からこの商店街に「お友だちになりませんか」みたいな話があったんです。震災前ですけど。うちの商店街は三八店舗しかない小さい商店街で、向こうの方は鮭川村の、何千もの人からなる商店街ですからね。お付き合いっていったって、結局うちの方は付き合いきれなくなっちゃうんじゃないかってね、悩んでいたんですよ。そうしたら地震がきて、鮭川村の方からある日、ドーンと炊き出しが来たんですよ。小学校にいたら「むにゃむにゃ商店街と交流させてもらっている鮭川村の商工会（もがみ北部商工会鮭川支部）です」って来られてびっくりして。その時私はまだ会長になっていなくて、前会長の方に電話をかけたら「今、鮭川村の方から顔だしてと誘われた」と言われまして。「山形の方からどうもありがとうございます」といってから、被災者の方々に炊き出しをして、その後、震災が落ち着いた時期にお礼を言いに行ったんですね。そして向こうの方からもこっちに来られたりしているうちに「交流団体としてこれからも付き合いませんか」という話になって、震災をきっかけに交流するようになったんです。私らの方では、荒町商店街、むにゃむにゃ通り、連坊商興会の三地区で、「震災後もこうしてがんばっている」ということを見せるための会を三年間やっていたんです。だからむにゃむにゃ通りだけのお付き合いだったのが、荒町、連坊も入って輪が広がっていったんです。

そういう面では、ここ（むにゃむにゃ通り）だけの付き合いだったのが、鮭川村や近くの商店街とのお付き合いが広がって、町内会の方でも話し合いとか互いに連絡取りあうようになりました。だからコミュニケーションとか偉そうなことでもなんでもなくて、人と人とのお付き合いを、普段からの付き合いをしていればまあ、怪獣が来たって対応できるんじゃないかな。一人では対応できなくても、三地区とか商店街とか町内会で集まったりすれば、みんなでなんとかできる体勢になっているんじゃないでしょうか。

人って嫌な記憶は消したいっていう本能があると思いますし、私はそうなんですけど、まあ、震災の記憶を忘れないために、人との付き合いをどんどん増やすのもいいと思いますけど、やっぱり忘れないといけないこともあるんじゃないかと思うんですよね。バランスが大事なのかな。どっちにしたって、大切なのは人と人との会話です。【ぷちまるきろくえもん】

「何かしたい」中学生

中学生に限らず学生は学校にも行けない状況でした。だから時間はあるけれど自分たちは何をしたらいいかわからない。でも「何かしたい」っていう気持ちが強くなって、学校に行って「自分たちにやれることはないですか」って言ってくれました。その時のPTA会長の指示で、家具起こしボランティアに割り振っていました。「家具が倒れて困っています。お年寄り一人じゃ起こせないでしょ」って。「そういうお宅に行ってくれ」とか「ごみが散らかっていたら掃除してきてくれ」とか。ボランティアのコーディネートを、片平のまちづくり会の中でやってくれていたんですね。子供たちが何かをしようとした時に、その気持ちをどこに持って行っていいかっていう受け皿が出来たのは、すごく良かったと思います。【仙台市片平市民センター】

たまたま五橋中学校の生徒が注目されましたけれども、他の中学校でも結構、中学生が何だかんだいって大きな力になったということが報告されているじゃないですか。避難とかそういうことだけじゃなくて、普段からこう……、勉強も大切なんだけど、そうじゃない力をもっと重視しておくと、色んな事に対応できる気がします。実際に助けてくれたり、手伝ってくれたりした子たちは、学力とは関係なく、そういう力があるからそういうことができましたので。そういう力の方が必要なんじゃないかとも思います。もちろん防災教育もやればやったなりに知識も身につくし、必要なんです。でも多分それだけだと、実際には動けないので。【五橋中学校】

自問自答のお祭り

(イ)（三月一一日は）協賛金っていう、企業さんにお願いをするのがちょうど三月だったんですよね。その作業が終わって、郵便局さんが（協賛金をお願いする文書を）取りに来るのを待っていたときですね。

(ロ) 五月がお祭り（青葉まつり）なんですけど、準備をするのが前の年の一一月くらいからなんです。予算は一億円近くかかるんですけど、その予算を調達するために、仙台市の補助金とか、あとはみなさんからの助成金、協賛金、寄付金っていうのを集めるんですね。それがちょうど三月でした。大体七〇〇〇通くらい、郵送で文書を発送するんですね。それを袋詰めにして、「そろそろ出そうかなー」っていうときでした。

(イ) 地震のあと、まず実行委員長やスタッフで「どうしましょうか」っていう話し合いを何度かやりました。状況が状況ですからね。お祭りってこう、やっぱり浮かれるイメージがありますので。みんなの気持ちが沈んでいるときに……、ということもありました。市民広場も緊急車両が使っていましたし、メイン会場とか定禅寺通りとか、通行止めにしてやっていますので。大規模な会場ですし、通行止めにするのも物理的にちょっと難しいっていうことがありましたね。でも一番はやっぱり、心情的なものですね。実行委員長の判断とスタッフの皆さんとの話し合いで、（二〇一一年の）中止を決めたという感じですね。

(ロ) 地震の被害としては、山車とか山鉾が一部壊れたりしていたんです。日の出町の倉庫に収納していたんですが、結構きつきつに置いていて、地震で落ちてきたもので一部が壊れたり、塗装が剥げたりしてしまったんですよ。一一ある山鉾・山車のうち、半数が被害に遭いましたね。

（ハ）だからね、もし五月に青葉まつりをしていたら、飾りが壊れているものを使うしかなかったんです。山車を直すっていうのは、まだ私たちの身の周りで直っていなかったもの（ライフライン）もあったし、私たちも「直してください」とは頼みにくかったですね。私たちとしては、山車は車輪が壊れたわけではないですから、使えるには使えるけど、やはり飾りがないものを使うのは妙でしたし、実際に引き手の人が集まるかなっていう心配もありましたしね。山車は各会社が持っているものですから、会社側も復興で色んなことをしていて、土日でもお祭りに参加できるかどうかわからなかったですしね。

（ロ）四年前の震災のときはお祭りが出来なかったんですが、「どうしてもやりたい」っていう人もいましてね。やらなかったけれど、どうも釈然としなかったんですね。それで六月なんですけどね、（お祭りの）一部だけでもやりたいっていう気持ちがどんどん出てきたんですよ。本来なら五月にやる予定だったんですけど、街の雰囲気も沈んでいましてね。でも時の変化によって「何かしなきゃ」と思い始めたんです。そして「雀踊りをやりたい」っていう声が増えてきましてね。それで六月に、雀踊りだけを街中でやったんですよ。街中にお囃子が響き渡って、街が少しね、賑やかになったんですよ。少しは街も元気になったし、私たちも元気をもらいましたね。それから「七夕も八月にやろう」ということになりました。震災後、一番早く行われたお祭りが雀踊りだったんです。二ヶ月後に青葉まつりはできませんでしたが、三ヶ月後に祭りの一部を行ったんですね。

（イ）（六月の雀踊りで）市民広場にはもう緊急車両もなくなっていて、使える状態でした。交通規制をかけずに、「流し踊り」っていうのを一番町とかアーケードの中、それから勾当台公園で行ったんですね。お祭り自体はこじんまりしていたんですけどね。参加者も踊っていいのか、難しかったでしょうけど。出店の人も悩んでいたところで「やります」って言ってくださったのをきっかけに、少し前向きに「じゃあやってみようか」と、一歩踏み出せましたという意見をいただきました。やってよかったです。土日で、六月の一八日と一九日だったんですね。

（ハ）みなさん笑顔で見てくれましたね。大町とか県庁の方でね、やったんだけど、名掛町とか一番町とか、そっち方面まで。

（ロ）雀踊りを踊った方にも、当然近親者を亡くされた方がいて、沿岸部の荒浜から来た人もいて、家が流された方もいましたね。まぁ様々な人たちが自問自答しながらおまつりに参加していましたね。何かきっかけが生まれないとね。あとは何か楽しみがなくちゃね。立ち直るという意味では、いいきっかけになったんじゃ

ないかなと思いますね。【青葉まつり協賛会】

一〇〇〇人の避難訓練

たまたまですけれども、平成二二年度の四月頃、仙台市の青葉区から「東六地区を災害対応計画を作成するモデル地区にしています」と、そういうお話があって。震災が起きる前ですよ。我々の方もそれまで「地震が起きたらどうすっぺ」ということはいろいろとやってきましたけども、仙台市の要請を受けて、正式に災害対策の委員会をつくって動き始めていたっていうことがあったんですね。前の宮城県沖地震が発生した日、六月一二日に、毎年ですけども防災訓練をやりますよね。前の宮城県沖地震の発生した日に。そしてそのときに青葉区の中でも東六（地区）を指定して、小学校の校庭を使って、大掛かりな総合訓練をやりましょうということになりました。今年は夜間訓練をやろうということで夜やりましたよね。

行政の方からも、関係する人たちが大勢来て、消防局・消防団、婦人防火クラブも入って。それから地域の方は、地域の住民、各町内会から参加できる範囲内で、何十名でも参加してもらうということでやりました。当初は地域でも二、三〇〇人集められればいいのかなあと。行政も入って。五、六〇〇人規模の小学校での防災訓練かなあと思ってたんですけども、実際に進めていったら最終的に一一〇〇人くらいの防災訓練となりました。地域の方だけでも、大体七、八〇〇人。だから各町内会から二、三〇人ぐらいずつ参加しましたかね。その時の訓練の内容というのは、震災が起きた、で自分の身の安全を確保した、それから隣近所の確認をした。それで家の中では余震が続いてて、そのまま居るのが怖い状況。それだと近くの公園だとか、避難所に、近くの一時避難所っていうのですね、入りますね集会所とか。でもそこで留まってても食料もない、水もないと。まぁ町内会ごとに準備しているところもありますけどね。その時点でそういう準備をしているところは少なかったですけどね。それでその人たちが今度はじゃあ、指定避難所になっているので、東六小学校の体育館に避難しましょうってことで、町内会ごとにまとまって避難してくださいと。その訓練をその日にやっていたわけですね。あとは校庭に集まって、消防団の人たちが中心になってやる、まぁ一般的な防災訓練。この訓練の経緯が翌年の三・一一の際に大いに役に立ちました。【東六地区連合町内会】

こんなに早く本番が来るとは

もう一つは体育館。避難してきた人をどうやって受け入れるか、という訓練をしました。その時は行政の人とか、地域の社協の人とか、民生委員だとか、それから防火クラブの人とか、そういう人たちが中心になって、体育館の中、ある程度区割りをして。そこに町内会の人たちが代表して何人か入ってもらって。七、八〇〇人が訓練に参加しましたから、全員入れるわけにはいかないので。それで区割りに従って座る、避難する。その体育館の中の役割分担で、発電機を動かして、照明をつけるとか、投光器をつけるとか、それからトイレの組み立てをするとか。あとは、婦人防火クラブの社協の人たちが、非常食の炊き出し訓練をするとか。そんなことをまぁやって。

この総合訓練は大体朝の八時くらいから始まって、一一時半くらいに終わると。三時間くらいですかね。それを基にしながら、地域の災害対策計画をつくっていこうということで、災害対策実行委員会というのをつくっていきました。いろんな計画書つくって、それをまとめて、またそれを土台に次のステップに進もうということで、約半年かけて。それを最終的にまとめる段階にいたる直前にですね、本番の、三月一一日がきたということです。まさかね、前年の六月一二日に総合訓練して、こんなに早く本番がやってくるっていうのは、誰も想像しないし。まぁ近い将来、一〇年以内には九〇パーセントですか、三〇年以内には九九パーセントですか、宮城県沖の地震がくるだろうという予測は、その頃していたわけなんでね。計画がまだ、各町内会とかで周知徹底されない段階で起きましたけども、でも結論から言うと前年の六月一二日に、曲がりなりにも一〇〇〇人ぐらいが集まって、行政も入ってそんな訓練をしたということは、経験的に皆さん方の記憶に残っていたんですね。それが本番のときには、結果的には役に立ったわけですね。【東六地区連合町内会】

一日八〇人のシャンプー

二、三日後に一回千円でシャンプーとブローのサービスを始めたんですよ。街はやっぱり電気が早く来ましたよ。シャンプーね、すごかったんですよ。従業員は五人くらいですかね。シャンプー台も五、六台あって。一日に八〇人は来られました。対処できなくて整理券を配りました。それで、途中からはもうシャンプーだけに集中することにして、五〇〇円シャンプーのみにしましたよ。シャンプーが終わって「あちらにドライヤーありますので」って。お客さんに自分で乾かしてもらってました。

そうですね、みなさんやっぱり汚れが目立ちました。でもこういう仕事していると、そういうの気にならなくなるんですよね。たまに「昨日頭洗ってないんです」ってお客さんも来ますけど、まったく気にならないですよ。頭洗うと気持ちいいんですよね。お客さんもみんなすごい喜んでくれましたよ。

シャンプーの量は、やっぱり多くはなりましたね。一日に八〇人もシャンプーしてたら、なくなっちゃって。だから、お店で販売しているシャンプーを使ってましたよ。

「震災で人のいやな部分が見える」ってよく聞かないですか。私は全然そんなこと感じなかったんですよね。シャンプー待ちのお客さんがいっぱいいて、来た人に「あと一時間は待ってもらうことになります」って伝えても、嫌な顔する人はいなかったんです。「まだですか」って急かす人もいなかったですよ。みんな静かに待っててくれたんですよね。普段なかなか来ないような人も、常連さんも来ましたよ。「大丈夫でしたか」って声をかけてくれた女性がいたんですけど、いつも来てくれるお客さんだって気付かなかったこともありましたよ。スッピンだったから、わからなかったんですね。七月には今のお店（他店舗）の準備のために辞める予定だったんですけど、常連の人たちと話しておきたくて、結局一二月まで残ったんです。【ヘアメイクアン】

震災の話はしませんでした

地震のときはちょうどシャンプーをしていました。ボイラーに残っているお湯が切れちゃって、スプレイヤーの中の水でなんとか流し終わりました。お客さん達にはタオルをお渡しして、三つ編みにしたり束ねたりして「すみませんが」ということで帰っていただきました。その時はお店でパーマされてた方はいなくて、カラーも流し終わっていたんです。他のお店ですが、パーマ（液）を公園の水で流したりしたこともあったらしいです。
一、二週間くらいすると、市内ではシャンプーの無料サービスが始まっていました。プロパンガスだと、水道が復活すればお湯を沸かすことができたので、そういうサービスを始めたところもあったようですね。うちも同じころ、電気ポットでお湯を沸かしてお店を開けました。定禅寺通り辺りは、電気が二日三日で復活していましたので。お客さんはけっこう来られましたね。スタッフ一人二人が交代で電話番をしていました。
お店として通常の営業を始めたのは五月くらいです。そのあと二、三ヶ月してから、震災バブル的な時期がありました。その頃は土日の忙しさが毎日という感じでした。お客さんは、いつまたどうなるかわからないから、きれいにしておきたいという人が多かったみたいです。ショートカットにする人が多かったですね。震災の時に洗うのが大変だったからということで。なるべく明るく、いつもと変わらないサービスをするように心がけていました。誰がどんな目にあったのかはわかりませんから、震災の話はしませんでした。ＮＧワードでしたね。

震災後は、常に水をタンクに一八リッターくらい準備するようになりました。懐中電灯を置いたり、非常口周辺にも気を回すようになりましたね。あとは、仲間意識がやっぱり強くなりました。【青葉区国分町美容室】

至急はんこを作って欲しい

石巻の方から、「事務所全部流されたから、至急はんこを作って欲しい」っていう、そういう注文が来たんですね。会社のハンコが無くなったとか。それで結構パタパタっと仕事が入ったんですね。気仙沼からも直接来たね。津波にやられて、急遽書類とか作んなきゃなんないって。半月くらいは続きましたかねぇ。その後、役所や銀行から「特例でハンコなしでもいい」とかいう制度が出て、それからは落ち着いたみたいですけど。法人関係だと、ハンコってやっぱり大事にしてるんですよね。

普段と違ったのは、注文がまとまって来んのさ。これとこれセットとか。めちゃくちゃ多い訳ではないんですけどね。ただ、普通の月よりは多いかなっていう。とにかく会社や通帳のハンコが無いっていうことで。まあ、探してこられたんでしょうね。判子屋さんが二軒しかないんですよ、気仙沼に。そして二件とも被害に遭われているはずです。

出来上がったものは、みなさん取りにきていますよ。石巻の方からは、問屋さん経由で「刃物がないから研いでくれ」って。判子の仕上げで使う道具があるんですね。それが流されてしまったから、判子を作ってくれって言われて、作った記憶があります。

普段だったら会社関係の注文って、一週間に一社、あるかないかくらいなのね。でもそのときの注文は一式だったから。セットで来たから「あれ」っと思って。やっぱり、津波が来て全部流されたから、一式必要だって言われて。個人でも慌てて銀行通帳のハンコとか、車流されたから廃車しなきゃとかって、慌てて来られたお客さんもいたんですね。

ハンコ彫ってたのはここです。ここは電気点くのが早かったし、暖房もすぐ点きました。地震の日だけだね、どうしようもなく寒かったのは。こっちの内陸の人たちは、平和だったのかもしれないね。言葉は悪いけど。こっちは「ガス止まった」とかだけど、向こう（沿岸部）は全部失ってんだからね、家とか。後から冷静に考えると、えらいことだったなと。「頑張ろう宮城」って言葉に、ここは含まれるのかなぁ。ちょっと反省の言葉が入るような気がしますね。目先のね、「電気付かない」、「風呂入れない」って文句言ってたけど。【尚古堂印房】

みんな飲みたくなってきて

人間って、最低限のものを食べていれば、生きていけるんですけど、それは生きてるとは言わないですよね。いろんな余暇があるから、生きていけるわけで。一生懸命毎日働いて、金を稼いで、休みの日には女房子供と過ごしたり、自分の好きなことをやるから毎日頑張れるのであって。逆に三六五日、毎日自由だったら潰れてしまいます。高校生だって、月曜日から金曜日まで一生懸命学校に行って、勉学に励んで、部活をやって、いろんな決まり事があって。だから土日の自由が楽しいのであってね。生きていくって、無人島で生きるわけじゃないですから。いろんな人がいて、いろんな人と喋って、たまにはいいものを食べて、お酒を飲みたくもなるでしょうし、ゲームをしたくもなるでしょうし。震災後、少しずつそういうことができるようになってきたんです。さすがに直後から酒を浴びるように飲んでた人は少ないでしょうけど、やっぱり心のゆとりっていうのかな、必要ですよね。常連さんが来るんですよ、店に。そうすると店にあるお酒はタダであげていたんですけど、全店舗のものを集めても、全部なくなってしまったんですよね。（地震から）五日くらいすると、みんな飲みたくなってきて「お酒が売ってないんだけど、お酒ない？」って。（常連さんが）来たら「いいから持ってけ」って言って。でもみんなにあげたいから「少しずつ持ってけ」って言ってたんですけどね。でも人間って、そういう楽しみがあるから生きていけるんじゃないですか。【にぎわい居酒屋集合郎】

へこんだビールとたばこ

（妻）この辺の事務所の人帰れなかったんですよ。帰れなかったから、事務所に泊まり込んだ方が多くて。それでみんな脇から入ってこられて、たばこでも（落下して）へこんだビールでも何でもいいから、売ってくれって言われてね。在庫ゼロになったのよ（笑）たばこもね。

（息）たばこは一番早くなくなった。

（妻）たばこが欲しいってみんな来られたのよ。お酒もね、みなさん脇から入ってこられてねえ。

（息）夜中に起こされて「お酒売ってください」って。

（妻）みんなそれでねえ、泊まりこんでる人たちが、壊れたっていうか、もう「へっこんだものでもなんでもいいから」ってねえ、みなさん買い求めてらした。だから地震のあと、すぐに営業した形になるんですね。

（息）要は求められて、直後からです。【某酒屋】

煙出ればなんでもいい

夜中に電気が点かないから、煙草だけ欲しいんだって色んなところから人が来たねぇ。ここ開いてるからって。みんな来ました。前の年（二〇一〇年）にボンって値上げしてんのね。それでたばこ辞めたいんだけど、三日間電気つかないから、やることないし酒とたばこしか楽しみないって。煙出れば銘柄なんでもいいって、買っていかれましたからね。三日くらいでほとんどなくなったのね。うち（停電で）シャッター閉まってないから、電気消してても買いにくんのよ。自販機使えないし、コンビニは閉まってるっていうんで。なんか「ここ開いてる」って。開いてないんだけどさ。うん、大変でしたね、あれは。

多賀城の方に工場があるんですけど、津波で駄目になって。それで他の所から集めて新潟経由でこっちに来たんですけど、たばこはもう「配給制」っていうか、「このくらいまでしかありません」って割り当てを決められて。これが一ヶ月も続いたんです。だから全然足りなかった。普段は一週間に一回、コンビニでは一日おきにたばこが入荷するんだけど、こっちは一回、コンビニは三回、って「配給」なわけですよ。どれぐらい入ったでしょうねえ、ちっちゃいダンボールで、二〇カートンまでいかないぐらいですかね。だからすぐ売り切れちゃう。二日持たないです。でも、それだけみんな楽しみが無かったってことなんでしょうかねぇ。あの時は毎日毛布にくるまってねぇ。途中からカートン売りはしなくなりましたね。さすがに一個までとか、そういうのは可哀想だからしませんでしたけど。「二つ三つで我慢して」ってお客さんに言ってました。

でも全国的にたばこなくなったんだよね。仙台でたばこ買えないからって、他県の人からタバコ買ってきてもらったって聞きましたよ。銘柄はなんでもいいって。まさか地震でたばこが無くなるとは、思ってなかったですよね。【尚古堂印房】

「古い」ことの強さ

まあ山形も当然同じ時間に地震がきて、電話がすぐ繋がらなくなると思ったので、もう直後に、ＪＲ電話っていうのがあってですね、それで真っ先に山形からこちらにかけて、現地の状況を本社（山形）が確認していました。

今うちにはもうないんですけど、レールを使った電話でですねNTTの電話じゃなくて、ＪＲ電話っていうのがあるんです。幸いこちらとは繋がったんですね。

それから貸し切りバスのお客様と乗務員の状況を確認するために、電話がめったに繋がらないから、アナログ無線で各営業所を中継しながら無線でやりとりして、安否確認をしたというのが一番最初にしたことですね。あともう一つ、乗り合い車両、仙台さんも含めて、乗り合い専用の回線にも無線がありましたので、無線で中継しながら状況の確認をしました。

ＪＲ電話は、レールを使った回線なんですね。線路を使った回線で、結構前から、何十年も前からあるんじゃないかな。たまたまうちの会社はＪＲさんとも取引があったので、携帯電話なんかが出る前のですね、まあ専用の回線です。ここと、ここと、ここにしか繋がらないよみたいな感じですかね。昔は通話料が遠ければ遠いほど高かったんですね。でもそれが低額で使えるっていうのがＪＲ電話の強みだったんです。それと結果的にわかったのが、災害の時には混線しないで繋がるっていうことですね。今もまだＪＲさんは使っているはずですね。

はい、契約はＪＲさんとします。ＪＲ専用の電話番号もありますので、そこと繋いでＪＲさんの各支店とか、あと旅行会社さんも。ＪＲ電話でのやりとりは、時代も変わっていましたので、そんなになかったんです。でもＪＲ電話がその日最初にうまく連絡がとれた電話でした。【山形交通】

公衆電話の方が通じるんです

公衆電話、あれの方が災害時には通じるんです。「老人憩の家」にはあるんです。そういうところとか、あとは評定河原のところにも公衆電話があるんですよ。だからそういうところ、みなさん一生懸命探してたんですよね。この坂の上にも公衆電話があるんですけど、そこも随分並んでいましたよ。

(児童館などに) 今でもありますよ。ガチャっていうやつですよ。あれの方がね、災害時には通じるんです。デジタルではなくてアナログだからとかっていう話はあって、やっぱりあれも少しはあった方がいいんだなっていう話にはなりましたね。【花壇大手町町内会】

活躍したダイヤル式の黒電話

(三月一一日の) 一六時過ぎに東京の長男から電話がきました。この時に活躍したのが、私が持っているダイヤル式の黒電話 (アナログ固定電話) なんです。長男から「若林区に避難指示が出ているようだよ」と教えられて、「指示」ということは何があっても避難所に出なければいけないということで、リュックサックも常備しているんですけれども、そこにとりあえずのものを入れて、荒町小学校に向かったんです。

連絡がなければ、暗くなってからもマンションで過ごすつもりでした。二日目にはじめて子供たちに電話をかけたんです。バンクーバー（カナダ）の娘から電話がかかってきて、娘がいうには「仙台市若林区は全滅した」とか「津波で流される人の映像があるから見ないほうがいいよ」と。だから、海外メディアの情報は、娘を通じて毎日仕入れていました。それから、私の弟が東京で危機管理の仕事をやっていたので、弟は一ヶ月間、定点観測のように毎日電話をよこして、私が毎日仙台の状況を伝えて、それを東京の人たちは参考にしていたようなんですけど。【若林区荒町住民】

津波で汚れた写真の修復

写真のデータは、一応三年はとってありますね。津波で流された写真の現像をしてほしいっていう以来は、何件かありましたね。でももう保存していないような時期の、もっと前のものが多かったかな。もう二〇年とか三〇年くらい前のですね。そのころは写真もデータじゃなくて、フィルムの時代でしたからね。その場合はだめでした。元が無いものでしたのでね。今だとデータがありますからね。

三日後にはお店を開けていましたけど、まあレギュラーの仕事ではないですが、何件かはありましたね。そんな何十人も来ることはなかったですが。

津波で汚れてしまった写真の修復も、まぁ何件かございましたね。こちらに持ってこられて。でもね、海に流されて結構傷んでいて、そんなにたくさんではなかったですけど、直した記憶はありますね。

そういうのはね……これが写真だとするとね（クリアファイルを片手に）、塩水にふやけて、もう滲んでしまってるんですよ。ちょっとだけ顔の部分が残っていたり、振袖の部分が少し写っていたりして……。それでどうするかっていうと、もうその人はこの世にいないんですよね。そうなると想像しかないんですよ。

「たぶんこうだろう」っていう感じで作っていくわけなんですよ。だからもし顔が半分あったら、右目を反転させて、左目に付けたりしてっていう感じですもう。なんとなくですね。顔の左右が違うのは当然なんですけど、お客様も元通りにならないということはわかっておられますから。だからこっち（半分）があって、あっち（半分）がないっていう状況で写真を復元しても、違和感があるものなんですけれども。たとえば振袖の写真でも、手がこんな感じになってるからって、なんとなくでしか作れませんよね。デジタルってあるものからだったら合成できるんですよね。半分が目を閉じている状態だったら、完璧に復元できますね。まぶたを半分を切り取って、貼り付けてとかすればいいんです。でもないものはないですからね。そうするともう、考えるわけですよね。どうやって作ろうかなって。左があれば反転して右にして、とか。そういう形で、もう想像で。

どのくらいかかりましたかね。まあものにもよりましたが、二日、三日、四日かな。まあ朝からね、やっていたわけではないんですけれども。震災の時の料金は、半額だったり、頂かなかったりでした。詳しくは覚えていないんですが。通常だといくらって決まっていますけどね。でも、普通はそこまではやらないっていったら言葉悪いですけれども。あってないようなものですから、そういう写真の値段っていうのは。とにかく「絵を書いてください」といわれているようなものですから。値段のつけようがないといいますか。【江陽写真室】

卒業アルバムのデータ復旧

普段の仕事は、大体コンピュータの修理と、データの復旧。その二つですね。当時はこういう（泥だらけの）コンピュータを復旧させるのではなくて、すごい地震だったので、落下したコンピューターの修理とかデータ復旧に努めたいということで、代表が急いで東京から戻ってきたんですけれども。一一日が震災なので、一三日くらいから作業、営業を開始したんです。

確か一六日か一七日くらいに取材を受けたんですが、一八日の新聞（河北新報）に載ったんですね。それからはかなりの反響があって。貼り紙（「東北地方太平洋沖地震緊急データ復旧センター」）をしていたら、新聞記者の方から「どうしてパソコンの修理屋さんが開いてるんですか」っていう話になりまして。「データをなんとかしてあげたいんです」という話をしましたら「是非とも記事にさせてください」という感じで。

ブルーシートを下に敷いて、コンピューターが積み重なって、ずらーっと並んでいました。それを全部解体して、ハードディスクを取り出して、洗浄していく。道具は全くなかったので、東北大学さんに事情を説明してお世話になりました。たまたま東北大学さんが、うちの店舗に来てくれたんですね。偶然。それで東北大学さんのサーバーが地震で止まっているので、何とかしてもらえないかっていうことで、ご相談いただいたんです。それでうちの代表が「洗浄用の薬品を貸してくれないでしょうか」ってお願いしたところ、「使ってください」っていう話になって、それで片平（キャンパス）で貸してもらって。

塩釜の小学校の卒業アルバムを作ってる写真屋さんのコンピュータサーバーが全壊しちゃっていて、卒業アルバムが作れなくなっていたんですね。それを震災の後、すぐに持ってこられていたんです。そのときたまたまその日から東北大学さんが貸してくれるっていうことになっていたので、すぐに持っていって、復旧できたんです。これが河北新報に載って、「こういったサービスをやっている会社が仙台にある」って口コミで結構広がっていきました。(営業初日の)一三日はそれほどでもなかったんですが、河北新報に載ってからはすごい数の依頼がきましたね。いつもは大体、六割から七割のお客さんが個人さんなんですけれども、個人と法人が半分半分くらいでした。

問題は、ハードディスクがどれだけ浸水しているかと、どれだけ腐食しているかでした。やはり中は磁気で動いているので、そこが錆びてないかどうか。腐食していないかぎりは、なんとかできるんですね。夏までに約一〇〇〇台のハードディスクを復旧したんですが、復旧できたのが五割、できなかったのが三割ぐらいですかね。東北大学さんの施設をお借りしたのは、一〇日間くらいで、それ以降は前に会社があった場所の二階を貸してもらって、そこに洗浄する物とか、超音波洗浄機なんかを全部置いていました。泥だらけの基板を洗浄したんですね。(写真を見せながら)これがハードディスクとハードディスクをコピーする機械なんですけれども、よーく見ると白くなっていますよね。本当は鏡みたいになっているのが普通なんですけれども、(津波に浸かったので)塩で白くなっているんですよ。

「お客様にもご迷惑かけるから、もう電話線抜こうか」

まず「持ってきました」っていう時にハードディスクだけを外してしまうんですね。外側はもう、当然泥んこなので使えないんです。ですからデータが入っている媒体を抜かせてもらって、ハードディスクに「誰々さん」っていう風に名前をふって、管理させてもらっていたんです。お渡しするときは新品の外付けのハードディスクをヨドバシさん(仙台駅東口にある電器店)の方で買ってもらって、その中にデータを入れて、確認してもらって。

新聞に載せてもらったのが一八日だったんですが、それからはもう、電話が鳴りっぱなしだったんです。もうお店がオープンしてから終わるまで、ずっと受け付けるような感じだったんです。ご依頼は本当にたくさんいただいて、電話がパンクしていました。かかりすぎていたんですね。もう半ば自暴自棄になって「電話の線抜くか」って。あまりにも多かったので「お客様にもご迷惑おかけするから、もう電話線抜こうか」って。「いや、ちょっとそれはやめましょう」って、いうことになったんですが。今では笑い話なんですけどね。

たしかゴールデンウィークぐらいまではそんな状態だったんですよね。お預りしたのものは、五月くらいからどんどん返却していったんです。たぶん七割か、もっとかな、九割くらいの方が直接持ってきた方ですね。気仙沼のリコーさんみたいな結構大きな会社も、気仙沼からサーバーを持ってこられました。

「どうかお願いします」って、拝まれました

なかには岩手県の宮古から車で来られた方もいらっしゃいました。当時高速道路は走れなかったので、もう六時間とか、それぐらいの時間をかけて。でも損傷の激しいハードディスクだったので「仙台では処置できないんですが、どうしてもということであれば、東京に送ります」って連絡をしたんです。それで東京に送ることになったんですが、そのときって、運送のトラックがやっていないので。偶然、運送会社さんのお客さんがいらっしゃったんですよ。それでそのお客さんに事情を話したら「東京まで行くルートがあるから、持っいってあげますよ」って。お客さんのお客さんになったんです。そうやって移動させたこともありましたね。

今でも覚えているんですけど、亘理町から三〇歳前後くらいのお父さんとお母さんがいらして、たぶんお子さんを亡くされたんでしょうね。写真データの依頼がありました。来られて椅子に座る前から、ちょっともう泣いておられまして。データの中はあんまり見ないことになっているんですが、写真をお見せしたら号泣されていました。今でも覚えていますね。あとは、ご自分の結婚式の時の写真が、ＤＶＤレコーダーの中に入っているっていうご依頼もありました。おそらく奥さんを亡くされた旦那さんと、その息子さんとが泣いて持ってこられて。よく覚えているんですが、その方のデータは復旧できなかったんです。

写真だけじゃなくて、音楽を復旧してくださいっていう方もいたんですよ。バンドをやっておられて、作った音楽がコンピュータの中にあって、それをどうしても復旧させたいと。それからこれ（店内にある泥まみれのコンピューター）は石巻の人のコンピューターだったんですが、お預かりするときに、仙台の土地勘がないからって、六丁の目交差点の近くで待ち合わせしたんですね。お預りする時になって、拝まれましたもん。もう「どうかお願いします」って。これは（データ復旧が）できたんですけれども。

地震のあと、うちの代表から電話かメールか忘れたんですが「今仙台に向かってるから」と言われたんですね。仙台出身の者ですので「親が心配なんだろうな」って思っていたんですよ。「親が心配で帰って来るんだろうな」って。「分かりました」と返して終わったんです。そうしたら、また次の日に電話が来て「会社開けて、みんなのデータ復旧させてあげたいんだ」っ

【関東大震災後に洗たくものが干された列車：東京都慰霊協会提供】

て。「実家に帰るんじゃないんですか」って聞いたら「いや、仕事で仙台戻るんだよ」って。やっぱりそのなんというんですか、震災の後、自分に何ができるかって考えたところ「やっぱり自分たちにはデータ復旧しか出来ないから、ちょっとでも力になりたい」っていうところが、あったんじゃないでしょうかね。【データサルベージ】

思い出は形に残すように

お問い合わせで多かったのは、お家が流されて何も残っていなくて、親御さんと一緒に撮った写真などが、ホテルに残っていないでしょうか、というものでした。

こちらで結婚式を挙げたお客さまが、当時の家族写真や結婚式の写真を（津波で）流されてしまって失くされてしまったんですね。過去何年間かのデータはとってありましたので、その分については お渡しできたんですが、それより昔のものは残っておりませんので、お渡しができなかったんです。そのときに思ったのは、絆とかいう話はあるんですけれども、そういった形に残せるものも、たくさんあるんだなと感じました。親御さんからも「写真が残ってないですか」と、よくご連絡が来たりしていました。

それまでは「写真には残さない」とか、「いやいいですうちは」っていう方も少なくなかったんですけれども、やはりご両家含めて写真をきっちり撮って、そういうデータで残す、っていうことがすごく増えましたね。結婚式も、列席者のみなさんに見守られてっていう「宴内人前式」はとても多かったんですけれども、神主さんにやっていただく神前式とか、チャペルでの結婚式とか、そういったことを親御さんとご一緒にっていう式が、またちょっと戻りつつありますね。多くなったように思います。【ホテルメトロポリタン仙台】

《Column.3》「創造的復興」の現実が問いかける

神戸新聞東京支社編集部長兼論説委員　加藤正文

八〇メートルほど先でぐしゃぐしゃの鉄骨がむき出しになっている。東京電力福島第一原発一号機。今年一一月末に訪れたとき、建屋を覆うカバー全一八枚が取り外され、骨組みが露わになっていた。

ここから飛散した放射能によって地域が汚染されたのだ。昨年、そしてつい前日に見た周辺地域の光景が頭をよぎる。不気味な静寂に包まれた町で家屋が日々朽ちている。カビの繁殖、畳から生えた雑草…。名物の桜並木は除染のために幹の皮が剥がされていた。無数の声なき声が迫ってくるようだった。

原発事故と震災による避難者数は八万人以上。五年九ヶ月たっても復旧・復興に向かえない現実。「津波や地震は仕方ないが、原発は…」。被災した女性の無念の言葉が痛い。

震災はその地域が抱えていた弱点を一気に露呈する。被害の実相からその根元の原因を見抜き、住民が安心して暮らせる仕組みを粘り強く生み出さない限り、被害は増幅するばかりか、またいつか形を変えて私たちの前に迫ってくる。

この事実を痛感したのは一九九五年の阪神・淡路大震災だった。死者六四三七人、住宅損壊六四万棟、被害総額九兆九二六八億円。戦後五〇年の年に起きたこの震災は近代文明に衝撃を与えた。

「私たちは単なる復旧ではなく、二一世紀を見据えた『創造的復興』をめざし…懸命の努力を重ねてきた」。震災から二〇年たった二〇一五年一月一七日、追悼式典で兵庫県知事の井戸敏三があいさつした。「単なる復旧」ではなく「創造的復興」。明日への希望を感じさせるこの言葉を地元自治体や経済界は基本理念と位置づけ、神戸空港や上海・長江交易促進など華々しい復興プロジェクトを打ち出した。

この二〇年間、阪神・淡路の被災地で本当に「創造的」な復興政策ができたのだろうか。その歩みを振り返れば、とりわけ再生のエンジンとなるべき地域経済は「創造的復興」どころか、「単なる復旧」からもほど遠い現実が浮かび上がる。

一九九〇年度から二〇一〇年度の兵庫県経済の年間平均成長率は〇・一%と全国平均（〇・六八%）を下回り、全国四五位に沈む。経済環境の激変に翻弄されたが、官民で進めた復興政策の失敗を指摘する声も聞こえてくる。

政府の阪神・淡路復興委員会委員長を務めた下河辺淳が八月に死去し、一〇月にお別れの会があった。「ミスター全総」と呼ばれ、一九六二年の全国総合開発計画から九八年の五全総まで策定に関わった大物官僚だった震災一〇年を前にした二〇〇四年、インタビューする機会があった。復興プロジェクトは花開かず、被災地は苦境に沈んでいた。それを問うと、復興政策の停滞を暗に認めつつこう話した。「震災前から都市は弱っていて、市長は埋め立てるとか、臨海部に新都心を造るとか、必死になってやっていた。それでもなかなか大変なところへ地震がきた。復興資金を投入したが、政府が特別対策を打ち切り、神戸が自立しなければいけないときに、肝心の日本経済が傾いたから、ダブルで苦しんでいるようにみえる」

国土計画をリードした明敏なる官僚をもってしても、戦後半世紀の年に起きた大災害の告げるものが読み切れなかったと感じた。「経済大国」の終焉だったのに、復興政策は大規模プロジェクト主導という既存の枠組みから踏み出せなかった。

二一年が過ぎた被災地では何事もなかったかのように日々の暮らしが営まれている。しかし、脳裏に刻まれた暗闇と混乱、がれきの光景が折に触れて問いかけてくる。安全で住みよい地域を創造し、復興できたのか。大震災に見舞われた東北や熊本で同じ失敗を繰り返しやしないか—。その答えを求めて被災の現場を訪ねている。

《Column.4》 五年後の街《仙台》から

河北新報社報道部長代理　松田博英

二〇一六年一一月二二日。午前六時になろうとした時、枕元のスマートフォンの緊急地震速報が鳴り、飛び起きた。津波警報が発令され、河北新報社の本社がある仙台市では一四〇センチの津波を観測。隣接する多賀城市の砂押川では津波で川が逆流した。

津波警報が発令されるや社に急行。駆け付けた同僚デスクらと、状況把握と取材態勢を急ぎ整えることなどに全力を挙げた。津波警報が東日本大震災の惨状の記憶を呼び戻す中、地震発生から一時間半後の午前七時半ごろ入ってきた情報に、ゾッと寒気が走る思いがした。

「福島第二原発の使用済み核燃料プールの冷却設備が停止している」。幸いにも、午前八時すぎに「冷却設備が運転再開」の報が入り事なきを得はした。短時間で復旧したという見方もできるのかもしれないが、そもそも停止するようなことがあってはいけないものではないのか。

未曾有の大災害となりさまざまな大切なものを引き裂いた福島第一原発でまた―ということでもなく、少し離れた第二原発で起きた冷却設備停止は、いったい何を意味するのだろう。震災発生からもうすぐ六年になる日々を生きる私たちに、もしかしたら大切なことを問い掛ける出来事だったのかもしれない。

二二日の地震から二日後の二四日は、再び午前六時二〇分すぎに緊急地震速報と直後の揺れが目覚まし時計代わりとなった。大災害への備えを怠ってはいけないのだとあらためて肝に銘じながらこの原稿を書いている。

震災後の六年近く、報道に携わる立場からずっと震災と原発事故に向き合ってきた。取材活動を通して、もしあの震災がなければ生涯出会うことがなかったかもしれない多くの方と出会った。一人一人が正解を見いだすことが簡単ではない課題を自問自答しながら災後を生きていたと思う。順番をつけることは到底困難だが、あえて特に心に刻まれている一人を挙げてみたい。

原発事故を受け、夫を福島に残し二〇一一年夏に山形に幼い娘三人と自主避難したNさん。ご縁があって度々取材させていただいた。山形では原発事故に起因する理不尽なことと「闘う人」の印象があった。

そのNさんは一四年春に自主避難を切り上げ、福島に戻った。四人目の子を授かり、福島で産み育てるという選択だった。

決断の大きな理由をこう語る。「福島で恋愛して結婚して、安心して産み育てていけるということを自分の実践で娘たちに見せたい」。考え抜いた末の自分なりの結論にほかならない。山形から福島に戻る際、フェイスブックに「ありがとう、やまがたのみんなへ」と題し、長文のメッセージをつづった。

〈子どもを守るって、どういうことなんだろう。避難できたからそこで終わるわけでない〉〈どの選択をしても、みんな必死に何が自分たちの幸せかを考え続けている気がします〉

再生への道とはそれぞれの幸せのかたちを見いだす道のような気がしている。

おわりに　ふたつのお手本

この記録を編むうえで、お手本としたふたつの本があります。ひとつが江戸時代、一七五五年（一八三三年公刊）に建部清庵が記した『民間備荒録』（以下『備荒録』）。もうひとつが昭和四四（一九六九）年、暮しの手帖社によって編まれた『戦争中の暮らしの記録』です。小さな本が「手本とした」と公言するのは恐れ多いのですが、この記録集が何を伝えようとしているのかを考えたとき、ふたつの本は懐中電灯のようにヒントを照らしだしてくれました。

『備荒録』を認めた二代目建部清庵は、一関藩（岩手県）の藩医でした。宝暦五（一七五五）年の大凶作を経た冬、清庵は筆をとります。きっかけとなったのは、宝暦期の凶作と飢饉（宝暦五年〜七年）です。『備荒録』は上下巻から成りますが、書かれているのは飢饉の際に備えて栽培しておくべき棗や栗などの果樹、すぐにでも食べられる草木の一覧です。医師ならではの豊富な知見から可食植物が示されるだけでなく、産婦に食べさせてはいけない植物、解毒の方法、毒にあたったときの対処法にいたるまで、仔細に飢えを凌ぐための方法が説かれています。また下巻冒頭には餓死しそうな人に安全に食べ物を与える方法や、川や雪に冷やされて弱っている人の手当ての仕方も示されています。

『備荒録』が収穫のない秋の後、ただちに記されていることには目を見張ります。しかし清庵がこの書をなるだけ早く「民間」に届けようとした意図は、『備荒録』がどのように頒布されたのかということからも伺い知ることができます。『備荒録』はその後、手彫りの版木で刷られる板行で上梓されますが、まずは写本として「もっぱら肝煎、組頭に飢民を救わせる方法を教えるため」（備荒録：四〇）に配布されました。「写本」だったのは、板行よりも配布までに要する時間が短かったからです。『備荒録』は出版するために書かれたものではなく、邑（むら）の長に届けられ、ただちに活用されるべき「実用書」だったのです（安孫子麟：二二一）。

さらに清庵が時間を惜しんで用に供しようとした意図は、『備荒録』が編まれた順序からも読み取ることができます。清庵は一二月にこの書を書き上げますが、飢えを凌ぐための草木を記していく際にも「草の部と木の部を分けず、飢饉の年の冬に食べるべきものを先に記し、春になって食べるべきものを後に」記しています（備荒録：四一）。それは冬に校了となった書が、「飢えた人が見ても、さし当たりすぐに役立つように」（備荒録：四一）願ってのことだったのです。また「誰にでもわかりやすいように」、方言で草木の呼び名を書き添えることも忘れませんでした。配られたのは「肝煎」や「組頭」でしたが、記された内容はごく普通の農民が用立てることのできるものでした。

それをものがたる興味深い記述があります。凶作に備えて積み立てたお金を着服してしまう、悪い肝煎や組頭への対処法が示されている箇所です。「村によっては悪い肝煎や組頭もいることだろうから、その者だけにまかせておくと、代金を着服して食糧を買い入れず、凶年に対する備えをしない者どもも出てくるにちがいない。そこで、春秋の彼岸のころはちょうど耕作と収穫にとりかかる時期だから、村民一同が集まる日を彼岸前後の村の産土神の祭日と定めておいて、そのとき貯蔵の状態を確認するとよい」。さらに貯蔵食糧とは別に、積み立てたお金をつかって酒を飲みなさいとも説いています。「村中から全戸残らず出席させるには、酒がなければ駄目なのである。全戸から集まらなければ人々の貧富の状況は判断できない。困っている人を目のあたりに見なければ、貧民を救おうとする気持ちも起きないものだから、村中残らず集まるように酒や肴を用意することが大事である」（備荒録：一〇一）。

ごく普通の人たちの暮らしぶりへの想像の豊かさと、誰にでも可能な急場の凌ぎ方の詳しさは驚異的ともいえます。この本が「お手本」として直接的に備荒録に倣ったことは、大きくは二つあります。一つは、編集の順番です。もっとも多くの人に必要となる水、食べ物、燃料、電源、居場所、移動手段という順序で、被災した人たちの伝言を編んできました。もう一つ、この本が『備荒録』に学んだのは、救荒書でありながら、行間から豊かに当時の人びとの生活ぶりを伝えている点です。これは『備荒録』だけではなく、暮しの手帖社編『戦争中の暮らしの記録』（以下『暮らしの記録』）からも同様に学んだことです。

はからずとも『備荒録』と『暮らしの記録』が時を隔てて伝えているのは、こんなことさえできなくなるとか、こんなものさえ入手できなくなるという、当時の日常です。二つの本には劇的な状況も描かれていますが、多くを占めるのは普段、ごく当たり前にできていたちょっとしたことが、こんなにもできなくなるということであるように思います。ふたつの本はそんな大きな共通点をもっているように思えました。この本も「こんなことさえ成り立たなくなる」という、日常の営みがどれほど脅かされるのかということをなるだけ仔細に伝えることを心がけました。それが災いそのものを克明に伝えることにもなるからです。

たとえば『暮らしの記録』には、ごく普通の人たちの字義通り『暮らし』の中にあった戦争が描かれています。暮らしの手帖社編だからこその特徴を備えた記録といえるでしょう。地味な戦争の描写方法ではありますが、むしろ「そんなことまで」「そんなところにまで」と、暮らしの隅々にまで戦争が染み渡っていたことを雄弁に伝えています。

たとえば戦時中、家族のいる宇都宮から大阪の任地まで往復していたある男性の手記にはこうあります。「その頃、東海道線では列車が、しばしば、敵艦上から飛来するグラマンの機銃掃射にあった。当時まだ中学生だった長男と二男とが、グラマンの動きを調べては一心にグラフを作っていた。グラマンは幾日か暴れ廻ると、又何日か鳴りをしずめ、その動きは一つの周期的なカーブを描くというのである。そして親父を無事に大阪の任地へ送り返すため、彼らはグラマン静動の谷間を見ては、四キロに近い道を、早朝売り出しの入手難の切符を買いに行ってくれたことが、遠い夢のようになつかしく思い出される」(暮らしの記録：九〇)。父親が無事であったことが明らかな今は、家族の愛情が伝わる、心温まる手記かもしれません。けれども同時に気づかされるのは、二人の息子さんや妻だった女性は、戦時中はこんな心持ちでいつも父親や夫を送り出していたということです。列車の切符を一枚買うということにさえ、「戦争」が滲み出ているといえるでしょう。

さらに『暮らしの記録』には、物資の窮乏していた終戦直前（昭和二〇年七月二〇日）、母親の火葬に苦慮した女性の手記があります（暮らしの記録：七三）。栄養のない身体に病がたたった母親でしたが、火葬場へ行くと「お棺に入れなければ引き受けない」と言われてしまいます。バラックで暮らす身で、知り合いになった通りがかりの兵隊に「武器を入れて送られてくる空箱を一つ頒けて貰えまいか」と頼みこみ、それを毀して組み立て、母親を入れるお棺をつくったことが記されています。ついつい戦争といえば戦死者やその遺族のことばかり考えてしまいますが、戦中に病で亡くなった人を弔うことさえ難しかったことにも、戦争はその姿を刻んでいます。

この記録集で繰り返した聞き書きでは、最後に「またここで次の災害に遭う人に、どんなことを伝えたいですか」という質問をしてきたと述べました。しかし編集を進めるうえで気づかされたのは、ほとんどの語りで、一番大切な「伝言」はむしろ、最後の質問への答えではなく、それ以前に語られてきた状況のなかにあるということでした。短い「伝言」に込められたことばは、多くの場合凝縮されすぎて、平凡なものに変わってしまっていたのです。「備蓄は大切である」とか、「普段からのお付き合いは大切である」とか、「懐中電灯は有効である」といった、防災の呼びかけにおいてすでによく聞かれたことばです。けれどもむしろ伝言として胸を打つのは、平凡な「伝言」に行き着くまでの、些細な日常がいかに脅かされてしまうのか、という状況を伝えることばでした。

この本は「災い」（東日本大震災）の直後に発刊されたわけでもなく、豊富な医学的知識に裏付けられた実用書でもありません。けれどもすべてのライフラインが止まったとき、様々な人が溢れる街は、どう変わってしまうのかを伝えられるのかもしれません。そしてそれに抗うための小さな取り組みについても伝言できるのではないかと思っています。多くの状況は、被災地では当たり前のように共有されているような情報かもしれません。あまりにも「些細」すぎて、積極的に記録されないような情報も含まれているでしょう。経験者にとっては「そういえばあったねえ」と思い出されるようなことです。けれどもそれこそが時間が経つと忘れ去られてしまう、貴重な「史実」ではないかと考えました。お手本としたふたつの本は、そのことを示してくれました。

私も記録を編みながら、忘れ去っていた当時のことを思い出しました。オール電化のマンションに住んでいたので、学生にお風呂を開放していました。遠いところから、元気いっぱいに自転車をこいでやってくる学生もいました。せっかく汗を流しても、また汗をかいてしまうのではないかと思ったものです。中には気を使って手土産をもってくる学生がいたのですが、印象に残っているのは卵を持ってきてくれた学生がいたことです。当時は貴重品だったのに、わざわざ遠くから持ってきてくれました。思わず「わあ、卵だ」と喜んだことを覚えています。この本は地震が繰り返しくる街の人にとっては「備忘録」かもしれません。でも街を往来するすべての人にとって「備荒録」となることを願っています。

植田今日子

二〇一七年一月

建部清庵「民間備荒録」「解題」我孫子麟『日本農書全集 第一八巻』(一九八三) 農山漁村文化協会

インタビュー協力（掲載分・あいうえお順／敬称略）

青葉環境保全　青葉神社　青葉まつり協賛会　赤帽宮城軽自動車運送協同組合　明ぼ乃　今庄青果　ウェスティンホテル仙台　エネオス青葉通りステーション　ENEOSネット東北事業部　近江屋綿店　オーケーストア一番町店　おでん三吉　介護老人保健施設トラスト　花壇大手町町内会　片平地区連合町内会　カトリック元寺小路教会　河北新報社　愚鈍院　グリーンフーズ斎藤　クリスロード商店街振興組合　江陽写真室　こがね海産物　財団法人仙台国際交流協会　さくら野百貨店・食品　社会福祉法人なのはなグループこまくさ苑　庄謙商店・庄司やおや　尚古堂印房　幸洋堂　しらはぎ料理学校　菅原園　セブンイレブン青葉区昭和町店　セレモール小田原　仙台市立五橋中学校　仙台市交通局鉄道管理部　仙台市ガス局　仙台市片平市民センター　仙台市建設局下水道事業部南蒲生浄化センター　仙台市交通局自動車部輸送課　仙台市水道局　仙台市総合観光案内所（現 仙台市観光情報センター）　仙台市立病院　仙台市葛岡斎場　仙南タクシー　仙台睦商業協同組合・中央市場商業協同組合　玉澤総本店　ダルマ薬局クリスロード店（現 マツモトキヨシ）データサルベージ　東六地区連合町内会　長池産婦人科　nakagawa（ナカガワ）にぎわい居酒屋集合郎　パレスへいあん　東二番丁幼稚園　日立家　藤崎　藤や　フタバタクシー　ぷちまるきろくえもん　hair make um（ヘアメイクアン）　ペンギン薬局　ホテルプレミアムグリーンプラス　ホテル法華クラブ仙台　ホテルメトロポリタン仙台　ミドリ薬局　宮城県警岩沼警察署仙台空港警備派出所　宮城県視覚支援学校　宮城県石油商業協同組合・宮城県石油商業組合　宮城交通　目黒製あん所　八百重　山交バス

インタビュー実施者（掲載分・あいうえお順／敬称略）

《一般参加者》

庄子宏明　長谷川あい　矢尾研二

《仙台市職員》

田澤紘子　千葉玲子　柳谷理紗

《東北学院大学教養学部》

赤間由佳　阿部奈菜　阿部美帆　安瀬美咲　石川由梨恵　石橋孝郁　伊藤圭佑　伊藤勇輝　井出真奈美　内海知里　宇山藍里　遠
藤智絵　大井千穂　太田航史郎　大須賀達也　大橋優貴　大場景太　大土悠起　奥山智基　奥山智生　及川健太　及川輝　加藤敏
喜　狩野理央　川村杏奈　京洋平　熊田絵理　先家佑貴　佐久間健太　佐藤まゆ　佐藤裕太　佐藤洸輔　齋藤彩華　齋藤かれん
斎藤春貴　斎藤雄斗　澤口文香　嶋津晨次　宍戸美帆　庄司優　菅原詢　菅生拓良　鈴木建司朗　高橋直輝　髙橋七海　高山雄平
高田綾香　武山友樹　千葉悠夏　千葉優志　千葉雄太　椿井香奈子　中里明季　長澤早紀　成田茉優　沼沢練　野坂有生　野田優
太　野中俊宏　畑田佳恵　林絵梨奈　日野千咲　福士輝　藤岡愛花　北條明里　細川勇太　堀越健太　松崎美保　三國日向子　三
澤奈穂　村上寛剛　村上由樹　山田早紀　山内悠聖　八幡恒輝　横井えりか　横濱隆弥　吉住葵　吉成勇樹　米谷依里香　若生有
吾　渡辺真由

《東北学院大学教員》

酒井朋子　宮本直規　植田今日子［当時］

資料提供　河北新報社　公益財団法人東京都慰霊協会
鳥瞰図制作　中田匠
表紙デザイン・ロゴ制作　渡辺正太郎（ANTWORKS アントワークス）

プロジェクト実行チーム　阿部美帆・安瀬美咲・石川由梨恵・遠藤智絵・太田航史郎・佐藤洸輔・高田綾香・髙橋七海・若生有吾（東北学院大学教養学部）

プロジェクト進行　仙台市震災メモリアル市民協働プロジェクト「伝える学校」：田澤紘子（仙台市市民文化事業団）・千葉玲子（仙台市市民局）・吉川登（仙台市市民局）

プロジェクト協力　天江真（平和交通株式会社）・仙台ミラソン「伝える学校」チーム・中西百合（仙台市）・矢尾研二（ラヂオはいらいん若林）・柳谷理紗（仙台市）

プロジェクト統括・編集　酒井朋子・宮本直規・植田今日子［当時］（東北学院大学）

企画・監修　植田今日子

謝辞

　末尾となりましたが、このプロジェクトに取り組むに当たって、多くの方々から多大なご協力を賜りました。貴重なお時間を割いてインタビューに応じていただいた全ての皆さまに、心より御礼申し上げます。掲載できなかった貴重なおことばやお名前は少なくありませんが、すべての方々のご協力のうえに、この記録集は成り立っています。また、このような記録の機会を提供していただいた仙台市の各部局にも感謝を申し上げます。はじまりは仙台市市民局市民協働推進課の「伝える学校」に取り組んでおられた田澤紘子さん、千葉玲子さんからのお声かけでした。

　そして表紙の仙台市の鳥瞰図を盛岡から通って描いてくださった中田匠さん、本当にありがとうございました。鳥瞰図は一瞬地形図のように見えますが、これは中田さんが高いところに登ってスケッチをしたり、撮影したりしながらひとつひとつ、手描きで書いてくださった絵です。仙台市街地を覆う鳥の目は、この本が同時多発的に街に生じていたことを捉えようとする意味で象徴的です。でもひとつひとつ、中田さんが小さな範囲を手描きの線で捉えていったように、お一人お一人の声を耳で集めていったということも表しているように思います。この記録集が中田さんの鳥瞰図のように温かであることを祈ります。

＊この書籍の売り上げによって、編者や出版社には利益は発生いたしません。万一増刷の売り上げ等によって発生した場合には、仙台市の震災の記憶継承に関わる部局に還元いたします。

＊文責の一切は編集者の植田今日子に帰します。

企画・監修
植田今日子（うえだ・きょうこ）
上智大学 総合人間科学部 社会学科
准教授
専門は社会学、民俗学

主な著作
単著：『存続の岐路に立つむら』（2016）昭和堂
編著：『災害と村落』（2015）農山漁村文化協会
分担執筆：「避難生活下の祭礼とルーティンの創造」橋本裕之・林勲男編『災害文化の継承と創造』（2016）臨川書店
共編：『更地の向こう側』（2013）かもがわ出版など

街からの伝言板
次の地震に遭う人に、どんな伝言を残しますか

発　行 ――2017年1月28日　第1刷発行
定　価 ――定価はカバーに表示
編 ―街からの伝言板プロジェクト
©監　修 ―植田今日子
発行者 ―小林達也
発行所 ―ハーベスト社
〒188-0013 東京都西東京市向台町 2-11-5
電話 042-467-6441
振替 00170-6-68127
http://www.harvest-sha.co.jp
印刷・製本 ㈱平河工業社
落丁・乱丁本はお取りかえいたします。
Printed in Japan
ISBN4-86339-081-2 C0036

海が消えた　陸前高田と東日本大震災

宮沢賢治と大船渡線

佐藤竜一著　四六判●本体 1600 円　978-4863390690

東日本大震災で甚大な被害をうけた岩手県陸前高田市。陸前高田に生まれ、津波で多くの親戚・知人・友人をなくした著者が、生者と死者の有り様をとおして陸前高田の今を記憶にとどめる。

中越地震被災地研究からの提言

未来の被災地のために

辻竜平著 A5 判 108 頁　本体 800 円 9784863390300 10/06

気鋭の社会的ネットワーク研究者が中越地震により被災した中山間部集落を取材・調査した成果をもとに、集落機能を維持している地域が被災した場合、どのように考え行動すれば集落を維持しながら被災者が住んでいた社会を復興していけるか、時間を追いながら具体的にその道筋を提言する。

復刻版　吉里吉里語辞典 いとしく　おかしく　懐かしく

関谷徳夫　著・Ａ５判　本体 4000 円　978-4863390423

岩手県大槌町は東日本大震災で多大な被害を受け、本書のもととなった私家版『私の吉里吉里語辞典』も津波によりそのほとんどが失われてしまったが、ボランティア学生が原本を発見。それをもとに入力作業を行い『復刻版 吉里吉里語辞典』として被災から二年目に刊行の運びとなった。単なる方言辞典にとどまらず、豊富な用例が当地の生活ぶり、人々の考え・生き方を生き生きとつたえ、読み物としても興味深いものとなっている。

地域社会学会年報　第 26 集

東日本大震災：復興の課題と地域社会学

地域社会学会編　B5 判　2300 円　14/05

◆特集　東日本大震災：復興の課題と地域社会学　解題　東日本大震災：復興の課題と地域社会学（黒田由彦）／津波被災地域の復旧・復興過程における課題―災害イメージの忘却・固定化と地域生活イメージの再構築の葛藤のなかで―（浦野正樹）／福島第一原発事故・原発避難における地域社会学の課題（高木竜輔）／平成 25 年度に成立した法律等からみた復興まちづくりの再検証（佐々木晶二）／大規模災害時における地域社会学の可能性（清水亮）　ほか

地域社会学会年報　第 27 集

東日本大震災：復興のビジョンと現実

地域社会学会編　B5 判　2300 円　15/05

◆特集　東日本大震災：「ポスト 3.11 の地域社会」の成果と課題（黒田由彦）／東日本大震災・福島第一原発事故の復興政策と住民―コミュニティ災害からの回復と政策―（山下祐介）／ 3.11・災害後に原発防災レジリエンス醸成の道筋を考える―マルチステークホルダー参画型・原発地区防災計画づくりに向けて―（大矢根淳）／東日本大震災が突きつける問いを受けて―国土のグランドデザインと「生活圏としての地域社会」―（浅野慎一）　ほか

地域社会学会年報　第 28 集

「復興」と「地方消滅」：地域社会の現場から

地域社会学会編　B5 判　2300 円　16/05

◆特集「復興」と「地方消滅」：地域社会の現場から　国土のグランドデザインと地域社会―大震災と『地方消滅』の現場から（浅野慎一）　国土のグランドデザインと地域社会―中山間地域からの考察―（築山秀夫）「美しい郷土」をめぐって―岩手県陸前高田市沿岸部における開発と復興にかかわる断片―（友澤悠季）**ほか**